Prof. Dr. Peter Sorg (StB)

Buchführung

Prof. Dr. Peter Sorg
Steuerberater

Buchführung

Eine Einführung mit Aufgaben und Lösungen

verlag moderne industrie

Die Deutsche Bibliothek - CIP-Einheitsaufnahme

Sorg, Peter:
Buchführung : eine Einführung mit Aufgaben und Lösungen / Peter Sorg. –
Landsberg/Lech : mi, Verl. Moderne Industrie, 1999
ISBN 3-478-37330-1

Umschlag: Gruber & König, Augsburg
Satz: Fotosatz Buck, Kumhausen
Druck: Himmer, Augsburg
Bindung: Thomas, Augsburg
Printed in Germany 370330/029905
ISBN 3-478-37330-1

Vorwort

Im Jahr 1494 erschien die erste gedruckte Darstellung der doppelten Buchführung in dem Sammelwerk „Summa de Arithmetica Geometria Proportioni et Proportionalita" des bekanntesten italienischen Mathematikers des 15. Jahrhunderts, des Franziskanermönches Luca Pacioli (1445-1514). Die Abhandlung über die doppelte Buchführung trug die Überschrift „Particularis de computis et scripturis" und umfaßte 36 Kapitel. Da das Werk für Unterrichtszwecke bestimmt war, wählte Luca Pacioli die Sprache des Volkes, reicherte den „trockenen" Stoff mit Beispielen, Sprüchen und Anekdoten an und erklärte die Technik der doppelten Buchführung am Beispiel einer Person, die eben zu handeln anfängt und dann weiter alle Konten und Schriften auszuführen hatte.

In Anlehnung an Luca Pacioli wird in diesem Buch „Buchführung – Eine Einführung mit Aufgaben und Lösungen" die komplexe Materie der doppelten Buchführung an einer Person (Paul Piste), die den Sporteinzelhandel „Fit & Fun" eröffnet und nunmehr Geschäftsvorfälle aller Art buchungstechnisch erfassen möchte, erklärt. Das Fachgebiet der doppelten Buchführung läßt sich nicht durch bloßes Lesen, sondern nur durch intensives Training an praktischen Aufgaben durchdringen. Besonderer Wert wurde daher auf die methodisch-didaktische Aufbereitung des Stoffes und auf eine praxisorientierte Aufgabengestaltung gelegt.

Die Aufgaben folgen der Idee „Von der Eröffnungsbilanz zur Schlußbilanz". Von dem Leser werden keine Vorkenntnisse erwartet. Er kann sich den Stoff leicht selbst erarbeiten und zu Übungszwecken nach jedem Monat eine Zwischenbilanz erstellen. Das sukzessiv erlernte Wissen wird auf diese Weise ständig gefestigt und zugleich die Technik der Jahresabschlußerstellung fortlaufend geübt. Zahlreiche Schaubilder, Gedankenflußpläne, Übersichten und Regelkästchen vertiefen weiterhin den sich ständig fortentwickelnden Wissensstand.

Doppelte Buchführung ist die Grundlage des gesamten Rechnungswesens und Bilanzsteuerrechts: Das Buch wendet sich daher an Studierende der Wirtschafts-, Sozial- und Rechtswissenschaften an Universitäten und Fachhochschulen sowie Teilnehmer von Seminaren zur beruflichen Weiterbildung, beispielsweise mit den Examenszielen Fachanwalt für Steuerrecht, Familienrecht oder Insolvenzrecht.

Mein besonderer Dank gilt meiner wissenschaftlichen Mitarbeiterin, Frau Kira Baitalskaia, die dieses Buch mit großem Sachverstand begleitet und mit Erfahrungswissen bereichert hat. Meiner Sekretärin, Frau Manuela Sommer, danke ich für die stets zuverlässige Erledigung der umfangreichen Schreibarbeiten.

Den Lesern bin ich für kritische Anregungen sowie für jeden Verbesserungshinweis immer dankbar.

Berlin, im Januar 1999 Peter Sorg

Inhaltsverzeichnis

Abbildungsverzeichnis

Abkürzungsverzeichnis

AB	Anfangsbestand
Abb.	Abbildung
Abs.	Absatz
AfA	Absetzung für Abnutzung
AG	Aktiengesellschaft
AK	Anschaffungskosten
Anm.	Anmerkung
AO	Abgabenordnung
Aufl.	Auflage
AV	Anlagevermögen
BGA	Betriebs-und Geschäftsausstattung
bzw.	beziehungsweise
d.	des
d.h.	das heißt
DM	Deutsche Mark
EB	Endbestand
ebd.	ebenda
EBK	Eröffnungsbilanzkonto
EK	Eigenkapital
ESt	Einkommensteuer
EStDV	Einkommensteuer-Durchführungsverordnung
EStH	Einkommensteuer-Hinweise
EStG	Einkommensteuergesetz
EStR	Einkommensteuer-Richtlinien
etc.	et cetera
f.	folgend
ff.	folgende
Ford.	Forderungen
FK	Fremdkapital
GKR	Gemeinschaftskontenrahmen der Industrie
GmbH	Gesellschaft mit beschränkter Haftung
GoB	Grundsätze ordnungsmäßiger Buchführung
GuV	Gewinn- und Verlustrechnung
H	Haben
HB	Handelsbilanz
HGB	Handelsgesetzbuch
IKR	Industrie-Kontenrahmen
KG	Kommanditgesellschaft
KGaA	Kommanditgesellschaft auf Aktien
Lkw	Lastkraftwagen
L. u. L.	Lieferungen und Leistungen

Ma	Maschinen
ND	Nutzungsdauer
Nr.	Nummer
OHG	Offene Handelsgesellschaft
p.a.	pro Jahr
Pkw	Personenkraftwagen
Pos.	Position(en)
PW	Pitching Wedge
S	Soll
s.	siehe
S.	Seite
SBK	Schlußbilanzkonto
SKR	Spezialkontenrahmen
s.o.	siehe oben
sonst.	sonstige
Sp.	Spalte
StB	Steuerbilanz
Std.	Stunden
s.u.	siehe unten
SW	Sand Wedge
TA	Technische Anlagen
u.	und
USt	Umsatzsteuer
UStDV	Umsatzsteuer-Durchführungsverordnung
UStG	Umsatzsteuergesetz
usw.	und so weiter
UV	Umlaufvermögen
Verb.	Verbindlichkeiten
Verf.	Verfasser
vgl.	vergleiche
VSt	Vorsteuer
VWL	Vermögenswirksame Leistungen
WEK	Wareneinkaufskonto
WG	Wirtschaftsgut
WVK	Warenverkaufskonto
z.B.	zum Beispiel
Ziff.	Ziffer
z.T.	zum Teil
Σ	Summe
=	gleich
≈	gerundet
≠	ungleich
§	Paragraph
§§	Paragraphen

I. Grundlagen der Buchführung

Aufgabe 1: Aufgaben der Buchführung

Paul Piste, Diplom-Kaufmann aus Berlin, beabsichtigt, zum 1.1.01 den Sporteinzelhandel „Fit & Fun", Waldstraße 54 in 12346 Berlin, zu übernehmen. In diesem Zusammenhang macht er sich schon heute Gedanken darüber, welche Aufgaben (= Zwecke) eine geordnete Buchführung erfüllen muß.

Lösung

Ein geordnetes, nach kaufmännischen Gesichtspunkten geführtes Unternehmen, ist ohne eine Buchführung nicht vorstellbar. In einem Sporteinzelhandel fallen täglich eine große Anzahl von Geschäftsvorfällen an: Es werden Waren eingekauft, kalkuliert und wieder verkauft, Eingangsrechnungen werden bezahlt, Gehälter werden überwiesen, Mieten, Strom, Gas und Telefon werden abgebucht, Betriebs- und Geschäftsausstattung wird erneuert, Forderungen werden von Kunden überwiesen, die Tageskassen werden zur Bank gebracht und neue Kredite müssen vielleicht aufgenommen werden. Stand und Entwicklung des Sporteinzelhandels ist für den Unternehmer Paul Piste folglich nur dann erkennbar, wenn alle wirtschaftlich und rechtlich bedeutsamen Vorgänge (= Geschäftsvorfälle) in chronologischer Reihenfolge, lückenlos und systematisch geordnet zahlenmäßig festgehalten werden.

Wirtschaftlich und rechtlich bedeutsam sind für Paul Piste alle Geschäftsvorfälle, die zu einer Veränderung der Höhe und/oder Zusammensetzung des Vermögens und des Kapitals des Sporteinzelhandels führen. Eine geordnete Buchführung muß somit folgende Aufgaben (= Zwecke) erfüllen:

- Feststellung des Vermögens und der Schulden am Ende eines jeden Geschäftsjahres, aber auch bei der Gründung der Unternehmung „Fit & Fun".
- Aufzeichnung aller Veränderungen des Vermögens und der Schulden im Laufe eines Geschäftsjahres.
- Ermittlung des Erfolges der Unternehmung (= Gewinn oder Verlust) durch Erfassung aller Aufwendungen und Erträge während eines Geschäftsjahres.
- Bereitstellung der relevanten Ausgangsdaten für die Kosten- und Leistungsrechnung, Statistik und Planung.
- Lieferung von Zahlen für innerbetriebliche Effizienz- und Wirtschaftlichkeitskontrollen.
- Lieferung der Beweise bei Rechtsstreitigkeiten mit Lieferanten, Kunden, Banken oder Finanzämtern (= Beweismittel).

In der Umgangssprache werden die Begriffe „Buchhaltung" und „Buchführung" synonym verwendet. Dieser Meinung wird hier nicht gefolgt. Die Buchhaltung ist nur der geografische Ort, an dem die Buchführung stattfindet. Paul Piste wird daher ausschließlich den Begriff „Buchführung“ verwenden.

Aufgabe 2: Buchführungspflichten nach Handels- und Steuerrecht

Paul Piste ist inzwischen klar geworden, welche herausragende Bedeutung eine geordnete Buchführung für seinen zukünftigen Sporteinzelhandel haben wird. Bevor er den Sporteinzelhandel „Fit & Fun“ zum 1.1.01 übernehmen will, möchte er sich schon heute darüber Gedanken machen, welche gesetzlichen Vorschriften dem Kaufmann die Buchführung zur Pflicht machen.

Lösung

Nach § 238 Abs. 1 HGB ist jeder *Kaufmann* verpflichtet, „Bücher zu führen und in diesen seine Handelsgeschäfte und die Lage seines Vermögens nach den Grundsätzen ordnungsmäßiger Buchführung ersichtlich zu machen“. Die handelsrechtliche Verpflichtung zur Buchführung ist demnach mit der Kaufmannseigenschaft eng verknüpft. „Kaufmann im Sinne dieses Gesetzbuchs (HGB, Anm. d. Verf.) ist, wer ein Handelsgewerbe betreibt“; § 1 Abs. 1 HGB. „Handelsgewerbe ist jeder Gewerbebetrieb, es sei denn, daß das Unternehmen nach Art oder Umfang einen in kaufmännischer Weise eingerichteten Geschäftsbetrieb nicht erfordert“; § 1 Abs. 2 HGB.

Alle *Gewerbetreibende,* ohne Rücksicht auf die Branche, werden somit vom einheitlichen Kaufmannsbegriff erfaßt. Der Betrieb eines Gewerbes erfordert eine Tätigkeit, die

- selbständig ausgeübt,
- auf Dauer angelegt,
- planmäßig betrieben,
- auf dem Markt nach außen erkennbar hervortritt,
- nicht gesetzes- und sittenwidrig und
- mit Gewinnerzielungsabsicht ausgeübt wird.

Kleingewerbetreibende, deren Unternehmen nach Art oder Umfang einen in kaufmännischer Weise eingerichteten Geschäftsbetrieb nicht erfordert, sind keine Kaufleute. Die frühere Rechtsfigur des „Minderkaufmanns“ ist durch das Handelsrechtsreformgesetz – „Gesetz zur Neuregelung des Kaufmanns- und Firmenrechts und zur Änderung anderer handels- und gesellschaftsrechtlicher Vorschriften“ – entfallen.

Freiberufler (Ärzte, Rechtsanwälte, Notare, Steuerberater, Wirtschaftsprüfer etc.) sind keine Gewerbetreibenden und damit auch keine Kaufleute. Die Abgrenzung, ob ein „Freier Beruf“ oder ein „Gewerbe“ vorliegt, ist in der Praxis allerdings nicht immer ganz einfach.

Buchführungspflichtig ist somit der Kaufmann, der ein Handelsgewerbe gemäß § 1 Abs. 2 HGB betreibt und sein Unternehmen nach Art oder Umfang einen in kaufmännischer Weise eingerichteten Geschäftsbetrieb erfordert, unabhängig von der Eintragung in das Handelsregister. Anhaltspunkte für einen in kaufmännischer Weise eingerichteten Geschäftsbetrieb sind beispielsweise:

- der Umsatz,
- die Zahl der Mitarbeiter,
- das Warenangebot,
- die vielfältigen Kontakte zu Lieferanten,
- der Kundenkreis oder
- die Organisation des Geschäftsbetriebs.

Bedarf es bei einem Gewerbetreibenden nicht eines in kaufmännischer Weise eingerichteten Geschäftsbetriebs, so ist dieser Gewerbetreibende *Nicht-Kaufmann*. Nicht-Kaufleute sind handelsrechtlich nicht zur Buchführung verpflichtet.

Den Kleingewerbetreibenden wird aber die Möglichkeit zum freiwilligen Erwerb der Kaufmannseigenschaft durch *Eintragung in das Handelsregister* eingeräumt. Sie werden mit der Eintragung zu Kaufleuten: „Ein gewerbliches Unternehmen, dessen Gewerbebetrieb nicht schon nach § 1 Abs. 2 Handelsgewerbe ist, gilt als Handelsgewerbe im Sinne dieses Gesetzbuchs (HGB, Anm. d. Verf.), wenn die Firma des Unternehmens in das Handelsregister eingetragen ist"; § 2 Satz 1 HGB. Mit Erlangung der Kaufmannseigenschaft wird der Kaufmann kraft Eintragung in das Handelsregister *buchführungspflichtig*.

Buchführungspflichtig kann auch derjenige werden, der ein *land- oder forstwirtschaftliches Unternehmen* betreibt: „Für ein land- oder forstwirtschaftliches Unternehmen, das nach Art und Umfang einen in kaufmännischer Weise eingerichteten Geschäftsbetrieb erfordert, gilt § 2 (HGB, Anm. d. Verf.) mit der Maßgabe, daß nach Eintragung in das Handelsregister eine Löschung der Firma nur nach den allgemeinen Vorschriften stattfindet, welche für die Löschung kaufmännischer Firmen gelten"; § 3 Abs. 2 HGB.

Buchführungspflichtig sind ferner die Kaufleute kraft Rechtsform gemäß § 6 Abs. 2 HGB („Verein"). Hierzu zählen die Aktiengesellschaft (AG), die Kommanditgesellschaft auf Aktien (KGaA), die Gesellschaft mit beschränkter Haftung (GmbH) und die eingetragene Genossenschaft (e. G.). Sie sind kraft Gesetzes, ohne Rücksicht auf Art und Umfang des Geschäftsbetriebs, immer Kaufleute und können deshalb, auch wenn der Geschäftsbetrieb noch so klein ist, niemals Nicht-Kaufleute sein.

Alle Kaufleute sind somit nach dem Handelsrecht zur Buchführung verpflichtet. Abbildung 1 (S. 16) verdeutlicht noch einmal die Zusammenhänge zwischen „Kaufmannseigenschaft und Buchführungspflicht".

Die *steuerrechtliche Buchführungspflicht* ist in den §§ 140 und 141 Abgabenordnung (AO) geregelt. Sie wird auch als abgeleitete und originäre Buchführungspflicht bezeichnet. Gemäß § 140 AO (= abgeleitete Buchführungspflicht) gilt das Folgende: „Wer nach anderen Gesetzen als den Steuergesetzen (z.B. HGB, Anm. d. Verf.) Bücher und Aufzeichnungen zu führen hat, die für die Besteuerung von Bedeutung sind, hat die Verpflichtungen, die ihm nach den anderen Gesetzen obliegen, auch für die Besteuerung zu

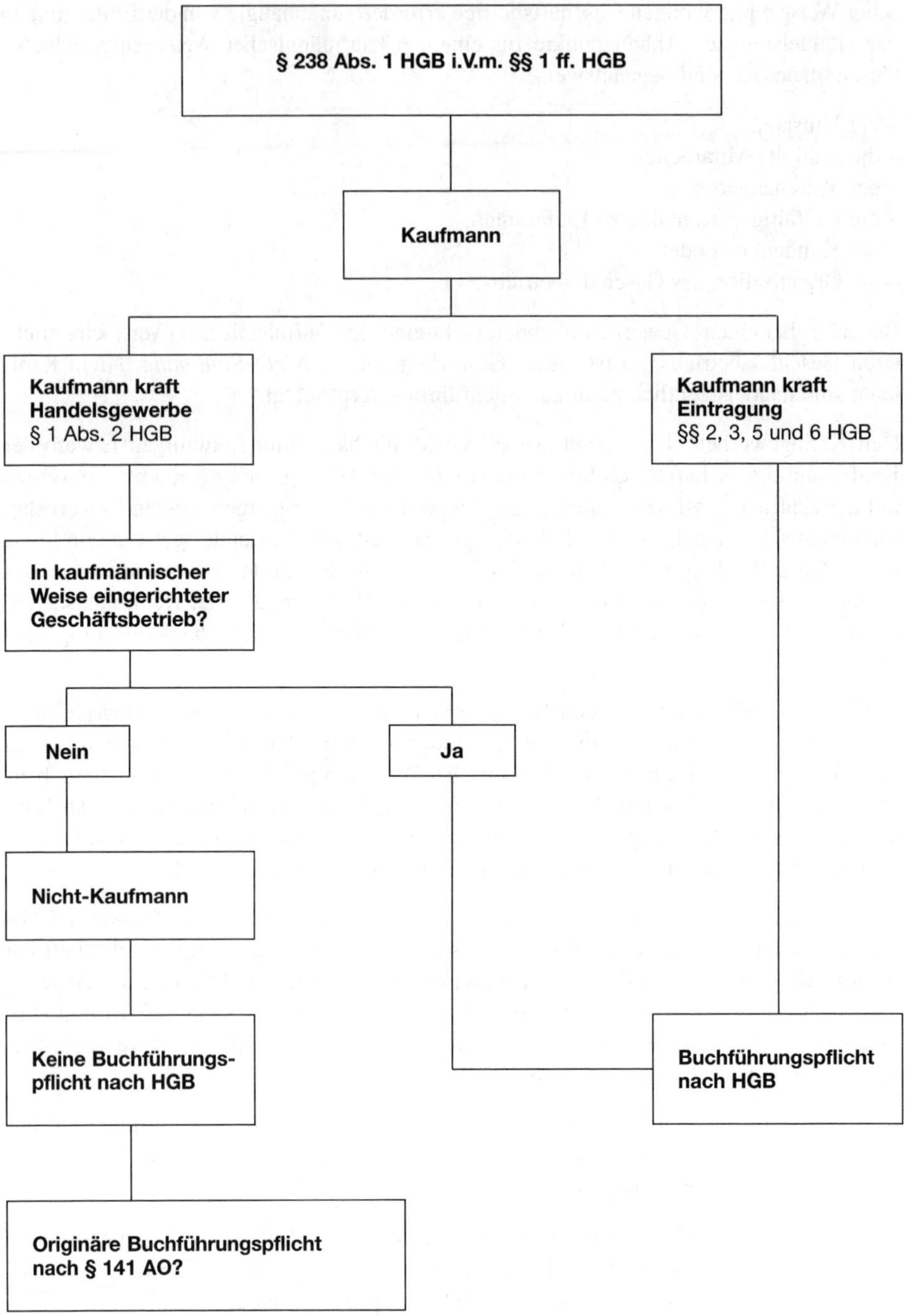

Abb. 1: Kaufmannseigenschaft und Buchführungspflicht

erfüllen". Unter § 140 AO fallen somit alle Kaufleute, da diese bereits nach dem HGB verpflichtet sind, Bücher zu führen.

Für handelsrechtlich nicht buchführungspflichtige Nicht-Kaufleute kann sich aus § 141 AO (= originäre Buchführungspflicht) eine steuerrechtliche Buchführungspflicht ergeben, wenn für den einzelnen Betrieb nach den Feststellungen der Finanzbehörde bestimmte *Grenzen* überschritten werden:

1. Umsätze einschließlich der steuerfreien Umsätze, ausgenommen die Umsätze nach § 4 Nr. 8 bis 10 des Umsatzsteuergesetzes, von mehr als 500.000 Deutsche Mark im Kalenderjahr oder
2. selbstbewirtschaftete land- und forstwirtschaftliche Flächen mit einem Wirtschaftswert (§ 46 des Bewertungsgesetzes) von mehr als 40.000 Deutsche Mark oder
3. Gewinn aus Gewerbebetrieb von mehr als 48.000 Deutsche Mark im Wirtschaftsjahr oder
4. Gewinn aus Land- und Forstwirtschaft von mehr als 48.000 Deutsche Mark im Kalenderjahr.

Abbildung 2 (S. 18) faßt noch einmal die Buchführungspflichten nach Handels- und Steuerrecht zusammen.

Paul Piste wird ab dem 1.1.01 ein Handelsgewerbe gemäß § 1 Abs. 2 HGB (= Einzelhandel) betreiben. Er wird somit Kaufmann. Sein zukünftiger Sporteinzelhandel „Fit & Fun" wird auch einen in kaufmännischer Weise eingerichteten Geschäftsbetrieb (= kaufmännische Organisation) erforderlich machen. Damit wird der Gewerbetreibende Paul Piste von Anfang an buchführungspflichtig nach Handels- und Steuerrecht.

Aufgabe 3: Inventur und Inventar

Paul Piste hat nunmehr zum 1.1.01 den Sporteinzelhandel „Fit & Fun" übernommen. Zu Beginn seines Handelsgewerbes hat er folgende Vermögensgegenstände und Schulden ermittelt:

- Guthaben bei der Sparkasse 9.000 DM
- Guthaben bei der Postbank 8.150 DM
- 10 Warenregale zu je 250 DM
- 5 Kleidungsständer zu je 300 DM
- 120 Paar Ski zu je 150 DM
- 100 Paar Skistöcke zu je 30 DM
- 110 Paar Skibindungen zu je 100 DM
- 80 Paar Skischuhe zu je 250 DM
- 50 Snowboards zu je 300 DM
- 35 Skioveralls zu je 200 DM
- 40 Skijacken zu je 150 DM
- 50 Paar Skihandschuhe zu je 25 DM

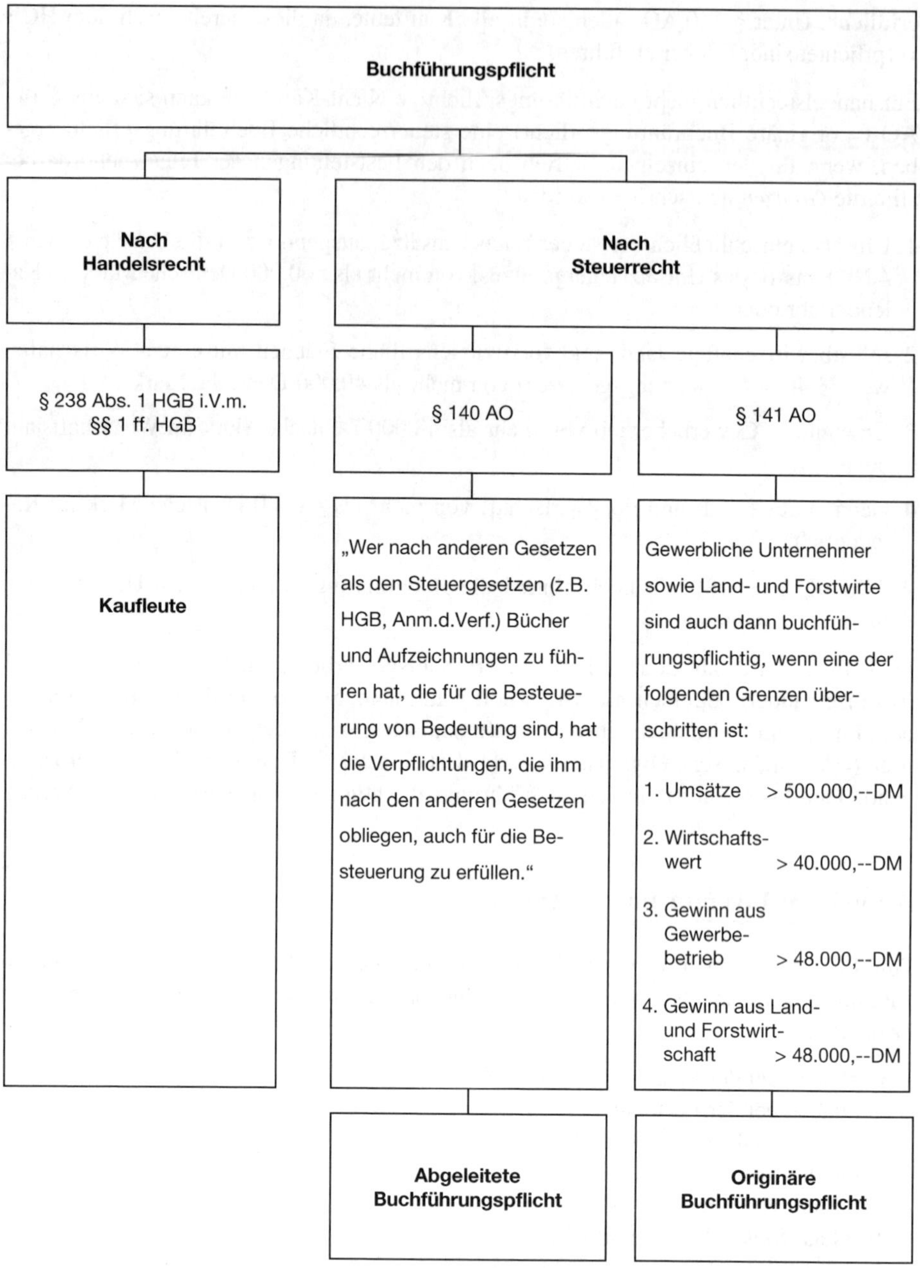

Abb. 2: Buchführungspflichten nach Handels- und Steuerrecht (vgl. Aufgabe 2)

- 30 Alpina-Brillen zu je 30 DM
- 60 Paar Skisocken zu je 10 DM
- 1 Skibindungsmontiermaschine zu 6.000 DM
- 1 Skiwachsanlage zu 5.500 DM
- 2 Schreibtische zu je 200 DM
- 5 Bürostühle zu je 50 DM
- Bargeld 6.450 DM
- 2 Aktenschränke zu je 300 DM
- 1 Panzerschrank zu 1.000 DM
- 1 Kassenautomat zu 3.500 DM
- Übernommene Forderung gegenüber der Skischule Max Berg 10.700 DM
- Übernommene Forderung gegenüber dem Golf-Pro Toni Banger 3.900 DM
- Übernommene Forderung gegenüber dem Tennis-Club „Blau Weiss" 3.600 DM
- Übernommene Forderung gegenüber dem Golf-Pro Nick Saldo 5.400 DM
- 1 Schreibmaschine Olympia zu 500 DM
- 1 elektronischer Tischrechner Adler zu 250 DM
- 1 Frankiermaschine zu 1.200 DM
- Unbebautes Grundstück Sonnenweg 13, 12345 Berlin, 100.000 DM
- Bebautes Grundstück Waldstr. 54, 12346 Berlin, 250.000 DM
- 20 Tennisschläger Wilson zu je 150 DM
- 15 Tennisschläger Oliver zu je 120 DM
- 300 Tennisbälle Power Out zu je 3 DM
- 20 Damen-Tennisanzüge zu je 200 DM
- 25 Herren-Tennisanzüge zu je 150 DM
- 30 Stirnbänder zu je 5 DM
- 20 Paar Sportschuhe zu je 50 DM
- 100 Paar Socken, weiß, zu je 10 DM
- 40 Tennisschlägertaschen zu je 20 DM
- 1 Tennisschlägerbesaitungsmaschine zu 15.000 DM
- 5 Tischtennistische zu je 110 DM
- 150 Tischtennisschläger zu je 12 DM
- 1 000 Tischtennisbälle zu je 0,20 DM
- 30 Basketball-Bälle zu je 15 DM
- 20 Golfschläger Ping Xing Spin zu je 500 DM
- 15 Golfschläger Wilson Pro Staff Long Distance zu je 1.000 DM
- 350 Golfbälle Power Wound zu je 3 DM
- 30 Golftaschen zu je 150 DM
- 15 Paar Golf Handschuhe All Weather Special zu je 30 DM
- 25 Paar Golf-Schuhe mit Soft Spikes zu je 100 DM
- 27 Golf-Regenanzüge zu je 200 DM
- 50 T-Shirts mit Golf-Logo zu je 10 DM
- Darlehnsschuld bei der Dresdner Bank AG 175.000 DM
- Hypothek bei der Bayerischen Hypobank AG 80.000 DM
- 1 Golfschläger-Griffersatzmaschine zu 23.000 DM
- 1 Pkw VW Sharan B-DJ 3545 zu 30.000 DM

- Umsatzsteuerschuld 9.550 DM
- 1 Lkw VW-Kasten B-VW 1010 zu 20.000 DM
- Übernommene Verbindlichkeit gegenüber der Sporthof GmbH 25.500 DM
- Übernommene Verbindlichkeit gegenüber der Schönstoff AG 14.000 DM
- Übernommene Verbindlichkeit gegenüber der Adler & Partner OHG 37.000 DM
- Übernommene Verbindlichkeit gegenüber der Bürobedarfs-GmbH 8.000 DM

Wie sieht das ordnungsgemäß aufgestellte Inventar des Sporteinzelhandels „Fit & Fun“ für den 1.1.01 aus? Welche Bedeutung hat in diesem Zusammenhang der Begriff „Inventur“?

Lösung

Gemäß § 240 Abs. 1 und 2 HGB hat jeder Kaufmann zu Beginn seines Handelsgewerbes und demnächst für den Schluß eines jeden Geschäftsjahres ein Inventar aufzustellen. In diesem Inventar hat er „seine Grundstücke, seine Forderungen und Schulden, den Betrag seines baren Geldes sowie seine sonstigen Vermögensgegenstände genau zu verzeichnen und dabei den Wert der einzelnen Vermögensgegenstände und Schulden anzugeben“ (§ 240 Abs. 1 HGB). Die entsprechenden steuerrechtlichen Vorschriften ergeben sich aus § 140 AO i.V.m. § 240 HGB als auch aus § 141 Abs. 1 AO, wonach aufgrund jährlicher Bestandsaufnahmen Abschlüsse zu machen sind. Die genaue Feststellung der vorhandenen Vermögensgegenstände und Schulden zu einem bestimmten Stichtag bezeichnet man als Inventur (lateinisch: invenire = finden).

Das *Inventar* ist somit ein genaues Verzeichnis aller Vermögensgegenstände und Schulden nach Art, Menge und unter Angabe ihres Wertes zu einem bestimmten Stichtag in Staffelform. Durch Gegenüberstellung des Vermögens und der Schulden errechnet sich das Reinvermögen (= Eigenkapital). Die *Inventur* ist folglich die Tätigkeit, durch die die einzelnen Vermögensgegenstände und Schulden körperlich aufgenommen werden (= Zählen, Messen und Wiegen). Das Inventar ist dann ein vollständiges, detailliertes, mengen- wie wertmäßiges Verzeichnis über das Ergebnis der Inventur (lateinisch: inventarium = Verzeichnis des Vorgefundenen).

Das Inventar besteht immer aus den drei folgenden Bestandteilen:

- A. Vermögensgegenstände
- B. Schulden
- C. Reinvermögen = Eigenkapital

Die Vermögensgegenstände sind im Inventar nach zunehmender *Liquidität* geordnet, wobei weitgehend gleichartige Vermögensgegenstände unter einer gemeinsamen Überschrift zusammengefaßt werden. Das Inventar beginnt mit dem Anlagevermögen (Grundstücke, Gebäude, Maschinen, Fuhrpark, Geschäftsausstattung). Auf das Anlagevermögen folgt das Umlaufvermögen (Waren, Forderungen, Bankguthaben, Kassenbestand). Die Schulden sind nach ihrer *Fristigkeit* in langfristige Schulden und in kurzfristige Schulden zu unterteilen. Das Reinvermögen (= Eigenkapital) errechnet sich dann wie folgt:

Summe der Vermögensgegenstände
./. Summe der Schulden

= Reinvermögen (= Eigenkapital)

Das Inventar ist somit ein Bestandsverzeichnis, welches im Hinblick auf die Bilanz (§ 266 HGB) zu gliedern ist. Es ist am Ende mit Ortsangabe, Datum und Unterschrift des Kaufmanns (hier Paul Piste) zu versehen:

Inventar
des Sporteinzelhandels „Fit & Fun" für den 1.1.01

	DM	DM
A. Vermögensgegenstände		
I. Anlagevermögen		
1. Grundstücke und Gebäude		
Grundstück Sonnenweg 13	100.000	
Bebautes Grundstück Waldstr. 54	250.000	350.000
2. Maschinen		
1 Tennisschlägerbesaitungsmaschine	15.000	
1 Golfschläger-Griffersatzmaschine	23.000	
1 Skiwachsanlage	5.500	
1 Skibindungsmontiermaschine	6.000	49.500
3. Fuhrpark		
1 Pkw VW Sharan B-DJ 3545	30.000	
1 Lkw VW-Kasten B-VW 1010	20.000	50.000
4. Geschäftsausstattung		
10 Warenregale zu je 250 DM	2.500	
5 Kleidungsständer zu je 300 DM	1.500	
2 Schreibtische zu je 200 DM	400	
5 Bürostühle zu je 50 DM	250	
2 Aktenschränke zu je 300 DM	600	
1 Panzerschrank	1.000	
1 Kassenautomat	3.500	
1 Schreibmaschine Olympia	500	
1 elektronischer Tischrechner Adler	250	
1 Frankiermaschine	1.200	11.700
Summe Anlagevermögen		461.200
II. Umlaufvermögen		
1. Waren		
120 Paar Ski zu je 450 DM	54.000	
100 Paar Skistöcke zu je 30 DM	3.000	
110 Paar Skibindungen zu je 100 DM	11.000	
80 Paar Skischuhe zu je 250 DM	20.000	
50 Snowboards zu je 300 DM	15.000	
35 Skioveralls zu je 200 DM	7.000	

	DM	DM
40 Skijacken zu je 150 DM	6.000	
50 Paar Skihandschuhe zu je 25 DM	1.250	
30 Alpina-Brillen zu je 30 DM	900	
60 Paar Skisocken zu je 10 DM	600	
20 Tennisschläger Wilson zu je 150 DM	3.000	
15 Tennisschläger Oliver zu je 120 DM	1.800	
40 Tennisschlägertaschen zu je 20 DM	800	
300 Tennisbälle zu je 3 DM	900	
20 Damen-Tennisanzüge zu je 200 DM	4.000	
25 Herren-Tennisanzüge zu je 150 DM	3.750	
30 Stirnbänder zu je 5 DM	150	
20 Paar Sportschuhe zu je 50 DM	1.000	
100 Paar Socken, weiß, zu je 10 DM	1.000	
5 Tischtennistische zu je 110 DM	550	
150 Tischtennisschläger zu je 12 DM	1.800	
1000 Tischtennisbälle zu je 0,20 DM	200	
20 Golfschläger Ping Xing Spin zu je 500 DM	10.000	
15 Golfschläger Wilson Pro Staff zu je 1.000 DM	15.000	
350 Golfbälle Power Wound zu je 3 DM	1.050	
30 Golftaschen zu je 150 DM	4.500	
15 Paar Golf-Handschuhe zu je 30 DM	450	
25 Paar Golf-Schuhe zu je 100 DM	2.500	
27 Golf-Regenanzüge zu je 200 DM	5.400	
50 T-Shirts zu je 10 DM	500	
30 Basketball-Bälle zu je 15 DM	450	177.550
2. Forderungen		
Skischule Max Berg	10.700	
Golf-Pro Toni Banger	3.900	
Golf-Pro Nick Saldo	5.400	
Tennis-Club „Blau Weiss“	3.600	23.600
3. Bankguthaben		
Postbank, Kto-Nr. 123456-100	8.150	
Sparkasse, Kto-Nr. 654321-900	9.000	17.150
4. Kassenbestand		6.450
Summe Umlaufvermögen		224.750
Summe der Vermögensgegenstände		**685.950**
B. Schulden		
I. Langfristige Schulden		
1. Hypothek, Bayerische Hypobank AG	80.000	
2. Darlehen bei der Dresdner Bank AG	175.000	255.000

		DM	DM
II.	**Kurzfristige Schulden**		
	1. Lieferantenschulden		
	Sporthof GmbH	25.500	
	Schönstoff AG	14.000	
	Adler & Partner OHG	37.000	
	Bürobedarfs-GmbH	8.000	84.500
	2. Umsatzsteuer-Schuld		9.550
	Summe der Schulden		**349.050**

C.	**Ermittlung des Reinvermögens:**	
	Summe der Vermögensgegenstände	685.950
./.	Summe der Schulden	./. 349.050
=	**Reinvermögen (Eigenkapital)**	**336.900**

Berlin, 1.1.01

Paul Piste

Aufgabe 4: Bilanz

Paul Piste steht nunmehr vor dem Problem, aus dem in Aufgabe 3 erstellten Inventar die Eröffnungsbilanz zum 1.1.01 abzuleiten. Er überlegt in diesem Zusammenhang, nach welchen Gesichtspunkten die Aktivseite und die Passivseite der Bilanz zu gliedern sind und welcher sachliche Unterschied eigentlich zwischen dem „Inventar“ und der „Bilanz“ besteht.

Lösung

Auf der Grundlage des in Aufgabe 3 erstellten Inventars wird die Bilanz aufgestellt. Während im Inventar alle Vermögensgegenstände und Schulden einzeln nach Art, Menge und Wert aufgelistet werden, werden in der Bilanz die einzelnen Positionen von Vermögensgegenständen und Schulden zu größeren Gruppen zusammengefaßt. Weiterhin wird auf die im Inventar zwingend erforderlichen Mengenangaben verzichtet. Vermögensgegenstände und Schulden werden nicht mehr wie im Inventar in Staffelform hintereinander aufgeführt, sondern sie stehen sich in der Form eines Kontos gegenüber (italienisch: il conto = Rechnung).

Die Bilanz (lateinisch: bi-lanx = zwei Waagschalen habend; italienisch: il bilancia = Waage) hat zwei Seiten. Die linke Seite der Bilanz heißt *Aktivseite*, die rechte Seite der Bilanz heißt *Passivseite*. Auf der Aktivseite (= Vermögensseite) steht das Vermögen der Unternehmung, geordnet nach zunehmender Liquidität. Auf der Passivseite (= Kapitalseite) steht das in der Unternehmung tätige Gesamtkapital, geordnet nach dem Prinzip der Dringlichkeit der Zahlung (= zunehmende Fälligkeit) und nach der Rechtsstellung der Kapitalgeber (= Eigen- und Fremdkapital). Das Eigenkapital ist hierbei die Differenz zwischen Vermögen und Schulden. Die Bilanz ist somit stets ausgeglichen (= Grundgleichung der Bilanz: Vermögen = Kapital).

§ 247 Abs. 1 HGB definiert den Inhalt der Bilanz: „In der Bilanz sind das Anlage- und das Umlaufvermögen, das Eigenkapital, die Schulden sowie die Rechnungsabgrenzungsposten gesondert auszuweisen und hinreichend aufzugliedern." Eine spezielle Gliederungsvorschrift ist § 247 Abs. 1 HGB somit nicht zu entnehmen. Die Bundessteuerberaterkammer empfiehlt ihren Berufsangehörigen daher, auch die Bilanzen von Einzelkaufleuten und Personengesellschaften nach den Gliederungsvorschriften des HGB für die großen Kapitalgesellschaften, natürlich nur soweit sie anwendbar sind, vorzunehmen. Gemäß § 266 HGB i.V.m. §§ 268 bis 274 HGB sieht die Gliederung der Bilanz dann wie folgt aus:

Aktivseite | **Bilanz** | Passivseite

Aktivseite

A. Ausstehende Einlagen
- davon eingefordert

B. Aufwendungen für die Ingangsetzung und Erweiterung des Geschäftsbetriebs

C. Anlagevermögen
I. Immaterielle Vermögensgegenstände
1. Konzessionen, gewerbliche Schutzrechte und ähnliche Rechte und Werte sowie Lizenzen an solchen Rechten und Werten
2. Geschäfts- oder Firmenwert
3. geleistete Anzahlungen

II. Sachanlagen
1. Grundstücke, grundstücksgleiche Rechte und Bauten einschließlich der Bauten auf fremden Grundstücken
2. technische Anlagen und Maschinen
3. andere Anlagen, Betriebs- und Geschäftsausstattung
4. geleistete Anzahlungen und Anlagen im Bau

III. Finanzanlagen
1. Anteile an verbundenen Unternehmen
2. Ausleihungen an verbundene Unternehmen
3. Beteiligungen
4. Ausleihungen an Unternehmen, mit denen ein Beteiligungsverhältnis besteht
5. Wertpapiere des Anlagevermögens
6. sonstige Ausleihungen

Passivseite

A. Eigenkapital
I. Gezeichnetes Kapital
II. Kapitalrücklage
III. Gewinnrücklagen
1. gesetzliche Rücklage
2. Rücklage für eigene Anteile
3. satzungsmäßige Rücklagen
4. andere Gewinnrücklagen

IV. Gewinnvortrag/Verlustvortrag
V. Jahresüberschuß/Jahresfehlbetrag

B. Sonderposten mit Rücklageanteil

C. Rückstellungen
1. Rückstellungen für Pensionen und ähnliche Verpflichtungen
2. Steuerrückstellungen
3. Rückstellungen für latente Steuern
4. Sonstige Rückstellungen

D. Verbindlichkeiten
1. Anleihen
   - davon konvertibel
   - davon Restlaufzeit bis zu 1 Jahr
2. Verbindlichkeiten gegenüber Kreditinstituten
   - davon Restlaufzeit bis zu 1 Jahr
3. erhaltene Anzahlungen auf Bestellungen
4. Verbindlichkeiten aus Lieferungen und Leistungen
   - davon Restlaufzeit bis zu 1 Jahr

Aktivseite	Passivseite
D. Umlaufvermögen I. Vorräte 1. Roh-, Hilfs- und Betriebsstoffe 2. unfertige Erzeugnisse, unfertige Leistungen 3. fertige Erzeugnisse und Waren 4. geleistete Anzahlungen II. Forderungen und sonstige Vermögensgegenstände 1. Forderungen aus Lieferungen und Leistungen - davon mit einer Restlaufzeit von mehr als 1 Jahr 2. Forderungen gegen verbundene Unternehmen - davon mit einer Restlaufzeit von mehr als 1 Jahr 3. Forderungen gegen Unternehmen, mit denen ein Beteiligungsverhältnis besteht - davon mit einer Restlaufzeit von mehr als 1 Jahr 4. sonstige Vermögensgegenstände III. Wertpapiere 1. Anteile an verbundenen Unternehmen 2. eigene Anteile 3. sonstige Wertpapiere IV. Schecks, Kassenbestand, Bundesbank- und Postbankguthaben, Guthaben bei Kreditinstituten **E. Rechnungsabgrenzungsposten** I. Disagio II. Abgrenzungsposten für latente Steuern III. sonstige Rechnungsabgrenzungsposten	5. Verbindlichkeiten aus der Annahme gezogener Wechsel und der Ausstellung eigener Wechsel – davon Restlaufzeit bis zu 1 Jahr 6. Verbindlichkeiten gegenüber verbundenen Unternehmen – davon Restlaufzeit bis zu 1 Jahr 7. Verbindlichkeiten gegenüber Unternehmen, mit denen ein Beteiligungsverhältnis besteht – davon Restlaufzeit bis zu 1 Jahr 8. sonstige Verbindlichkeiten – davon aus Steuern – davon im Rahmen der sozialen Sicherheit – davon Restlaufzeit bis zu 1 Jahr **E. Rechnungsabgrenzungsposten**

Die Bilanz (als Teil des Jahresabschlusses) ist gemäß 244 HGB in deutscher Sprache und in Deutscher Mark aufzustellen. Sie ist gemäß § 245 HGB vom Kaufmann unter Angabe des Datums zu unterzeichnen.

Die Bilanz ist gemäß § 266 Abs. 1 HGB in Kontoform aufzustellen und hat zusammengefaßt folgende Grundform:

Aktivseite	**Bilanz** Passivseite
Anlagevermögen	Eigenkapital
Umlaufvermögen	Fremdkapital
Rechnungsabgrenzungsposten	Rechnungsabgrenzungsposten

Da sich das Eigenkapital als Differenz zwischen Vermögen und Schulden errechnet, gilt immer:

Summe aller Aktiva = Summe aller Passiva

Diese Grundgleichung der Bilanz wird niemals durchbrochen. Sie stellt das herausragende Merkmal des Systems der doppelten Buchführung dar.

Ist im Einzelfall die Summe aller Schulden größer als die Summe aller Vermögenswerte, so muß das Eigenkapital zur Erreichung der Grundgleichung der Bilanz zwangsläufig auf der Aktivseite als Position „D" erscheinen: „Ist das Eigenkapital durch Verluste aufgebraucht und ergibt sich ein Überschuß der Passivposten über die Aktivposten, so ist dieser Betrag am Schluß der Bilanz auf der Aktivseite gesondert unter der Bezeichnung „Nicht durch Eigenkapital gedeckter Fehlbetrag" auszuweisen" (§ 268 Abs. 3 HGB).

Aus dem in Aufgabe 3 erstellten Inventar und unter Heranziehung des in § 266 HGB i.V.m. §§ 268 bis 274 HGB enthaltenen Bilanzschemas für große Kapitalgesellschaften leitet Paul Piste nunmehr folgende Eröffnungsbilanz zum 1.1.01 ab:

Eröffnungsbilanz des Sporteinzelhandels „Fit & Fun", Berlin zum 1.1.01

Aktivseite		Passivseite	
A. Anlagevermögen		**A. Eigenkapital**	336.900
I. Sachanlagen		**B. Verbindlichkeiten**	
1. Grundstücke, grundstücksgleiche Rechte und Bauten	350.000	1. Verbindlichkeiten gegenüber Kreditinstituten	255.000
2. Technische Anlagen und Maschinen	49.500	2. Verbindlichkeiten aus Lieferungen und Leistungen	84.500
3. Andere Anlagen, Betriebs- und Geschäftsausstattung	61.700	3. Sonstige Verbindlichkeiten, davon aus Steuern	9.550
B. Umlaufvermögen			
I. Vorräte			
1. Fertige Erzeugnisse und Waren	177.550		
II. Forderungen und sonstige Vermögensgegenstände			
1. Forderungen aus Lieferungen und Leistungen	23.600		
III. Flüssige Mittel			
1. Kassenbestand	6.450		
2. Guthaben bei Kreditinstituten	17.150		
	685.950		685.950

Berlin, 1.1.01

Paul Piste

Anmerkungen zur Eröffnungsbilanz:

- Unter der Bilanzposition „Andere Anlagen, Betriebs- und Geschäftsausstattung" werden neben Werkstätteneinrichtungen, Werkzeugen, Formen, Modellen und Vorrichtungen auch Fahrzeuge aller Art ausgewiesen.
- Unter der Bilanzposition „Verbindlichkeiten gegenüber Kreditinstituten" sind sämtliche Verbindlichkeiten gegenüber Kreditinstituten, unabhängig von der vereinbarten Laufzeit beziehungsweise Restlaufzeit ausgewiesen. Hätte Paul Piste sowohl kurzfristige Kontokorrentverpflichtungen als auch langfristige Verbindlichkeiten aus Hypothekendarlehen zu bedienen, so würden beide Verbindlichkeiten unter dieser Bilanzposition ausgewiesen werden.

- Gemäß § 265 Abs. 8 HGB wurden in der Eröffnungsbilanz solche Positionen nicht aufgenommen, für die kein Betrag (= Wert) auszuweisen war.
- In der Eröffnungsbilanz wurden nur diejenigen Vermögensgegenstände und Schulden aufgenommen, die Vermögen oder Schulden der Unternehmung darstellen, nicht dagegen die privaten Vermögensgegenstände und Schulden des Paul Piste.

II. Bilanzverändernde Geschäftsvorfälle

Aufgabe 5: Aktivtausch (Vermögensumschichtung)

Nach der Erstellung der Eröffnungsbilanz des Sporteinzelhandels „Fit & Fun" zum 1.1.01 erinnert sich Paul Piste, daß Geschäftsvorfälle (= Vorgänge zwischen dem Sporteinzelhandel „Fit & Fun" und der Umwelt und Vorgänge innerhalb des Sporteinzelhandels „Fit & Fun") das Bild der Bilanz verändern. Er überlegt in diesem Zusammenhang, wie das Bilanzbild sich ändern würde, wenn der Tennis-Club „Blau Weiss" seine Verbindlichkeiten in Höhe von 3.600 DM auf das Konto 654321-900 bei der Sparkasse überweisen würde.

Lösung

Verändert sich durch einen Geschäftsvorfall lediglich die Struktur der Aktivseite, ohne daß das Kapital sich ändert und auch die Bilanzsumme unverändert bleibt, so spricht man von einem Aktivtausch (= Vermögensumschichtung):

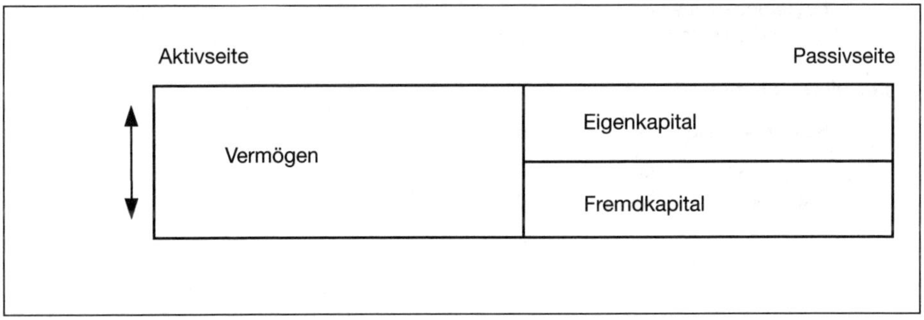

Abb. 3: Aktivtausch

Würde der Tennis-Club „Blau Weiss" auf das Konto 654321-900 bei der Sparkasse 3.600 DM überweisen, so würden die Forderungen aus Lieferungen und Leistungen um 3.600 DM abnehmen und das Guthaben bei Kreditinstituten um 3.600 DM zunehmen. Hieraus würde sich dann die folgende, gegenüber der Eröffnungsbilanz zum 1.1.01 veränderte, Bilanz ergeben:

Bilanz

Aktivseite		Passivseite	
A. Anlagevermögen		**A. Eigenkapital**	336.900
I. Sachanlagen		**B. Verbindlichkeiten**	
1. Grundstücke, grundstücksgleiche Rechte und Bauten	350.000	1. Verbindlichkeiten gegenüber Kreditinstituten	255.000
2. Technische Anlagen und Maschinen	49.500	2. Verbindlichkeiten aus Lieferungen und Leistungen	84.500
3. Andere Anlagen, Betriebs- und Geschäftsausstattung	61.700	3. Sonstige Verbindlichkeiten, davon aus Steuern	9.550
B. Umlaufvermögen			
I. Vorräte			
1. Fertige Erzeugnisse und Waren	177.550		
II. Forderungen und sonstige Vermögensgegenstände			
1. Forderungen aus Lieferungen und Leistungen	20.000		
III. Flüssige Mittel			
1. Kassenbestand	6.450		
2. Guthaben bei Kreditinstituten	20.750		
	685.950		685.950

Gegenüber der Eröffnungsbilanz zum 1.1.01 würden sich lediglich Veränderungen in den beiden Positionen „Forderungen aus Lieferungen und Leistungen“ und „Guthaben bei Kreditinstituten“ ergeben. Die Erhöhung der einen Position entspricht der Minderung der anderen Position. Die Bilanzsumme und das Kapital blieben unverändert.

Aufgabe 6: Passivtausch (Kapitalumschichtung)

Nachdem Paul Piste klar geworden ist, daß bestimmte Geschäftsvorfälle lediglich die Struktur von Vermögenspositionen (Aktivseite) verändern, überlegt er nunmehr, wie das Bilanzbild der Aufgabe 5 sich ändern würde, wenn die Dresdner Bank AG zur Begleichung der Verbindlichkeiten gegenüber der Adler & Partner OHG in Höhe von 37.000 DM ein Darlehn in gleicher Höhe zur Verfügung stellen würde, wobei die Dresdner Bank AG den Betrag von 37.000 DM gleich direkt an den Lieferanten „Adler & Partner OHG" überweisen würde.

Lösung

Verändert sich durch einen Geschäftsvorfall lediglich die Struktur der Passivseite, ohne daß die Bilanzsumme verändert wird, so spricht man von einem Passivtausch (= Kapitalumschichtung):

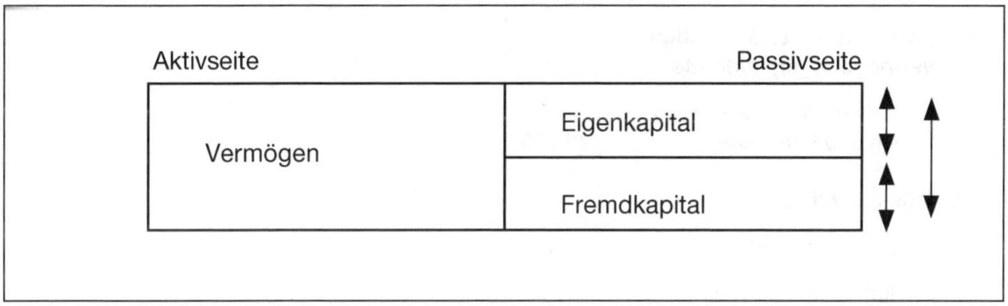

Abb. 4: Passivtausch

Würde die Dresdner Bank AG zur Begleichung der Verbindlichkeiten gegenüber der Adler & Partner OHG ein Darlehn in Höhe von 37.000 DM zur Verfügung stellen und direkt den Betrag an die Adler & Partner OHG überweisen, so würden die Verbindlichkeiten aus Lieferungen und Leistungen um 37.000 DM abnehmen und die Verbindlichkeiten gegenüber Kreditinstituten um 37.000 DM zunehmen. Hieraus würde sich dann die folgende, gegenüber der Aufgabe 5 veränderte, Bilanz ergeben:

Bilanz

Aktivseite		Passivseite	
A. Anlagevermögen		**A. Eigenkapital**	336.900
I. Sachanlagen		**B. Verbindlichkeiten**	
1. Grundstücke, grundstücksgleiche Rechte und Bauten	350.000	1. Verbindlichkeiten gegenüber Kreditinstituten	292.000
2. Technische Anlagen und Maschinen	49.500	2. Verbindlichkeiten aus Lieferungen und Leistungen	47.500
3. Andere Anlagen, Betriebs- und Geschäftsausstattung	61.700	3. Sonstige Verbindlichkeiten, davon aus Steuern	9.550
B. Umlaufvermögen			
I. Vorräte			
1. Fertige Erzeugnisse und Waren	177.550		
II. Forderungen und sonstige Vermögensgegenstände			
1. Forderungen aus Lieferungen und Leistungen	20.000		
III. Flüssige Mittel			
1. Kassenbestand	6.450		
2. Guthaben bei Kreditinstituten	20.750		
	685.950		685.950

Gegenüber der Bilanz der Aufgabe 5 würden sich lediglich Veränderungen in den beiden Positionen „Verbindlichkeiten gegenüber Kreditinstituten“ und „Verbindlichkeiten aus Lieferungen und Leistungen“ ergeben. Auch hier entspricht die Erhöhung der einen Bilanzposition der Minderung der anderen Bilanzposition. Die Bilanzsumme und das Eigenkapital blieben unverändert.

Aufgabe 7: Aktiv-Passiv-Mehrung (Bilanzverlängerung)

Den hypothetischen Überlegungen der Aufgaben 5 und 6 war gemeinsam, daß die Bilanzsumme stets unverändert blieb. Paul Piste überlegt nunmehr, wie das Bilanzbild der Aufgabe 6 sich ändern würde, wenn er sich einen Computer für seine Buchführungsarbeiten anschaffen (Anschaffungskosten: 3.500 DM) und der Lieferant ihm ein Zahlungsziel von 60 Tagen einräumen würde.

Lösung

Erhöht sich durch einen Geschäftsvorfall sowohl die Aktivseite als auch die Passivseite um den gleichen Betrag, so spricht man von einer Aktiv-Passiv-Mehrung (= Bilanzverlängerung oder Bilanzsummenerhöhung):

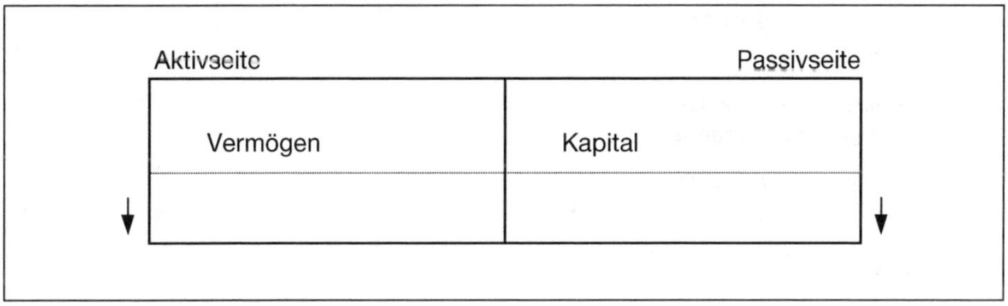

Abb. 5: Aktiv-Passiv-Mehrung

Würde Paul Piste sich einen Computer für 3.500 DM anschaffen und erst nach 60 Tagen bezahlen, so würden die „Anderen Anlagen, Betriebs- und Geschäftsausstattung" um 3.500 DM zunehmen und auch die „Verbindlichkeiten aus Lieferungen und Leistungen" um 3.500 DM ansteigen. Hieraus würde sich dann die folgende, gegenüber der Aufgabe 6 veränderte, Bilanz ergeben:

Bilanz

Aktivseite		Passivseite	
A. Anlagevermögen		**A. Eigenkapital**	336.900
I. Sachanlagen		**B. Verbindlichkeiten**	
1. Grundstücke, grundstücksgleiche Rechte und Bauten	350.000	1. Verbindlichkeiten gegenüber Kreditinstituten	292.000
2. Technische Anlagen und Maschinen	49.500	2. Verbindlichkeiten aus Lieferungen und Leistungen	51.000
3. Andere Anlagen, Betriebs- und Geschäftsausstattung	65.200	3. Sonstige Verbindlichkeiten, davon aus Steuern	9.550
B. Umlaufvermögen			
I. Vorräte			
1. Fertige Erzeugnisse und Waren	177.550		
II. Forderungen und sonstige Vermögensgegenstände			
1. Forderungen aus Lieferungen und Leistungen	20.000		
III. Flüssige Mittel			
1. Kassenbestand	6.450		
2. Guthaben bei Kreditinstituten	20.750		
	689.450		689.450

Gegenüber der Bilanz der Aufgabe 6 würden sich Veränderungen in den beiden Positionen „Andere Anlagen, Betriebs- und Geschäftsausstattung“ (Aktivseite) und „Verbindlichkeiten aus Lieferungen und Leistungen“ (Passivseite) ergeben. Die Erhöhung des Aktivpostens entspricht der Erhöhung des Passivpostens. Die Bilanzsumme würde sich ebenfalls um 3.500 DM erhöhen; das Eigenkapital bliebe aber weiterhin unverändert.

Aufgabe 8: Aktiv-Passiv-Minderung (Bilanzverkürzung)

Nachdem Paul Piste sich darüber klar geworden ist, daß bestimmte Geschäftsvorfälle die Bilanz verlängern, das heißt die Bilanzsumme erhöhen, überlegt er nunmehr, wie das Bilanzbild der Aufgabe 7 sich ändern würde, wenn er die Umsatzsteuerschuld in Höhe von 9.550 DM vom Konto 654321-900 bei der Sparkasse an das zuständige Finanzamt überweisen würde.

Lösung

Vermindert sich durch einen Geschäftsvorfall sowohl die Aktivseite als auch die Passivseite um den gleichen Betrag, so spricht man von einer Aktiv-Passiv-Minderung (= Bilanzverkürzung oder Bilanzsummenverminderung):

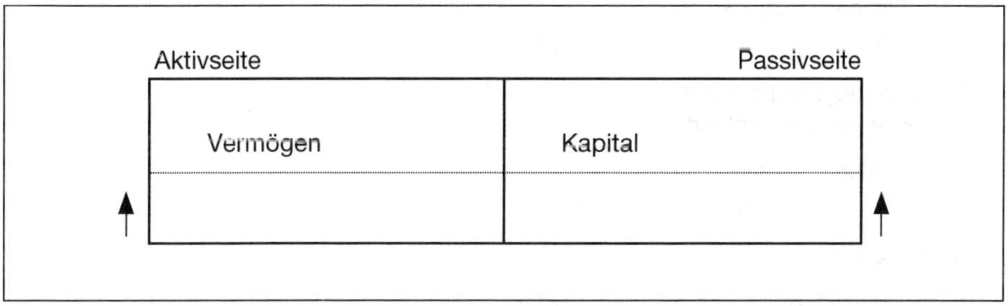

Abb. 6: Aktiv-Passiv-Minderung

Würde Paul Piste das Guthaben bei der Sparkasse zum Teil dazu verwenden, die Umsatzsteuerschuld in Höhe von 9.550 DM zu begleichen, so würden die „Sonstigen Verbindlichkeiten, davon aus Steuern" um 9.550 DM abnehmen und auch die „Guthaben bei Kreditinstituten" würden sich um 9.550 DM vermindern. Hieraus würde sich dann die folgende, gegenüber der Aufgabe 7 veränderte, Bilanz ergeben:

Bilanz

Aktivseite		Passivseite	
A. Anlagevermögen		**A. Eigenkapital**	336.900
I. Sachanlagen		**B. Verbindlichkeiten**	
1. Grundstücke, grundstücksgleiche Rechte und Bauten	350.000	1. Verbindlichkeiten gegenüber Kreditinstituten	292.000
2. Technische Anlagen und Maschinen	49.500	2. Verbindlichkeiten aus Lieferungen und Leistungen	51.000
3. Andere Anlagen, Betriebs- und Geschäftsausstattung	65.200	3. Sonstige Verbindlichkeiten, davon aus Steuern	0
B. Umlaufvermögen			
I. Vorräte			
1. Fertige Erzeugnisse und Waren	177.550		
II. Forderungen und sonstige Vermögensgegenstände			
1. Forderungen aus Lieferungen und Leistungen	20.000		
III. Flüssige Mittel			
1. Kassenbestand	6.450		
2. Guthaben bei Kreditinstituten	11.200		
	679.900		679.900

Gegenüber der Bilanz der Aufgabe 7 würden sich Veränderungen in den beiden Positionen „Guthaben bei Kreditinstituten“ (Aktivseite) und „Sonstige Verbindlichkeiten, davon aus Steuern“ (Passivseite) ergeben. Die Minderung des Aktivpostens entspricht in diesen Fällen der Minderung des Passivpostens. Die Bilanzsumme würde sich ebenfalls um 9.550 DM vermindern; das Eigenkapital bliebe aber nach wie vor unverändert.

III. Bestandskonten

Aufgabe 9: Auflösung der Eröffnungsbilanz in aktive und passive Bestandskonten

Paul Piste steht nunmehr vor dem Problem, aus der Eröffnungsbilanz zum 1.1.01 (Aufgabe 4) die erforderlichen aktiven und passiven Bestandskonten herzuleiten und die entsprechenden Anfangsbestände vorzutragen. Er überlegt in diesem Zusammenhang, was überhaupt ein Konto ist und warum die laufenden Geschäftsvorfälle des Sporteinzelhandels „Fit & Fun" auf Konten gebucht und nicht in der Bilanz erfaßt werden. Er überlegt weiterhin, wodurch sich eigentlich die aktiven Bestandskonten von den passiven Bestandskonten unterscheiden.

Lösung

Wollte Paul Piste die einzelnen Geschäftsvorfälle in der Bilanz erfassen, so müßte er nach jedem Geschäftsvorfall eine neue Bilanz erstellen. Dies wäre nicht nur sehr umständlich, sondern in der Praxis des Sporteinzelhandels auch kaum durchführbar. Deshalb richtet man in der Buchführung Konten ein.

Ein Konto ist eine zweiseitig geführte Rechnung (italienisch: il conto – Rechnung), mit getrennter Aufzeichnung der Zugänge und Abgänge. Für jede Position der Eröffnungsbilanz zum 1.1.01 wird ein entsprechendes Konto eingerichtet. Analog der beiden Seiten der Eröffnungsbilanz zum 1.1.01, nämlich Aktivseite und Passivseite, unterscheidet man *aktive Bestandskonten* (Herkunft: Aktivseite) und *passive Bestandskonten* (Herkunft: Passivseite). Die aktiven Bestandskonten nehmen die Anfangsbestände auf der linken Kontoseite (= Sollseite) auf, da sie auch in der Eröffnungsbilanz zum 1.1.01 auf der linken Bilanzseite (= Aktivseite) stehen. Die passiven Bestandskonten nehmen die Anfangsbestände auf der rechten Kontoseite (= Habenseite) auf, da diese in der Eröffnungsbilanz zum 1.1.01 auf der rechten Bilanzseite (= Passivseite) stehen. Ein Konto ist somit ähnlich aufgebaut wie die Eröffnungsbilanz zum 1.1.01. Ein Konto hat stets zwei Seiten; die linke Seite des Kontos wird mit *„Soll"* (S) und die rechte Seite des Kontos wird mit *„Haben"* (H) bezeichnet. Eine Buchung auf der linken Seite eines Kontos heißt Sollbuchung (= Lastschrift), eine Buchung auf der rechten Seite eines Kontos heißt Habenbuchung (= Gutschrift). Anfangsbestand und Zugänge werden dabei stets auf einer Seite gebucht, Abgänge und Endbestand auf der anderen Seite.

Hieraus lassen sich die beiden ersten Regeln der doppelten Buchführung ableiten:

Regel 1: Bei allen aktiven Bestandskonten stehen
im Soll: Anfangsbestand und Zugänge
im Haben: Abgänge und Endbestand.

Regel 2: Bei allen passiven Bestandskonten stehen
im Haben: Anfangsbestand und Zugänge
im Soll: Abgänge und Endbestand.

Die Ermittlung des Endbestandes in einem Konto heißt Saldieren. Man ermittelt den Saldo (= Endbestand), indem man die betragsmäßig kleinere Kontoseite von der betragsmäßig größeren Kontoseite subtrahiert und die Differenz (= Saldo) auf der kleineren Kontoseite bucht. Dadurch wird das Konto abgeschlossen und es gilt immer:

Soll = Haben

Die folgenden Abbildungen fassen die Regeln 1 und 2 noch einmal zusammen:

S	Aktives Bestandskonto	H
Anfangsbestand Zugänge		Abgänge Endbestand
Summe Soll	=	Summe Haben

Abb. 7: Grundstruktur eines aktiven Bestandskontos

S	Passives Bestandskonto	H
Abgänge Endbestand		Anfangsbestand Zugänge
Summe Soll	=	Summe Haben

Abb. 8: Grundstruktur eines passiven Bestandskontos

Die Auflösung der Eröffnungsbilanz zum 1.1.01 in aktive und passive Bestandskonten ergibt dann das folgende Kontenbild, wobei Paul Piste schon an dieser Stelle darauf achtet, für Bilanzpositionen, hinter denen sich unterschiedliche Arten von Beständen „verbergen“, wie z.B. die Position „Andere Anlagen, Betriebs- und Geschäftsausstattung“ (= Fuhrpark und Betriebs- und Geschäftsausstattung), hierfür aus Gründen der größeren Klarheit und Übersichtlichkeit mehrere Konten einzurichten:

Eröffnungsbilanz des Sporteinzelhandels „Fit & Fun", Berlin zum 1.1.01

Kontenbild	Aktivseite	DM	Passivseite	DM	Kontenbild
S Unbebaute Grundstücke H AB 100.000 S Bebaute Grundstücke H AB 250.000	Grundstücke, grundstücksgleiche Rechte und Bauten	**350.000**	Eigenkapital	**336.900**	S Eigenkapital H AB 336.900
			Verbindlichkeiten gegenüber Kreditinstituten	**255.000**	S Hypothek Bayer. Hypobank H AB 80.000 S Darlehn Dresdner Bank H AB 175.000
S TA und Masch. H AB 49.500	Technische Anlagen und Maschinen	**49.500**	Verbindlichkeiten aus Lieferungen und Leistungen	**84.500**	S Verbindlichk. aus L.u.L. H AB 84.500
S Fuhrpark H AB 50.000 S BGA H AB 11.700	Andere Anlagen, Betriebs- und Geschäftsausstattung	**61.700**	Sonstige Verbindlichkeiten, davon aus Steuern	**9.550**	S Umsatzsteuer H AB 9.550
S Warengruppe Ski H AB 118.750 S Warengruppe Tennis H AB 18.950 S Warengruppe Golf H AB 39.400 S Warengruppe sonst. H AB 450	Fertige Erzeugnisse und Waren	**177.550**			
S Forderungen H AB 23.600	Forderungen aus Lieferungen und Leistungen	**23.600**			
S Postbank H AB 8.150 S Sparkasse H AB 9.000	Guthaben bei Kreditinstituten	**17.150**			
S Kasse H AB 6.450	Kassenbestand	**6.450**			
685.950		685.950		685.950	685.950

Abb. 9: Auseinanderziehen der Eröffnungsbilanz

Aufgabe 10: Auflösung der Eröffnungsbilanz mit einem Eröffnungsbilanzkonto

Paul Piste hat in der Aufgabe 9 aus der Eröffnungsbilanz des Sporteinzelhandels „Fit & Fun" zum 1.1.01 (siehe Aufgabe 4) die Anfangsbestände auf die entsprechenden aktiven und passiven Bestandskonten vorgetragen. Er erinnert sich, daß diese Vorgehensweise aber dem Grundsatz der doppelten Buchführung widerspricht, wonach jeder Sollbuchung eine Habenbuchung gegenüberstehen muß. Er überlegt in diesem Zusammenhang, was überhaupt ein Buchungssatz ist und wie man nun die Eröffnungsbuchungen auf den aktiven und passiven Bestandskonten buchungstechnisch richtig vornehmen müßte.

Lösung

Bei der doppelten Buchführung besteht der Grundsatz, daß zu jeder Buchung eine Gegenbuchung gehört. Dies gilt auch für die Eröffnungsbuchungen zum 1.1.01. Jede *Buchung* muß *mindestens* auf *zwei Konten* erfolgen, und zwar auf mindestens einem Konto im Soll und auf mindestens einem anderen Konto im Haben. Der Buchungssatz bezeichnet dann die Konten, die durch einen Geschäftsvorfall berührt werden und auf denen gebucht werden soll. Zuerst wird das Konto mit der Buchung auf der Sollseite und danach das Konto mit der Buchung auf der Habenseite genannt, wobei die beiden Konten durch das Wort „an" miteinander verbunden werden. Wird auf zwei Konten gebucht, so muß die wertmäßige Summe des auf der Sollseite gebuchten Betrages immer genauso groß sein wie die wertmäßige Summe des auf der Habenseite gebuchten Betrages. Es gilt dann der Grundsatz:

Keine Buchung ohne Gegenbuchung in gleicher Höhe!

Hieraus läßt sich die so wichtige Regel 3 der doppelten Buchführung herleiten:

Regel 3: Es heißt immer:

Soll an Haben

Jeder Geschäftsvorfall wird also doppelt gebucht:

zuerst im Soll – dann im Haben

Vor dem Wort „an" steht das Konto mit der *Sollbuchung*; der angegebene Betrag wird also auf der Sollseite (= der linken Seite) des angesprochenen Kontos gebucht. Nach dem Wort „an" steht das Konto mit der *Habenbuchung*; der angegebene Betrag wird somit auf der Habenseite (= der rechten Seite) des angesprochenen Kontos gebucht.

Im System der doppelten Buchführung werden bereits die Eröffnungsbuchungen zum 1.1.01 als eigene Geschäftsvorfälle interpretiert. Folglich sind auch für diese Eröffnungsbuchungen gesonderte Buchungssätze erforderlich. Für jede Position der Eröffnungsbilanz des Sporteinzelhandels „Fit & Fun" zum 1.1.01 muß ein Buchungssatz formuliert werden. Als Hilfsmittel für die technische Durchführung der Eröffnung aller aktiven und passiven Bestandskonten zum 1.1.01 fungiert das *Eröffnungsbilanzkonto (EBK)*.

Das Eröffnungsbilanzkonto ist nichts anderes als das Spiegelbild der Eröffnungsbilanz. Es nimmt die Positionen der Aktivseite der Eröffnungsbilanz zum 1.1.01 im Haben und die Positionen der Passivseite der Eröffnungsbilanz zum 1.1.01 im Soll auf. So lautet beispielsweise der Buchungssatz, mit dem der Anfangsbestand der Bilanzposition Kassenbestand (6.450 DM) auf das Konto „Kasse" gebucht wird:

Kasse 6.450 DM an Eröffnungsbilanzkonto 6.450 DM

Damit wird deutlich, daß das Eröffnungsbilanzkonto zur Wahrung des Grundsatzes der doppelten Buchführung „Keine Buchung ohne Gegenbuchung" für die Eröffnungsbuchungen notwendig ist. Es ist das Gegenkonto der Eröffnungsbuchungen der Anfangsbestände auf den aktiven und passiven Bestandskonten.

Zum 1.1.01 wird Paul Piste dann die folgenden Buchungssätze formulieren:

Aktivseite:

Unbebaute Grundstücke	an	Eröffnungsbilanzkonto	100.000
Bebaute Grundstücke	an	Eröffnungsbilanzkonto	250.000
TA und Maschinen	an	Eröffnungsbilanzkonto	49.500
Fuhrpark	an	Eröffnungsbilanzkonto	50.000
BGA	an	Eröffnungsbilanzkonto	11.700
Warengruppe Ski	an	Eröffnungsbilanzkonto	118.750
Warengruppe Tennis	an	Eröffnungsbilanzkonto	18.950
Warengruppe Golf	an	Eröffnungsbilanzkonto	39.400
Warengruppe sonst.	an	Eröffnungsbilanzkonto	450
Forderungen	an	Eröffnungsbilanzkonto	23.600
Postbank	an	Eröffnungsbilanzkonto	8.150
Sparkasse	an	Eröffnungsbilanzkonto	9.000
Kasse	an	Eröffnungsbilanzkonto	6.450

oder zusammengefaßt:

Alle aktiven Bestandskonten an Eröffnungsbilanzkonto

Passivseite:

Eröffnungsbilanzkonto	an	Eigenkapital	336.900
Eröffnungsbilanzkonto	an	Hypothek Bayer.Hypobank	80.000
Eröffnungsbilanzkonto	an	Darlehn Dresdner Bank	175.000
Eröffnungsbilanzkonto	an	Verbindlichk.aus L.u.L.	84.500
Eröffnungsbilanzkonto	an	Umsatzsteuer	9.550

oder zusammengefaßt:

Eröffnungsbilanzkonto an alle passiven Bestandskonten

Das Eröffnungsbilanzkonto und die Eröffnungsbilanz des Sporteinzelhandels „Fit- & Fun“ zum 1.1.01 hat dann das folgende Aussehen:

Soll	Eröffnungsbilanzkonto		Haben
Eigenkapital	336.900	Unbebaute Grundstücke	100.000
Hypothek Bayer. Hypobank	80. 000	Bebaute Grundstücke	250.000
Darlehn Dresdner Bank	175.000	TA und Maschinen	49.500
Verbindlichkeiten aus L.u.L.	84.500	Fuhrpark	50.000
Umsatzsteuer	9.550	BGA	11.700
		Warengruppe Ski	118.750
		Warengruppe Tennis	18.950
		Warengruppe Golf	39.400
		Warengruppe sonst.	450
		Forderungen aus L.u.L.	23.600
		Postbank	8.150
		Sparkasse	9.000
		Kasse	6.450
	685.950		685.950

Eröffnungsbilanz des Sporteinzelhandels „Fit & Fun“, Berlin zum 1.1.01

Kontenbild	Aktivseite	DM	Passivseite	DM	Kontenbild
S Unbebaute Grundstücke H EBK 100.000 | S Bebaute Grundstücke H EBK 250.000 |	Grundstücke, grundstücksgleiche Rechte und Bauten	350.000	Eigenkapital	336.900	S Eigenkapital H | EBK 336.900
			Verbindlichkeiten gegenüber Kreditinstituten	255.000	S Hypothek Bayer. Hypobank H | EBK 80.000 S Darlehn Dresdner Bank H | EBK 175.000
S TA und Masch. H EBK 49.500 |	Technische Anlagen und Maschinen	49.500	Verbindlichkeiten aus Lieferungen und Leistungen	84.500	S Verbindlichk. aus L.u.L. H | EBK 84.500
S Fuhrpark H EBK 50.000 | S BGA H EBK 11.700 |	Andere Anlagen, Betriebs- und Geschäftsausstattung	61.700	Sonstige Verbindlichkeiten, davon aus Steuern	9.550	S Umsatzsteuer H | EBK 9.550
S Warengruppe Ski H EBK 118.750 | S Warengruppe Tennis H EBK 18.950 | S Warengruppe Golf H EBK 39.400 | S Warengruppe sonst. H EBK 450 |	Fertige Erzeugnisse und Waren	177.550			
S Forderungen H EBK 23.600 |	Forderungen aus Lieferungen und Leistungen	23.600			
S Postbank H EBK 8.150 | S Sparkasse H EBK 9.000 |	Guthaben bei Kreditinstituten	17.150			
S Kasse H EBK 6.450 |	Kassenbestand	6.450			
685.950		685.950		685.950	685.950

Abb. 10: Auseinandergezogene Eröffnungsbilanz mit Kontenbild und Gegenkonto EBK

Aufgabe 11: Bilden von Buchungssätzen und Buchungen auf reinen Bestandskonten

Im Januar 01 ereignen sich im Sporteinzelhandel „Fit & Fun" folgende Geschäftsvorfälle:

1. Der Tennis-Club „Blau Weiss" überweist 3.600 DM auf das Konto 654321-900 bei der Sparkasse.
2. Zur Begleichung der Verbindlichkeiten gegenüber der Adler & Partner OHG in Höhe von 37.000 DM stellt die Dresdner Bank AG ein weiteres Darlehn zur Verfügung und überweist den Betrag direkt an den Lieferanten.
3. Beim Computereinzelhandel „Chip & Bit" wird ein PC für 3.500 DM gekauft. Dieser wird am 3.1.01 geliefert. Es wird ein Zahlungsziel von 20 Tagen vereinbart.
4. Die Umsatzsteuerschuld in Höhe von 9.550 DM wird vom Konto 654321-900 bei der Sparkasse an das zuständige Finanzamt überwiesen.
5. Am 4.1.01 wird die fällige Tilgungsrate für die Hypothek in Höhe von 5.000 DM vom Postbankkonto abgebucht.
6. Zur Verbesserung der Organisation des Warenlagers werden zwei weitere Warenregale im Gesamtwert von 1.700 DM bei der „Büromöbel AG" gekauft. Diese werden auch sofort geliefert. Es wird ein Zahlungsziel von nur 10 Tagen vereinbart, da überaus großzügige Konditionen gewährt wurden.
7. Die Skischule Max Berg überweist auf das Konto 654321-900 bei der Sparkasse 3.700 DM.
8. Paul Piste zahlt eine Tageskasse in Höhe von 5.000 DM auf das Konto 654321-900 bei der Sparkasse ein.
9. Ein Betrag von 1.700 DM wird vom Postbankkonto an die „Büromöbel AG" überwiesen.
10. Vom Konto 654321-900 bei der Sparkasse werden 10.000 DM an die Dresdner Bank AG zur Tilgung eines Teils des gewährten Darlehns überwiesen.
11. Der Golf-Pro Toni Banger bezahlt bar seine fällig gewordene Rechnung in Höhe von 3.900 DM.
12. Soeben neu eingekaufte und auch gelieferte 5 Tennnisschläger im Gesamtwert von 1.500 DM werden sofort bar bezahlt.
13. Der Lkw VW-Kasten B-VW 1010 wird zum Buchwert in Höhe von 20.000 DM verkauft. Der Käufer bezahlt bar.
14. Zur Reduzierung der Bargeldbestände zahlt Paul Piste 17.000 DM auf das Konto 123456-100 bei der Postbank ein.
15. Als Ersatz für den verkauften Lkw VW-Kasten kauft Paul Piste am 15.1.01 einen neuen Lkw Mercedes. Er überweist vom Konto 123456-100 bei der Postbank eine Anzahlung in Höhe von 15.000 DM, da ihm äußerst günstige Lieferungs- und Zahlungsbedingungen eingeräumt wurden.

16. Paul Piste kauft für seine Buchführungsarbeiten einen vollelektronischen Tischrechner für 1.000 DM und bezahlt diesen sofort bar bei Mitnahme aus dem Geschäft.

17. Am 18.1.01 werden von der „Schönstoff AG“ T-Shirts (Warengruppe Golf) im Gesamtwert von 300 DM geliefert. Der beiliegenden Rechnung ist folgende Zahlungskondition zu entnehmen: „Zahlbar innerhalb von 14 Tagen ohne jeden Abzug“.

18. Die Rechnung des Computereinzelhandels „Chip & Bit“ in Höhe von 3.500 DM wird am 22.1.01 durch Überweisung vom Sparkassenkonto beglichen.

19. Die Skischule Max Berg überweist einen weiteren Teilbetrag (5.000 DM) auf das Konto 654321-900 bei der Sparkasse.

Lösung

Jeder Geschäftsvorfall berührt mindestens zwei Konten, wobei die Buchung bei einem Konto im Soll und bei dem anderen Konto im Haben erfolgt. Die beiden durch den Geschäftsvorfall berührten Konten werden zunächst in einem Buchungssatz festgehalten, der angibt, welche Beträge auf welchen Konten und auf welcher Kontoseite zu buchen sind. Um die Geschäftsvorfälle buchungstechnisch richtig zu erfassen, müssen vor jeder Buchung folgende *vier Fragen* beantwortet werden:

1. Welche Bilanzposten ändern sich und welche Konten werden somit angesprochen?
2. Um welche Art von Konten handelt es sich dabei (aktive Bestandskonten und/oder passive Bestandskonten)?
3. Handelt es sich um einen Zugang oder um einen Abgang?
4. Auf welcher Seite des jeweiligen Kontos ist der Betrag zu buchen?

Sind diese vier Fragen beantwortet, kann der entsprechene Buchungssatz gebildet werden, der immer wie folgt aussieht (siehe Aufgabe 10).

zuerst das Konto mit der Buchung im Soll
dann das Konto mit der Buchung im Haben

oder kurz

Soll an Haben

Am Beispiel der Skischule Max Berg, die auf das Konto 654321-900 bei der Sparkasse 5.000 DM überweist, sollen die soeben vorgestellten vier Fragen noch einmal erläutert werden:

zu 1): Angesprochen werden das Forderungskonto und das Bankkonto.
zu 2): Beide Konten sind aktive Bestandskonten.
zu 3): Das Bankkonto nimmt zu, das Forderungskonto nimmt ab.
zu 4): Das Bankkonto nimmt im Soll zu, das Forderungskonto nimmt im Haben ab.

Buchung: Sparkasse an Forderungen aus L.u.L. 5.000 DM

An dieser Stelle sei angemerkt, daß die Seitenbezeichnungen Soll und Haben historisch zu verstehen sind. Sie entstammen dem Abrechnungsverkehr mit den Gläubigern und Schuldnern und lassen sich eindeutig nur noch bei den Lieferanten- und Kundenkonten erklären. Die Lieferanten „haben" gut, das heißt, wir haben zu bezahlen; beim Wareneinkauf auf Ziel (= Kauf und Lieferung) ist folglich eine Buchung auf der Habenseite des Lieferantenkontos vorzunehmen:

Warengruppe Tennis (Soll) an Verbindlichkeiten aus L.u.L. (Haben).

Der Kunde „soll" bezahlen. Folglich wird beim Warenverkauf auf Ziel (= Verkauf und Lieferung) auf der Sollseite des Kontos „Forderungen aus L.u.L." gebucht.

Zu den vorliegenden 19 Geschäftsvorfällen können nunmehr folgende Buchungssätze gebildet werden (alle Beträge in DM):

Lfd.Nr.	Buchungssätze	Soll	Haben
1	Sparkasse	3.600	
	an Forderungen aus L.u.L.		3.600
2	Verbindlichk. aus L.u.L.	37.000	
	an Darlehn Dresdner Bank AG		37.000
3	BGA	3.500	
	an Verbindlichk. aus L.u.L.		3.500
4	Umsatzsteuer	9.550	
	an Sparkasse		9.550
5	Hypothek Bayer. Hypobank AG	5.000	
	an Postbank		5.000
6	BGA	1.700	
	an Verbindlichk. aus L.u.L.		1.700
7	Sparkasse	3.700	
	an Forderungen aus L.u.L.		3.700
8	Sparkasse	5.000	
	an Kasse		5.000
9	Verbindlichk. aus L.u.L.	1.700	
	an Postbank		1.700
10	Darlehn Dresdner Bank AG	10.000	
	an Sparkasse		10.000
11	Kasse	3.900	
	an Forderungen aus L.u.L.		3.900
12	Warengruppe Tennis	1.500	
	an Kasse		1.500
13	Kasse	20.000	
	an Fuhrpark		20.000
14	Postbank	17.000	
	an Kasse		17.000

Lfd.Nr.	Buchungssätze	Soll	Haben
15	Geleistete Anzahlungen auf Sachanlagen an Postbank	15.000	 15.000
16	BGA an Kasse	1.000	 1.000
17	Warengruppe Golf an Verbindlichk. aus L.u.L.	300	 300
18	Verbindlichk. aus L.u.L. an Sparkasse	3.500	 3.500
19	Sparkasse an Forderungen aus L.u.L.	5.000	 5.000

Das Kontenbild sieht dann wie folgt aus:

S — Fuhrpark — H

S		H	
EBK	50.000	13) Kasse	20.000

S — BGA — H

S		H	
EBK	11.700		
3) Verbindl.	3.500		
6) Verbindl.	1.700		
16) Kasse	1.000		

S — Geleistete Anzahlungen auf Sachanlagen — H

S		H	
15) Postbank	15.000		

S — Warengruppe Tennis — H

S		H	
EBK	18.950		
12) Kasse	1.500		

S — Warengruppe Golf — H

S		H	
EBK	39.400		
17) Verbindl.	300		

S — Forderungen aus L.u.L. — H

S		H	
EBK	23.600	1) Sparkasse	3.600
		7) Sparkasse	3.700
		11) Kasse	3.900
		19) Sparkasse	5.000

S		Postbank	H
EBK	8.150	5) Hypothek	5.000
14) Kasse	17.000	9) Verbindl.	1.700
		15) Gel. Anzahl.	15.000

S		Sparkasse	H
EBK	9.000	4) USt	9.550
1) Ford.	3.600	10) Darlehn	10.000
7) Ford.	3.700	18) Verbindl.	3.500
8) Kasse	5.000		
19) Ford.	5.000		

S		Kasse	H
EBK	6.450	8) Sparkasse	5.000
11) Ford.	3.900	12) Warengr. Tennis	1.500
13) Fuhrpark	20.000	14) Postbank	17.000
		16) BGA	1.000

S		Hypothek Bayer. Hypobank	H
5) Postbank	5.000	EBK	80.000

S		Darlehn Dresdner Bank	H
10) Sparkasse	10.000	EBK	175.000
		2) Verbindl.	37.000

S		Verbindlichkeiten aus L.u.L.	H
2) Darlehn	37.000	EBK	84.500
9) Postbank	1.700	3) BGA	3.500
18) Sparkasse	3.500	6) BGA	1.700
		17) Warengr. Golf	300

S		Umsatzsteuer	H
4) Sparkasse	9.550	EBK	9.550

In den hier angesprochenen aktiven und passiven Bestandskonten erscheint zunächst der jeweilige Anfangsbestand zum 1.1.01 (Gegenkonto EBK). Weiterhin erscheinen die entsprechenden Geschäftsvorfälle unter Angabe der Geschäftsvorfall-Nummer und das korrespondierende Gegenkonto.

Aufgabe 12: Abschluß von Bestandskonten über das Schlußbilanzkonto

Zum Ende des Monats Januar 01 möchte Paul Piste nunmehr die aktiven und passiven Bestandskonten des Sporteinzelhandels „Fit & Fun“ abschließen. Ausgehend von der Eröffnungsbilanz zum 1.1.01 (siehe Aufgabe 10) sowie der sich im Januar 01 ereigneten Geschäftsvorfälle (siehe Aufgabe 11) will er die Endbestände aller aktiven und passiven Bestandskonten ermitteln und eine Schlußbilanz zum 31.1.01 (= Zwischenbilanz) erstellen.

Lösung

Um eine *Schlußbilanz* zum 31.1.01 des Sporteinzelhandels „Fit & Fun“ erstellen zu können, die hier ja nichts anderes darstellt als eine Zwischenbilanz, müssen zum Ende der Geschäftsperiode (in der Regel zum Ende des Geschäftsjahres, hier zum Ende des Monats Januar 01) die Konten abgeschlossen werden. Der Abschluß der Konten erfolgt dadurch, daß zunächst für jedes Konto die wertmäßige Summe der Soll- und der Habenbuchungen ermittelt und sodann der Saldo festgestellt wird. Dieser ist mit den Ergebnissen der körperlichen Bestandsaufnahme (= Inventur) zu vergleichen. Der Saldo eines Kontos kann durch folgende *Nebenrechnung* ermittelt werden:

	Anfangsbestand
+	Summe aller Zugänge
./.	Summe aller Abgänge
=	Endbestand (= Saldo)

Der Saldo eines Kontos, der gleichzeitig dem Endbestand des jeweiligen Kontos entspricht, wird zum Ausgleich dieses Kontos dann auf der Seite gebucht, auf der die geringere Summe der Werte steht. Da bei den aktiven Bestandskonten der Anfangsbestand und alle Zugänge auf der Sollseite, die Abgänge dagegen auf der Habenseite gebucht werden, muß der Endbestand (= Saldo) eines jeden aktiven Bestandskontos auf der Habenseite gebucht werden. Umgekehrt wird bei den passiven Bestandskonten der Anfangsbestand und alle Zugänge auf der Habenseite, die Abgänge dagegen auf der Sollseite gebucht. Folglich muß der Endbestand (= Saldo) eines jeden passiven Bestandskontos auf der Sollseite gebucht werden.

Um die Endbestände auf den einzelnen aktiven und passiven Bestandskonten buchungstechnisch richtig erfassen zu können, müssen Buchungssätze (= Abschlußbuchungen) gebildet werden. Da in der doppelten Buchführung keine Buchung ohne Gegenbuchung erfolgt, wird als Gegenkonto für die Abschlußbuchungen aller aktiven und passiven Bestandskonten das *Schlußbilanzkonto (SBK)* eingerichtet. Die entsprechenden Buchungssätze lauten dann:

Schlußbilanzkonto an alle aktiven Bestandskonten

und

alle passiven Bestandskonten an Schlußbilanzkonto

Alle Endbestände der aktiven und passiven Bestandskonten werden somit auf dem Schlußbilanzkonto gegengebucht. Anders als beim Eröffnungsbilanzkonto ist der Aufbau von Schlußbilanz und Schlußbilanzkonto völlig identisch. Die Endbestände der aktiven Bestandskonten, die die Vermögenswerte des Sporteinzelhandels „Fit & Fun" darstellen, stehen auf der Sollseite des Schlußbilanzkontos (= links); die Endbestände der passiven Bestandskonten, die die Kapitalwerte des Sporteinzelhandels „Fit & Fun" repräsentieren, erscheinen auf der Habenseite des Schlußbilanzkontos (= rechts). Die *Schlußbilanz* ist dann nichts anderes als eine Abschrift des Schlußbilanzkontos.

Folgende Abschlußbuchungssätze wird Paul Piste somit zum 31.1.01 bilden (alle Beträge in DM):

Schlußbilanzkonto	an	Unbebaute Grundstücke	100.000
Schlußbilanzkonto	an	Bebaute Grundstücke	250.000
Schlußbilanzkonto	an	TA und Maschinen	49.500
Schlußbilanzkonto	an	Fuhrpark	30.000
Schlußbilanzkonto	an	BGA	17.900
Schlußbilanzkonto	an	Gel.Anzahlungen auf Sachanl.	15.000
Schlußbilanzkonto	an	Warengruppe Ski	118.750
Schlußbilanzkonto	an	Warengruppe Tennis	20.450
Schlußbilanzkonto	an	Warengruppe Golf	39.700
Schlußbilanzkonto	an	Warengruppe sonst.	450
Schlußbilanzkonto	an	Forderungen aus L.u.L.	7.400
Schlußbilanzkonto	an	Postbank	3.450
Schlußbilanzkonto	an	Sparkasse	3.250
Schlußbilanzkonto	an	Kasse	5.850
Eigenkapital	an	Schlußbilanzkonto	336.900
Hypothek Bayer. Hypob.	an	Schlußbilanzkonto	75.000
Darlehn Dresdner Bank	an	Schlußbilanzkonto	202.000
Verbindl. aus L.u.L.	an	Schlußbilanzkonto	47.800

Das Kontenbild des Sporteinzelhandels „Fit & Fun" zum 31.1.01 sieht dann wie folgt aus:

S	Unbebaute Grundstücke		H
EBK	100.000	**SBK**	**100.000**
	100.000		100.000

S	Bebaute Grundstücke		H
EBK	250.000	**SBK**	**250.000**
	250.000		250.000

S	TA und Maschinen		H
EBK	49.500	**SBK**	**49.500**
	49.500		49.500

S	Fuhrpark		H
EBK	50.000	13) Kasse	20.000
		SBK	**30.000**
	50.000		50.000

S	BGA		H
EBK	11.700	**SBK**	**17.900**
3) Verb.	3.500		
6) Verb.	1.700		
16) Kasse	1.000		
	17.900		17.900

S	Gel. Anzahlungen auf Sachanlagen		H
15) Postb.	15.000	**SBK**	**15.000**
	15.000		15.000

S	Warengruppe Ski		H
EBK	118.750	**SBK**	**118.750**
	118.750		118.750

S	Warengruppe Tennis		H
EBK	18.950	**SBK**	**20.450**
12) Kasse	1.500		
	20.450		20.450

S	Warengruppe Golf		H
EBK	39.400	**SBK**	**39.700**
17) Verb.	300		
	39.700		39.700

S	Warengruppe sonst.		H
EBK	450	**SBK**	**450**
	450		450

S	Forderungen aus L.u.L.		H
EBK	23.600	1) Spark.	3.600
		7) Spark.	3.700
		11) Kasse	3.900
		19) Spark.	5.000
		SBK	**7.400**
	23.600		23.600

S	Postbank		H
EBK	8.150	5) Hypoth.	5.000
14) Kasse	17.000	9) Verb.	1.700
		15) Gel. Anzahl.	15.000
		SBK	**3.450**
	25.150		25.150

S	Sparkasse		H
EBK	9.000	4) USt	9.550
1) Ford.	3.600	10) Darl.	10.000
7) Ford.	3.700	18) Verb.	3.500
8) Kasse	5.000	**SBK**	**3.250**
19) Ford.	5.000		
	26.300		26.300

S	Kasse		H
EBK	6.450	8) Spark.	5.000
11) Ford.	3.900	12) Tennis	1.500
13) Fuhrp.	20.000	14) Postb.	17.000
		16) BGA	1.000
		SBK	**5.850**
	30.350		30.350

S	Eigenkapital		H
SBK	**336.900**	EBK	336.900
	336.900		336.900

S	Hypothek Bayer. Hypobank		H
5) Postb.	5.000	EBK	80.000
SBK	**75.000**		
	80.000		80.000

S	Darlehn Dresdner Bank		H
10) Spark.	10.000	EBK	175.000
SBK	**202.000**	2) Verb.	37.000
	212.000		212.000

S	Verbindlichkeiten aus L. u. L.		H
2) Darl.	37.000	EBK	84.500
9) Postb.	1.700	3) BGA	3.500
18) Spark.	3.500	6) BGA	1.700
SBK	**47.800**	17) Golf	300
	90.000		90.000

S	Umsatzsteuer		H
4) Spark.	9.550	EBK	9.550
	9.550		9.550

Nachdem Paul Piste alle Abschlußbuchungen vorgenommen hat, ergibt sich das folgende Schlußbilanzkonto:

Soll	**Schlußbilanzkonto**		**Haben**
Unbebaute Grundstücke	100.000	Eigenkapital	336.900
Bebaute Grundstücke	250.000	Hypothek Bayer. Hypob.	75.000
TA und Maschinen	49.500	Darlehn Dresdner Bank	202.000
Fuhrpark	30.000	Verb. aus L.u.L.	47.800
BGA	17.900		
Gel. Anz. auf Sachanlagen	15.000		
Warengruppe Ski	118.750		
Warengruppe Tennis	20.450		
Warengruppe Golf	39.700		
Warengruppe sonst.	450		
Forderungen aus L.u.L.	7.400		
Postbank	3.450		
Sparkasse	3.250		
Kasse	5.850		
	661.700		661.700

Aus dem Schlußbilanzkonto werden die Werte (= Beträge) ohne weitere Buchungsvorgänge in die Schlußbilanz des Sporteinzelhandels „Fit & Fun“ zum 31.1.01 übertragen. Diese weist allerdings eine Unterteilung der Aktivseite in Anlage- und Umlaufvermögen und der Passivseite in Eigenkapital und Verbindlichkeiten auf:

Schlußbilanz des Sporteinzelhandels „Fit & Fun“, Berlin zum 31.1.01

Aktivseite		Passivseite	
A. Anlagevermögen		**A. Eigenkapital**	336.900
I. Sachanlagen		**B. Verbindlichkeiten**	
1. Grundstücke, grundstücksgleiche Rechte und Bauten	350.000	1. Verbindlichkeiten gegenüber Kreditinstituten	277.000
2. Technische Anlagen und Maschinen	49.500	2. Verbindlichkeiten aus Lieferungen und Leistungen	47.800
3. Andere Anlagen, Betriebs- und Geschäftsausstattung	47.900		
4. Gel. Anzahlungen auf Sachanlagen	15.000		
B. Umlaufvermögen			
I. Vorräte			
1. Fertige Erzeugnisse und Waren	179.350		
II. Forderungen und sonstige Vermögensgegenstände			
1. Forderungen aus Lieferungen und Leistungen	7.400		
III. Flüssige Mittel			
1. Kassenbestand	5.850		
2. Guthaben bei Kreditinstituten	6.700		
	661.700		661.700

Paul Piske

Berlin, 31.1.01

Aufgabe 13: Buchungen auf reinen Bestandskonten mit Konteneröffnung über das Eröffnungsbilanzkonto und Kontenabschluß über das Schlußbilanzkonto – Von der Eröffnungsbilanz zur Schlußbilanz –

Im Februar 01 ereignen sich im Sporteinzelhandel „Fit & Fun" folgende Geschäftsvorfälle:

1. Der Golf-Pro Nick Saldo überweist 5.400 DM auf das Konto 123456-100 bei der Postbank.
2. Fünf gebrauchte Warenregale werden zum Buchwert (= 5 Regale à 250 DM) verkauft und geliefert. Der Käufer bezahlt bar.
3. Die fällige Tilgungsrate für die Hypothek in Höhe von 5.000 DM wird vom Postbankkonto abgebucht.
4. Am 10.2.01 kauft Paul Piste 20 Volleyball-Bälle (Warengruppe sonst.) beim Sportgroßhändler Hasso Hoch zu je 20 DM und nimmt diese auch gleich mit. Es wird ein Zahlungsziel von 30 Tagen vereinbart.
5. Die Skischule Max Berg bezahlt bar am 15.2.01 ihre Restschuld in Höhe von 2.000 DM.
6. Über das Konto 654321-900 bei der Sparkasse überweist Paul Piste Anfang Februar 01 einen Betrag in Höhe von 300 DM an die „Schönstoff AG" zur Bezahlung der am 18.1.01 gelieferten T-Shirts (Warengruppe Golf).
7. Zur Reduzierung der Bargeldbestände zahlt Paul Piste eine Tageskasse in Höhe von 5.000 DM auf das Konto 123456-100 bei der Postbank ein.
8. Am 20.2.01 verkauft Paul Piste die schon etwas ältere Skiwachsanlage zum Buchwert in Höhe von 5.500 DM. Der Käufer nimmt die Skiwachsanlage sofort mit und zahlt den Rechnungsbetrag auf das Konto 123456-100 bei der Postbank noch am selben Tag ein.
9. Vom Konto 123456-100 bei der Postbank werden 12.000 DM an die Dresdner Bank AG zur Tilgung eines Teils des gewährten Darlehns überwiesen.
10. Am 28.2.01 erhält Paul Piste eine Lieferung von 10 hochmodischen Golf-Fleecewesten zu je 170 DM, die er wegen des sehr günstigen Einstandspreises auch sofort bar bezahlt.

Lösung

Zunächst sei darauf hingewiesen, daß Paul Piste keineswegs verpflichtet ist, zum Ende eines jeden Monats eine Schlußbilanz und zum Anfang eines jeden Folgemonats wieder eine Eröffnungsbilanz zu erstellen. Dies geschieht hier nur aus didaktischen Übungs-Erwägungen (Roter Faden !).

Ausgehend von der Schlußbilanz des Sporteinzelhandels „Fit & Fun" zum 31.1.01 (siehe Aufgabe 12) muß Paul Piste zum 1.2.01 folgende *Eröffnungsbuchungen* vornehmen:

Unbebaute Grundstücke	an	Eröffnungsbilanzkonto	100.000
Bebaute Grundstücke	an	Eröffnungsbilanzkonto	250.000
TA und Maschinen	an	Eröffnungsbilanzkonto	49.500
Fuhrpark	an	Eröffnungsbilanzkonto	30.000
BGA	an	Eröffnungsbilanzkonto	17.900
Gel.Anzahl. auf Sachanl.	an	Eröffnungsbilanzkonto	15.000
Warengruppe Ski	an	Eröffnungsbilanzkonto	118.750
Warengruppe Tennis	an	Eröffnungsbilanzkonto	20.450
Warengruppe Golf	an	Eröffnungsbilanzkonto	39.700
Warengruppe sonst.	an	Eröffnungsbilanzkonto	450
Forderungen aus L.und L.	an	Eröffnungsbilanzkonto	7.400
Postbank	an	Eröffnungsbilanzkonto	3.450
Sparkasse	an	Eröffnungsbilanzkonto	3.250
Kasse	an	Eröffnungsbilanzkonto	5.850
Eröffnungsbilanzkonto	an	Eigenkapital	336.900
Eröffnungsbilanzkonto	an	Hypothek Bayer.Hypob.	75.000
Eröffnungsbilanzkonto	an	Darlehn Dresdner Bank	202.000
Eröffnungsbilanzkonto	an	Verb. aus L.u.L.	47.800

Hieraus ergibt sich dann das folgende Eröffnungsbilanzkonto sowie die noch einmal aus Gründen größerer Übersicht auseinandergezogene Eröffnungsbilanz des Sporteinzelhandels „Fit & Fun" zum 1.2.01 mit Kontenbild:

Soll		**Eröffnungsbilanzkonto**	**Haben**
Eigenkapital	336.900	Unbebaute Grundstücke	100.000
Hypothek Bayer.Hypobank	75.000	Bebaute Grundstücke	250.000
Darlehn Dresdner Bank	202.000	TA und Maschinen	49.500
Verbindlichkeiten aus L.u.L.	47.800	Fuhrpark	30.000
		BGA	17.900
		Gel.Anz. auf Sachanlagen	15.000
		Warengruppe Ski	118.750
		Warengruppe Tennis	20.450
		Warengruppe Golf	39.700
		Warengruppe sonst.	450
		Forderungen aus L.u.L	7.400
		Postbank	3.450
		Sparkasse	3.250
		Kasse	5.850
	661.700		661.700

Eröffnungsbilanz des Sporteinzelhandels „Fit & Fun“, Berlin zum 1.2.01

Kontenbild	Aktivseite	DM	Passivseite	DM	Kontenbild
S Unbebaute Grundstücke H EBK 100.000 S Bebaute Grundstücke H EBK 250.000	Grundstücke, grundstücksgleiche Rechte und Bauten	**350.000**	Eigenkapital	**336.900**	S Eigenkapital H EBK 336.900
S TA und Masch. H EBK 49.500	Technische Anlagen und Maschinen	**49.500**	Verbindlichkeiten gegenüber Kreditinstituten	**277.000**	Hypothek S Bayer. Hypobank H EBK 75.000 Darlehn S Dresdner Bank H EBK 202.000
S Fuhrpark H EBK 30.000 S BGA H EBK 17.900	Andere Anlagen, Betriebs- und Geschäftsausstattung	**47.900**	Verbindlichkeiten aus Lieferungen und Leistungen	**47.800**	Verbindlichk. S aus L.u.L. H EBK 47.800
S Gel. Anz. auf Sach. H EBK 15.000	Geleistete Anzahlungen auf Sachanlagen	**15.000**			
S Warengruppe Ski H EBK 118.750 S Warengruppe Tennis H EBK 20.450 S Warengruppe Golf H EBK 39.700 S Warengruppe sonst. H EBK 450	Fertige Erzeugnisse und Waren	**179.350**			
S Forderungen H EBK 7.400	Forderungen aus Lieferungen und Leistungen	**7.400**			
S Postbank H EBK 3.450 S Sparkasse H EBK 3.250	Guthaben bei Kreditinstituten	**6.700**			
S Kasse H EBK 5.850	Kassenbestand	**5.850**			
661.700		661.700		661.700	661.700

Abb. 11: Auseinandergezogene Eröffnungsbilanz mit Kontenbild und Gegenkonto EBK

Zu den vorliegenden 10 Geschäftsvorfällen bildet Paul Piste folgende Buchungssätze (alle Beträge in DM):

1. Postbank	an	Forderungen aus L.u.L.	5.400
2. Kasse	an	BGA	1.250
3. Hypothek Bayer. Hypobank	an	Postbank	5.000
4. Warengruppe sonst.	an	Verbindlichk. aus L.u.L.	400
5. Kasse	an	Forderungen aus L.u.L.	2.000
6. Verbindlichk. aus L.u.L.	an	Sparkasse	300
7. Postbank	an	Kasse	5.000
8. Postbank	an	TA und Maschinen	5.500
9. Darlehn Dresdner Bank	an	Postbank	12.000
10. Warengruppe Golf	an	Kasse	1.700

Zum Ende des Monats Februar 01 sind dann folgende Abschlußbuchungen vorzunehmen:

Schlußbilanzkonto	an	Unbebaute Grundstücke	100.000
Schlußbilanzkonto	an	Bebaute Grundstücke	250.000
Schlußbilanzkonto	an	TA und Maschinen	44.000
Schlußbilanzkonto	an	Fuhrpark	30.000
Schlußbilanzkonto	an	BGA	16.650
Schlußbilanzkonto	an	Gel.Anz. auf Sachanlagen	15.000
Schlußbilanzkonto	an	Warengruppe Ski	118.750
Schlußbilanzkonto	an	Warengruppe Tennis	20.450
Schlußbilanzkonto	an	Warengruppe Golf	41.400
Schlußbilanzkonto	an	Warengruppe sonst.	850
Schlußbilanzkonto	an	Postbank	2.350
Schlußbilanzkonto	an	Sparkasse	2.950
Schlußbilanzkonto	an	Kasse	2.400
Eigenkapital	an	Schlußbilanzkonto	336.900
Hypothek Bayer. Hypobank	an	Schlußbilanzkonto	70.000
Darlehn Dresdner Bank	an	Schlußbilanzkonto	190.000
Verbindl. aus L.u.L.	an	Schlußbilanzkonto	47.900

Das Kontenbild des Sporteinzelhandels „Fit & Fun“ zum Ende des Monats Februar 01 sieht dann wie folgt aus:

Unbebaute Grundstücke

S			H
EBK	100.000	**SBK**	**100.000**
	100.000		100.000

Bebaute Grundstücke

S			H
EBK	250.000	**SBK**	**250.000**
	250.000		250.000

TA und Maschinen

S			H
EBK	49.500	8) Post	5.500
		SBK	**44.000**
	49.500		49.500

Fuhrpark

S			H
EBK	30.000	**SBK**	**30.000**
	30.000		30.000

BGA

S			H
EBK	17.900	2) Kasse	1.250
		SBK	**16.650**
	17.900		17.900

Gel. Anzahlungen auf Sachanlagen

S			H
EBK	15.000	**SBK**	**15.000**
	15.000		15.000

Warengruppe Ski

S			H
EBK	118.750	**SBK**	**118.750**
	118.750		118.750

Warengruppe Tennis

S			H
EBK	20.450	**SBK**	**20.450**
	20.450		20.450

Warengruppe Golf

S			H
EBK	39.700	**SBK**	**41.400**
10) Kasse	1.700		
	41.400		41.400

Warengruppe sonst.

S			H
EBK	450	**SBK**	**850**
4) Verb.	400		
	850		850

Forderungen aus L.u.L.

S			H
EBK	7.400	1) Post	5.400
		5) Kasse	2.000
	7.400		7.400

Postbank

S			H
EBK	3.450	3) Hypoth.	5.000
1) Ford.	5.400	9) Darlehn	12.000
7) Kasse	5.000	**SBK**	**2.350**
8) TA/Ma.	5.500		
	19.350		19.350

S	Sparkasse		H
EBK	3.250	6) Verb.	300
		SBK	**2.950**
	3.250		3.250

S	Kasse		H
EBK	5.850	7) Postb.	5.000
2) BGA	1.250	10) Golf	1.700
5) Ford.	2.000	**SBK**	**2.400**
	9.100		9.100

S	Eigenkapital		H
SBK	**336.900**	EBK	336.900
	336.900		336.900

S	Hypothek Bayer. Hypobank		H
3) Postb.	5.000	EBK	75.000
SBK	**70.000**		
	75.000		75.000

S	Darlehn Dresdner Bank		H
9) Postb.	12.000	EBK	202.000
SBK	**190.000**		
	202.000		202.000

S	Verbindlichkeiten aus L. u. L.		H
6) Spark.	300	EBK	47.800
SBK	**47.900**	4) W. sonst.	400
	48.200		48.200

Aus dem Kontenbild des Sporteinzelhandels „Fit & Fun“ zum Ende des Monats Februar 01 läßt sich nunmehr folgendes Schlußbilanzkonto und die daraus abgeleitete Schlußbilanz zum 28.2.01 herleiten:

Soll	**Schlußbilanzkonto**		**Haben**
Unbebaute Grundstücke	100.000	Eigenkapital	336.900
Bebaute Grundstücke	250.000	Hypothek Bayer.Hypobank	70.000
TA und Maschinen	44.000	Darlehn Dresdner Bank	190.000
Fuhrpark	30.000	Verbindlichk. aus L.u.L.	47.900
BGA	16.650		
Gel.Anz. auf Sachanlagen	15.000		
Warengruppe Ski	118.750		
Warengruppe Tennis	20.450		
Warengruppe Golf	41.400		
Warengruppe sonst.	850		
Postbank	2.350		
Sparkasse	2.950		
Kasse	2.400		
	644.800		644.800

Schlußbilanz des Sporteinzelhandels „Fit & Fun", Berlin zum 28.2.01

Aktivseite		Passivseite	
A. Anlagevermögen		**A. Eigenkapital**	336.900
I. Sachanlagen		**B. Verbindlichkeiten**	
1. Grundstücke, grundstücksgleiche Rechte und Bauten	350.000	1. Verbindlichkeiten gegenüber Kreditinstituten	260.000
2. Technische Anlagen und Maschinen	44.000	2. Verbindlichkeiten aus Lieferungen und Leistungen	47.900
3. Andere Anlagen, Betriebs- und Geschäftsausstattung	46.650		
4. Gel. Anzahlungen auf Sachanlagen	15.000		
B. Umlaufvermögen			
I. Vorräte			
1. Fertige Erzeugnisse und Waren	181.450		
II. Flüssige Mittel			
1. Kassenbestand	2.400		
2. Guthaben bei Kreditinstituten	5.300		
	644.800		644.800

Berlin, 28.2.01

Paul Piske

Die nachfolgende Abbildung 12 verdeutlicht noch einmal zusammengefaßt als Jahresbetrachtung den Gesamtzusammenhang zwischen der Eröffnungsbilanz, den Eröffnungsbuchungen, den laufenden Buchungen, den Abschlußbuchungen und der Schlußbilanz unter Abstimmung der Ergebnisse mit den Ergebnissen der körperlichen Bestandsaufnahme (= Inventur und Inventar):

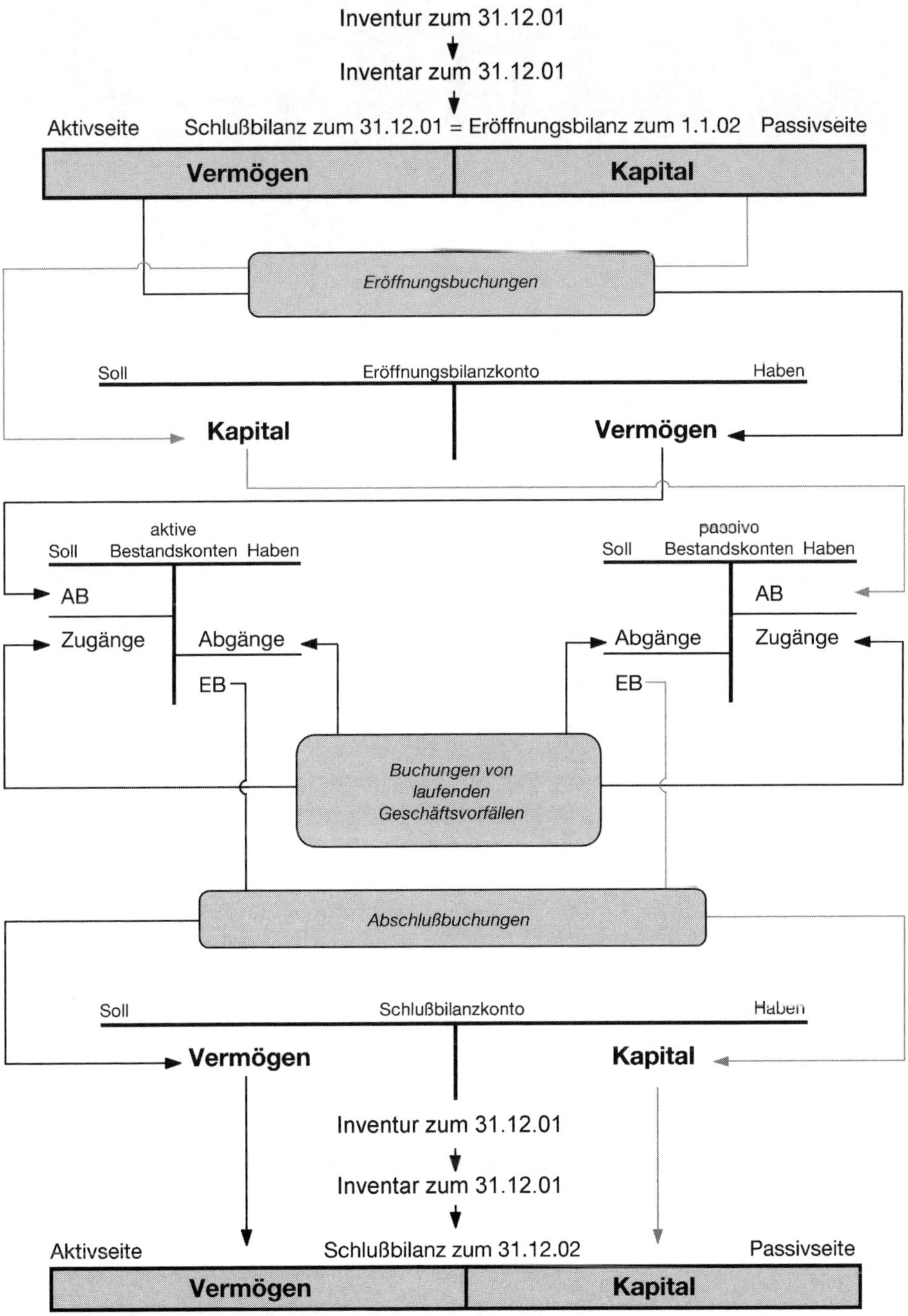

Abb. 12: Von der Eröffnungsbilanz über das Eröffnungsbilanzkonto zur Schlußbilanz über das Schlußbilanzkonto

IV. Erfolgskonten

Aufgabe 14: Begriffliche Abgrenzungen: Auszahlung – Einzahlung, Ausgabe – Einnahme, Aufwand – Ertrag, Kosten – Leistung

Paul Piste ist inzwischen klar geworden, daß das gemeinsame Merkmal aller bisher durchgespielten Aufgaben war, daß der Sporteinzelhandel „Fit & Fun" in der jeweils betrachteten Abrechnungsperiode weder einen Gewinn noch einen Verlust machte. Zwar lösten die eingetretenen Geschäftsvorfälle stets Wertebewegungen auf der Aktivseite und/oder auf der Passivseite der Bilanz des Sporteinzelhandels „Fit & Fun" aus, doch waren all diese Veränderungen stets erfolgsneutral.

Bevor Paul Piste mit den ersten Vorüberlegungen zu erfolgswirksamen Geschäftsvorfällen beginnen möchte, erscheint ihm die Klärung und Abgrenzung der wichtigsten Grundbegriffe des betrieblichen Rechnungswesens angebracht. Er erinnert sich, daß die Betriebswirtschaftslehre zur Bezeichnung der vom betrieblichen Rechnungswesen erfaßten Zahlungs- und Leistungsvorgänge eine eigene Terminologie entwickelt hat. Dabei handelt es sich um folgende Begriffspaare:

1. Auszahlung – Einzahlung;
2. Ausgabe – Einnahme;
3. Aufwand – Ertrag;
4. Kosten – Leistung.

Paul Piste weiß, daß diese vier Begriffspaare auch in der täglichen Umgangssprache Anwendung finden, dort aber nicht die scharfe begriffliche Trennung erfahren wie in der Betriebswirtschaftslehre, sondern teilweise synonym verwendet werden. Er beauftragt daher seine Steuerberaterin Isolde Mc Idee mit der Erstellung von Übersichten, aus denen sowohl die Definition als auch die Abgrenzung der wichtigsten Grundbegriffe des betrieblichen Rechnungswesens hervorgeht.

Lösung

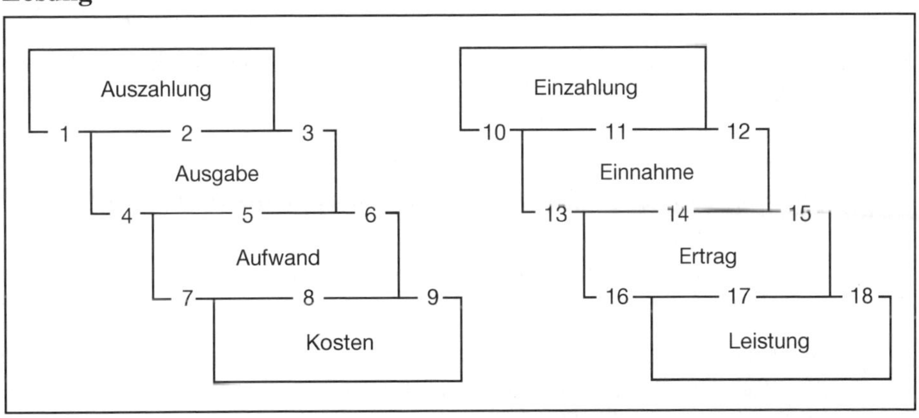

Abb. 13: Grundbegriffe des betrieblichen Rechnungswesens

Zur Bezeichnung der vom betrieblichen Rechnungswesen erfaßten Zahlungs- und Leistungsvorgänge hat die Betriebswirtschaftslehre eine eigene Terminologie entwickelt. Hierbei handelt es sich um Begriffe, wie sie in Abbildung 13 dargestellt sind.

Begriff	Definition
Auszahlung	*Abfluß* liquider Mittel pro Periode;
Einzahlung	*Zufluß* liquider Mittel pro Periode;
Ausgabe	Wert aller zugegangenen Sachgüter, Dienstleistungen und Rechte pro Periode *(= Zugangswert, Beschaffungswert)*;
Einnahme	Wert aller *veräußerten* Sachgüter, Dienstleistungen und Rechte pro Periode;
Aufwand	Bewerteter Verzehr von Sachgütern, Dienstleistungen und Rechten pro Periode, der aufgrund gesetzlicher Bestimmungen (z.B. HGB, EStG) und bewertungsrechtlicher Konventionen in der Buchführung verrechnet wird *(kurz: jeder periodisierte Güterverzehr)*;
Ertrag	Wert aller erbrachten Sachgüter, Dienstleistungen und Rechte pro Periode, der aufgrund gesetzlicher Bestimmungen (z.B. HGB, EStG) und bewertungsrechtlicher Konventionen in der Buchführung erfaßt wird *(kurz: jede periodisierte Güterentstehung)*;
Kosten	Bewerteter Verzehr von Sachgütern, Dienstleistungen und Rechten pro Periode zum Zweck der Erstellung (= Produktion) und Verwertung (= Absatz) der eigentlichen betrieblichen Leistungen *(kurz: bewerteter, betriebszweckbezogener = leistungsbezogener Güterverzehr)*. Beispiel: Paul Piste beginnt mit der Produktion selbst entwickelter Golfschläger und bezieht hierfür Stahlschäfte aus Japan (= Kosten);
Leistung	Wert aller erbrachten Sachgüter, Dienstleistungen und Rechte pro Periode im Rahmen der eigentlichen betrieblichen Produktionsprozesse *(kurz: bewertete, betriebszweckbezogene = leistungsbezogene Güterentstehung)*. Beispiel: Das selbst entwickelte und produzierte Fertigerzeugnis „Golfschläger"

Abb. 14: Definition der Grundbegriffe des betrieblichen Rechnungswesens

Mit Hilfe der folgenden 18 Nummern lassen sich die einzelnen Begriffe des betrieblichen Rechnungswesens wie folgt abgrenzen:

Nr.	Begriffsabgrenzung mit Beispielen
1	**Auszahlung ≠ Ausgabe** – Anzahlung auf Handelswaren – Anzahlung auf Vermögensgegenstände des Anlagevermögens (siehe Aufgabe 11, Geschäftsvorfall Nr. 15).
2	**Auszahlung = Ausgabe** – Bareinkauf (= Kauf und Lieferung) von Handelswaren (siehe Aufgabe 11, Geschäftsvorfall Nr. 12).

Nr.	Begriffsabgrenzung mit Beispielen
3	**Ausgabe ≠ Auszahlung** – Zieleinkauf von Gütern, deren Lieferung bereits erfolgt ist (siehe Aufgabe 11, Geschäftsvorfall Nr. 6).
4	**Ausgabe ≠ Aufwand** – Kauf, Lieferung und Lagerung von Handelswaren, die erst in der kommenden Saison (= Periode) verkauft werden sollen.
5	**Ausgabe = Aufwand** – Kauf und Lieferung von Handelswaren, die in der gleichen Periode auch verkauft und geliefert wurden.
6	**Aufwand ≠ Ausgabe** – Abschreibung eines in einer früheren Periode angeschafften Vermögensgegenstands (z.B. Lkw).
7	**Aufwand ≠ Kosten (Neutraler Aufwand)** – Betriebsfremder Aufwand (Spende an eine gemeinnützige Organisation) – Periodenfremder Aufwand (Steuernachzahlung für eine frühere Periode) – Betrieblich außerordentlicher Aufwand (Schäden durch höhere Gewalt, z.B. Brand-, Sturm-, Wasser- oder Hagelschäden).
8	**Aufwand = Kosten (Zweckaufwand = Grundkosten)** – Gehälter – Löhne – Mieten – Werbung.
9	**Kosten ≠ Aufwand (Kalkulatorische Kosten)** – Zusatzkosten (kalkulatorischer Unternehmerlohn, kalkulatorische Eigenkapitalzinsen oder kalkulatorische Eigenmiete) – Anderskosten (kalkulatorische Abschreibungen).
10	**Einzahlung ≠ Einnahme** – Anzahlungen von Kunden.
11	**Einzahlung = Einnahme** – Barverkauf von Handelswaren (Verkauf und Lieferung).
12	**Einnahme ≠ Einzahlung** – Zielverkauf von Handelswaren (Verkauf und Lieferung mit einem Zahlungsziel).
13	**Einnahme ≠ Ertrag** – Nicht erfolgswirksame, rein finanzwirtschaftliche Zahlungsströme wie beispielsweise eingehende Tilgungsbeträge für früher gewährte Darlehen.

Nr.	Begriffsabgrenzung mit Beispielen
14	**Einnahme = Ertrag** – Verkauf und Lieferung von Handelswaren, die in der gleichen Periode auch eingekauft und geliefert wurden.
15	**Ertrag ≠ Einnahme** – Aktivierungspflichtige Eigenleistungen, die bestimmungsgemäß nicht zum Verkauf bestimmt sind (z.B. selbst entwickelte und hergestellte Golfschläger-Griffersatzmaschine).
16	**Ertrag ≠ Leistung (Neutraler Ertrag)** – Betriebsfremder Ertrag (staatlicher Zuschuß) – Periodenfremder Ertrag (Steuerrückerstattung) – Betrieblich außerordentlicher Ertrag (Verkauf eines Vermögensgegenstands des Anlagevermögens über dem Buchwert).
17	**Ertrag = Leistung** – Verkauf und Lieferung selbst hergestellter Golfschläger.
18	**Leistung ≠ Ertrag (Kalkulatorischer Ertrag)** – Zusatzleistung (selbst erstelltes Patent des Anlagevermögens, für das gemäß § 248 Abs. 2 HGB ein Bilanzierungsverbot (Aktivierungsverbot) besteht. – Andersleistung (Umbewertete Halb- und Fertigfabrikate, hier Golfschläger, mit kalkulatorischen Kosten, da in die Herstellungskosten gemäß § 255 Abs. 2 und 3 HGB und § 6 Abs. 1 Nr. 2 Satz 1 EStG i.V.m. R 33 Abs. 1 bis 7 EStR kalkulatorische Kosten für Bilanzierungszwecke (= Handels- und Steuerbilanz) nicht einbezogen werden dürfen. Gemeint sind somit alle umbewerteten Erträge).

Aufgabe 15: Buchungen auf Aufwands- und Ertragskonten

Paul Piste hat inzwischen die von der Steuerberaterin Isolde Mc Idee angeforderten Übersichten zur Definition und Abgrenzung der wichtigsten Grundbegriffe des betrieblichen Rechnungswesens erhalten. Er überlegt nunmehr, wie folgende hypothetische Geschäftsvorfälle zu buchen wären:

1. Abgeschlossene Studie für den Golf- und Land Club Berlin Nobel über die Neukonzeption einer Driving-Range nebst winterfester beheizter Abschlaghütten; Honorarforderung 10.000 DM.
2. Zinsgutschrift in Höhe von 50 DM auf dem Konto 654321-900 bei der Sparkasse.
3. Zinszahlung in Höhe von 600 DM an die Bayerische Hypothekenbank über das Konto 123456-100 bei der Postbank.
4. Barkauf (= Kauf und Lieferung) von Briefmarken im Gesamtwert von 100 DM.
5. Abbuchung der Telefongebühren in Höhe von 150 DM vom Konto 123456-100 bei der Postbank.

6. Zielkauf (= Kauf und Lieferung) von Büromaterial für 200 DM.
7. Erhalt einer Rechnung über 400 DM für eine Werbeanzeige in einer großen Berliner Tageszeitung.
8. Die Postbank erhebt Kontoführungsgebühren in Höhe von 25 DM und belastet mit diesem Betrag das Konto 123456-100.
9. Eingang einer Rechnung über die Kraftfahrzeugversicherung in Höhe von 550 DM.
10. Durchgeführte Inspektions- und Wartungsarbeiten beim betrieblichen Pkw VW Sharan werden sofort bar bezahlt (450 DM).
11. Überweisung der Stromkosten in Höhe von 400 DM vom Konto 123456-100 bei der Postbank.
12. Das Konto 654321-900 bei der Sparkasse wird mit 30 DM Kontoführungsgebühren belastet.
13. Darlehnszinsen in Höhe von 1.600 DM werden vom Konto 654321-900 bei der Sparkasse an die Dresdner Bank AG überwiesen.
14. Paul Piste erhält eine Rechnung über 450 DM von der Rechtsanwältin Maggic Durchblick für Rechtsberatungen.
15. Eingang einer Rechnung über Müllentsorgung in Höhe von 180 DM.

Lösung

Das gemeinsame Merkmal aller bisher gebuchten Geschäftsvorfälle war, daß zwar Wertebewegungen auf der Aktivseite und/oder auf der Passivseite der Bilanz des Sporteinzelhandels „Fit & Fun“ stattfanden, die Höhe des Eigenkapitals aber stets unverändert blieb. Die Buchführung hatte somit bisher den Charakter einer Bestandsrechnung, da die betrachteten Geschäftsvorfälle weder zu einem Gewinn noch zu einem Verlust führten. Alle bisher gebuchten Geschäftsvorfälle waren stets erfolgsneutral.

Paul Piste ist natürlich längst klar geworden, daß es eine Vielzahl von Geschäftsvorfällen geben muß, die auch das Eigenkapital des Sporteinzelhandels „Fit & Fun“ verändern. Er erinnert sich, daß Geschäftsvorfälle, die das Eigenkapital vermindern, als Aufwand und Geschäftsvorfälle, die das Eigenkapital erhöhen, als Ertrag bezeichnet werden. Diese Geschäftsvorfälle, die zu einer Eigenkapitalverminderung oder zu einer Eigenkapitalvermehrung führen, werden auch als Erfolgsvorgänge (= erfolgswirksame Geschäftsvorfälle) bezeichnet.

Es wäre nun möglich, alle erfolgswirksamen Geschäftsvorfälle des Sporteinzelhandels „Fit & Fun“ auf einem Eigenkapitalkonto zu buchen. Da das Eigenkapitalkonto ein passives Bestandskonto ist, müßten alle Zugänge (= Erträge) im Haben und alle Abgänge (= Aufwendungen) im Soll gebucht werden. Da in dem Sporteinzelhandel „Fit & Fun“ im Laufe eines Wirtschaftsjahres aber sehr viele erfolgswirksame Geschäftsvorfälle anfallen werden, bedarf es keiner besonderen Erläuterung, daß dieses Konto dann sehr unübersichtlich werden würde.

Aus diesem Grund werden alle Eigenkapitalveränderungen auf Unterkonten des Eigenkapitals gebucht. Man spricht in diesem Zusammenhang von Erfolgskonten. Eigenkapitalminderungen werden auf Aufwandskonten, Eigenkapitalmehrungen auf Ertragskonten gebucht. Bei den Aufwands- und Ertragskonten kann es sich beispielsweise handeln um:

Erfolgskonten

Aufwandskonten	**Ertragskonten**
Wareneinsatz	Erträge aus Warenverkäufen
Löhne	Beratungserträge
Gehälter	Provisionserträge
Soziale Abgaben	Zinserträge
Abschreibungen	Betriebsfremde Erträge
Mieten	Periodenfremde Erträge
Aufwendungen des Geldverkehrs	Betrieblich außerordentliche Erträge
Büromaterial	
Postgebühren	
Telefon	
Reiseaufwendungen	
Werbung	
Instandhaltungsaufwendungen	
Betriebliche Steuern	
Zinsaufwendungen	
Betriebsfremde Aufwendungen	
Periodenfremde Aufwendungen	
Betrieblich außerordentliche Aufwendungen	
Versicherungsbeiträge	

Da Aufwendungen und Erträge das Eigenkapital verändern, bucht man sie auf derselben Kontoseite, wie man sie im Eigenkapitalkonto buchen würde. Hieraus lassen sich die so wichtigen Regeln vier und fünf der doppelten Buchführung ableiten:

Regel 4:

Aufwendungen werden stets im Soll gebucht! (EK vermindert)

Regel 5:

Erträge werden stets im Haben gebucht! (EK vermehrt)

Erfolgswirksame Geschäftsvorfälle werden stets nach folgendem Grundmuster gebucht:

Aufwandskonto an Bestandskonto

oder

Bestandskonto an Ertragskonto

Zu den hypothetisch angedachten Geschäftsvorfällen bildet Paul Piste nunmehr folgende Buchungssätze (alle Beträge in DM):

1. Forderungen aus L.u.L.	an	Beratungserträge	10.000
2. Sparkasse	an	Zinserträge	50
3. Zinsaufwendungen	an	Postbank	600
4. Postaufwendungen	an	Kasse	100
5. Telefonaufwendungen	an	Postbank	150
6. Büroaufwendungen	an	Verbindlichkeiten aus L.u.L.	200
7. Werbeaufwendungen	an	Verbindlichkeiten aus L.u.L.	400
8. Aufwendungen des Geldverkehrs	an	Postbank	25
9. Versicherungsaufwendungen	an	Verbindlichkeiten aus L.u.L.	550
10. Instandhaltungsaufwendungen	an	Kasse	450
11. Aufwendungen für Energie	an	Postbank	400
12. Aufwendungen des Geldverkehrs	an	Sparkasse	30
13. Zinsaufwendungen	an	Sparkasse	1.600
14. Rechts- und Beratungsaufwendungen	an	Verbindlichkeiten aus L.u.L.	450
15. Abfallentsorgungsaufwendungen	an	Verbindlichkeiten aus L.u.L.	180

Das Bild der Erfolgskonten (= Aufwands- und Ertragskonten) ohne Kontenabschluß sieht dann wie folgt aus:

S Beratungserträge H

S		H	
		1) Ford.	10.000

S Aufwendungen des Geldverkehrs H

S		H	
8) Postbank	25		
12) Sparkasse	30		

S Zinserträge H

S		H	
		2) Spark.	50

S Versicherungsaufwendungen H

S		H	
9) Verb.	550		

S Zinsaufwendungen H

S		H	
3) Postb.	600		
13) Spark.	1.600		

S Instandhaltungsaufwendungen H

S		H	
10) Kasse	450		

S Postaufwendungen H

S		H	
4) Kasse	100		

S Aufwendungen für Energie H

S		H	
11) Postb.	400		

S Telefonaufwendungen H

S		H	
5) Postb.	150		

S Rechts- und Beratungsaufwendung. H

S		H	
14) Verb.	450		

S Büroaufwendungen H

S		H	
6) Verb.	200		

S Aufw. für Abfallentsorgung H

S		H	
15) Verb.	180		

S Werbeaufwendungen H

S		H	
7) Verb.	400		

Aufgabe 16: Das Gewinn- und Verlustkonto als Unterkonto zum Eigenkapitalkonto – Buchungen auf Aufwands- und Ertragskonten mit Konteneröffnung und Kontenabschluß –

Im Februar 0l haben sich noch weitere fünf Geschäftsvorfälle (Geschäftsvorfall Nr. 11 bis 15) ereignet, die Paul Piste bisher noch nicht richtig einordnen konnte:

11. Von der Bürobedarfs-GmbH wurden diverse Verpackungsmaterialien im Gesamtwert von 350 DM geliefert. Es wurde ein Zahlungsziel von 30 Tagen vereinbart.
12. Eine im Februar 0l erfolgte Reparatur der Tennisschlägerbesaitungsmaschine wurde sofort bar bezahlt (350 DM).
13. Im Februar 0l führte Paul Piste beim Tennis-Club „Blau Weiss" in der winterfesten Tennishalle eine aufwendige Fußbodenbelaganalyse nebst Erneuerungsberatung durch. Hierfür stellte er dem Tennis-Club „Blau Weiss" 7.500 DM in Rechnung. Es wurde ein Zahlungsziel von 30 Tagen vereinbart.
14. Stromkosten in Höhe von 100 DM wurden am 15.2.01 vom Konto 123456-100 bei der Postbank überwiesen.
15. Für die Reinigung der Geschäftsräume im Februar 0l erhielt Paul Piste von der City Clean GmbH am 23.2.01 eine Rechnung über 500 DM. Es wurde ein Zahlungsziel von 30 Tagen vereinbart.

Ausgehend von der Schlußbilanz des Sporteinzelhandels „Fit & Fun" zum 28.2.01 (siehe Aufgabe 13) möchte Paul Piste nunmehr die noch fehlenden fünf Geschäftsvorfälle (Geschäftsvorfall Nr. 11 bis 15) buchen und sodann eine neue (= berichtigte) Schlußbilanz zum 28.2.01 aufstellen.

Lösung

In der Aufgabe 15 hatte sich Paul Piste bereits mit den erfolgswirksamen Geschäftsvorfällen beschäftigt und für Aufwendungen und Erträge die Regeln vier und fünf der doppelten Buchführung aufgestellt. Einen Abschluß der Erfolgskonten hatte er bisher noch nicht vorgenommen.

Am Ende eines Geschäftsjahres, hier am Ende des Monats Februar 01, werden die *Aufwands-* und *Ertragskonten* als Unterkonten des Eigenkapitalkontos nicht direkt über das Eigenkapitalkonto abgeschlossen, sondern auf einem vorgeschalteten Erfolgssammelkonto, dem *Gewinn- und Verlustkonto* (= GuV-Konto) festgehalten (= gebucht). Das Gewinn- und Verlustkonto hat somit die Funktion eines Sammelkontos. Im Laufe des Geschäftsjahres, hier aus didaktischen Gründen im Laufe des Monats Februar 0l, werden auf diesem Konto keine Buchungen vorgenommen. Die Aufwendungen und Erträge des Sporteinzelhandels „Fit & Fun" werden vielmehr auf gesondert eingerichteten Aufwands- und Ertragskonten gebucht. Erst im Rahmen der vorbereitenden Abschlußbu-

chungen zum Ende eines Geschäftsjahres, hier zum Ende des Monats Februar 01, werden die Salden der einzelnen Aufwands- und Ertragskonten auf das Gewinn- und Verlustkonto gebucht. Das Gewinn- und Verlustkonto sammelt dann auf der Sollseite (= links) alle Aufwendungen und auf der Habenseite (= rechts) alle Erträge. Hieraus läßt sich die Regel 6 der doppelten Buchführung ableiten:

Regel 6:

Alle Aufwandskonten werden wie folgt abgeschlossen:

GuV-Konto an alle Aufwandskonten.

Für **alle Ertragskonten** gilt dann:

Alle Ertragskonten an GuV-Konto.

Das Gewinn- und Verlustkonto weist somit auf der Sollseite alle Aufwandsarten des Sporteinzelhandels „Fit & Fun" unsaldiert aus. Auf der Habenseite stehen die Erträge systematisiert nach verschiedenen Ertragsarten. Aus der Gegenüberstellung der gesamten Aufwendungen und der gesamten Erträge zum Ende eines Geschäftsjahres, hier zum Ende des Monats Februar 01, ergibt sich als Saldo der Erfolg (= Gewinn oder Verlust) des Sporteinzelhandels „Fit & Fun". Abbildung 15 (S. 72) verdeutlicht noch einmal den Abschluß der Erfolgskonten. Es gilt:

	Summe der Erträge
./.	Summe der Aufwendungen
=	**Gewinn oder Verlust**

Der Saldo des Gewinn- und Verlustkontos wird über das Eigenkapitalkonto abgeschlossen. Bei Gewinn (Summe der Erträge größer Summe der Aufwendungen) wird das Eigenkapital vermehrt; bei Verlust (Summe der Erträge kleiner Summe der Aufwendungen) wird das Eigenkapital vermindert.

Hieraus läßt sich die Regel 7 der doppelten Buchführung herleiten:

Regel 7:

Der **Abschluß** des GuV-Kontos **bei Gewinn** lautet:
GuV-Konto an Eigenkapital

Der **Abschluß** des GuV-Kontos **bei Verlust** lautet:
Eigenkapital an GuV-Konto

Damit schließt sich der Regelkreis der doppelten Buchführung, da das Eigenkapitalkonto über das Schlußbilanzkonto abgeschlossen wird. Das Schlußbilanzkonto muß „aufgehen", sonst liegt ein Fehler vor. Die Schlußbilanz ist nur eine Abschrift des Schlußbilanzkontos. Abbildung 16 (S. 73) zeigt dies noch einmal zusammengefaßt auf.

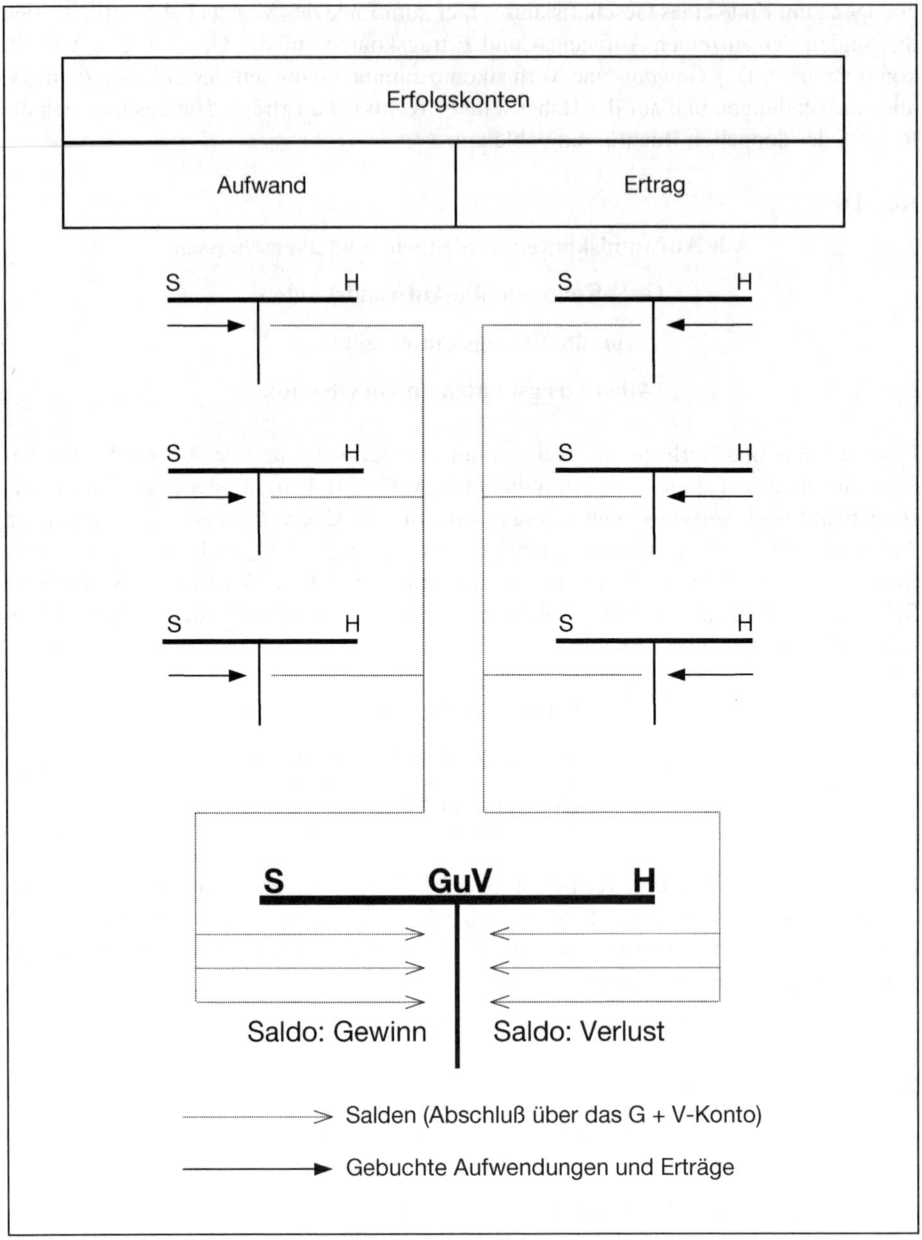

Abb. 15: Buchungen auf Erfolgskonten mit Kontenabschluß über das Gewinn- und Verlustkonto

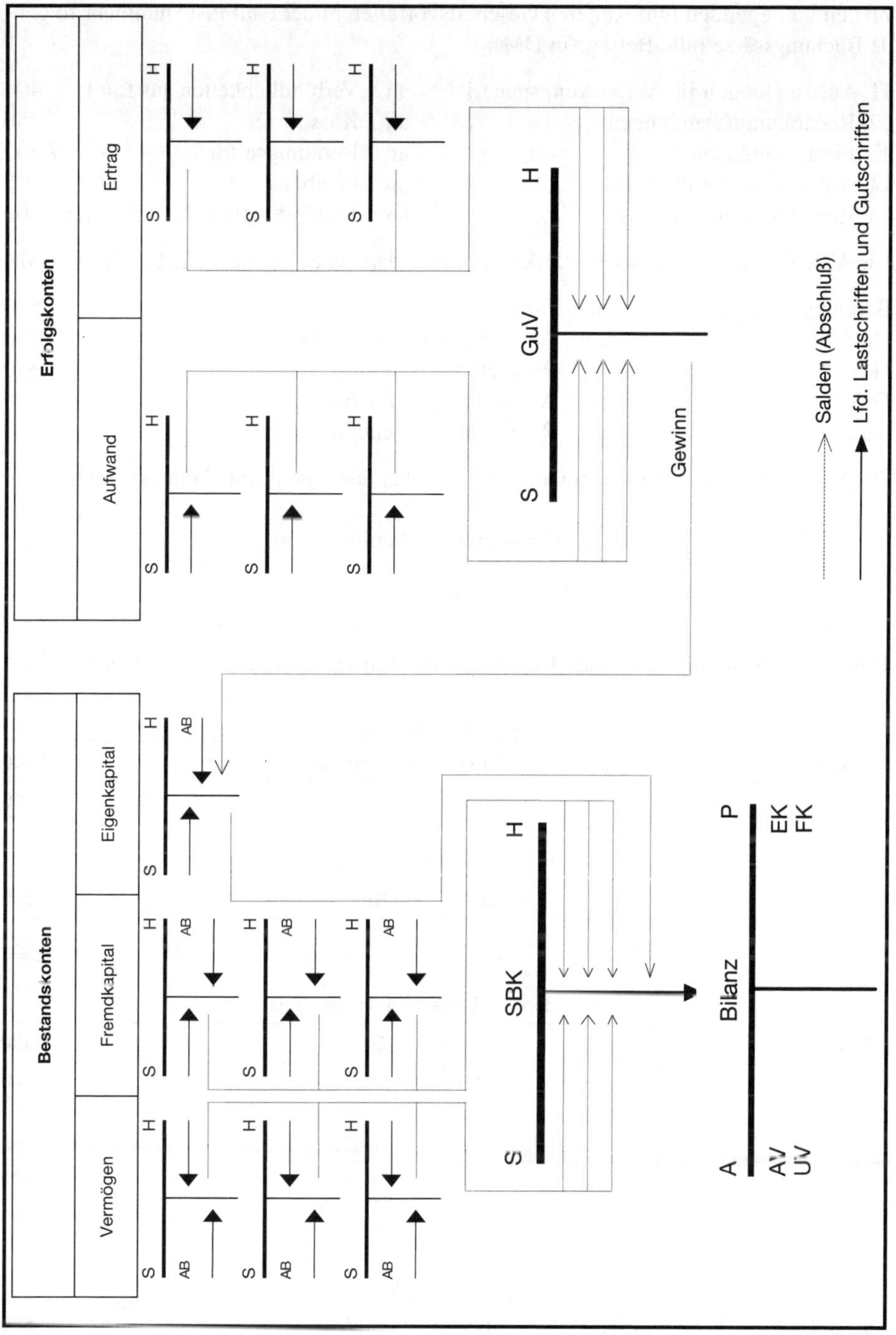

Abb. 16: Buchungsschema der Buchführung

Zu den vorliegenden fünf weiteren Geschäftsvorfällen bildet Paul Piste nunmehr folgende Buchungssätze (alle Beträge in DM):

11. Aufwendungen für Verpackungsmaterial	an	Verbindlichkeiten aus L.u.L.	400
12. Reparaturaufwendungen	an	Kasse	350
13. Forderungen aus L.u.L.	an	Beratungserträge	7.500
14. Aufwendungen für Energie	an	Postbank	100
15. Reinigungsaufwendungen	an	Verbindlichkeiten aus L.u.L.	500

Die Abschlußbuchungen der Erfolgskonten sehen dann wie folgt aus (alle Beträge in DM):

Beratungserträge	an	GuV	7.500
GuV	an	Aufwendungen für Verpackungsmaterial	400
GuV	an	Reparaturaufwendungen	350
GuV	an	Aufwendungen für Energie	100
GuV	an	Reinigungsaufwendungen	500

Der Saldo des GuV-Kontos (hier Gewinn) wird über das Eigenkapitalkonto abgeschlossen:

GuV-Konto an Eigenkapital 6.150

Hieraus ergibt sich das folgende Kontenbild der Aufwands- und Ertragskonten:

Beratungserträge

S			H
GuV	**7.500**	13) Forderung	7.500
	7.500		7.500

Reparaturaufwendungen

S			H
12) Kasse	350	**GuV**	**350**
	350		350

Aufwendungen für Verpackungsmaterial

S			H
11) Verbindl.	400	**GuV**	**400**
	400		400

Aufwendungen für Energie

S			H
14) Postbank	100	**GuV**	**100**
	100		100

Reinigungsaufwendungen

S			H
15) Verbindl.	500	**GuV**	**500**
	500		500

S	Gewinn- und Verlustkonto		H
Reparaturaufw.	350	Beratungserträge	7.500
Verpackungen	400		
Energie	100		
Reinigung	500		
Eigenkapital	6.150		
	7.500		7.500

Damit ergeben sich gegenüber der Aufgabe 13 auf den Bestandskonten folgende Änderungen:

S	Forderungen aus L.u.L.		H
EBK	7.400	1) Postbank	5.400
13) Beratungsertr.	7.500	5) Kasse	2.000
		SBK	**7.500**
	14.900		14.900

S	Postbank		H
EBK	3.450	3) Hypothek	5.000
1) Forderung	5.400	9) Darlehn	12.000
7) Kasse	5.000	14) Energie	100
8) TA u. Maschinen	5.500	**SBK**	**2.250**
	19.350		19.350

S	Kasse		H
EBK	5.850	7) Postbank	5.000
2) BGA	1.250	10) Warengr. Golf	1.700
5) Forderung	2.000	12) Reparaturaufw.	350
		SBK	**2.050**
	9.100		9.100

S	Eigenkapital		H
SBK	**343.050**	EBK	336.900
		GuV	6.150
	343.050		343.050

S	Verbindlichkeiten aus L.u.L.		H
6) Sparkasse	300	EBK	47.800
SBK	**48.800**	4) Warengr. sonst.	400
		11) Aufw. f. Verpackung	400
		15) Reinigung	500
	49.100		49.100

Aus dem veränderten Kontenbild des Sporteinzelhandels „Fit & Fun" zum Ende des Monats Februar 01 läßt sich nunmehr folgendes verändertes Schlußbilanzkonto und die daraus abgeleitete Schlußbilanz zum 28.2.01 herleiten:

S	**Schlußbilanzkonto**		H
Unbebaute Grundstücke	100.000	Eigenkapital	343.050
Bebaute Grundstücke	250.000	Hypothek	70.000
TA u. Maschinen	44.000	Darlehn	190.000
Fuhrpark	30.000	Verbindlichkeiten	48.800
BGA	16.650		
Gel. Anzahlungen	15.000		
Warengruppe Ski	118.750		
Warengruppe Tennis	20.450		
Warengruppe Golf	41.400		
Warengruppe sonst.	850		
Forderungen	7.500		
Postbank	2.250		
Sparkasse	2.950		
Kasse	2.050		
	651.850		651.850

Schlußbilanz des Sporteinzelhandels „Fit & Fun“, Berlin zum 28.2.01

Aktivseite

A. Anlagevermögen	
I. Sachanlagen	
1. Grundstücke, grundstücksgleiche Rechte und Bauten	350.000
2. Technische Anlagen und Maschinen	44.000
3. Andere Anlagen, Betriebs- und Geschäftsausstattung	46.650
4. Gel. Anzahlungen auf Sachanlagen	15.000
B. Umlaufvermögen	
I. Vorräte	
1. Fertige Erzeugnisse und Waren	181.450
II. Forderungen und sonstige Vermögensgegenstände	
1. Forderungen aus Lieferungen und Leistungen	7.500
III. Flüssige Mittel	
1. Kassenbestand	2.050
2. Guthaben bei Kreditinstituten	5.200
	651.850

Passivseite

A. Eigenkapital	343.050
B. Verbindlichkeiten	
1. Verbindlichkeiten gegenüber Kreditinstituten	260.000
2. Verbindlichkeiten aus Lieferungen und Leistungen	48.800
	651.850

Berlin, 28.2.01

Paul Piske

Aufgabe 17: Interpretation von Buchungssätzen

Paul Piste ist inzwischen klar geworden, wie auf den aktiven und passiven Bestandskonten sowie auf den Aufwands- und Ertragskonten zu buchen ist. Zur Übung nimmt er sich an einem Wochenende im Februar 01 den Buchführungsordner seines Vorgängers vor und überlegt, welche Geschäftsvorfälle den folgenden Buchungen seines Vorgängers zugrunde lagen (alle Beträge in DM aus dem Vorjahr) :

1. Sparkasse	an	Hypothek Bayer. Hypobank	100.000
2. Waren (Golf)	an	Verbindl.aus L.u.L.	7.500
3. Kasse	an	Sparkasse	1.000
4. Unbebaute Grundstücke	an	Sparkasse	100.000
5. Büromaterial	an	Verbindl.aus L.u.L.	500
6. Hypothek Bayer.Hypo	an	Sparkasse	10.000
7. Verbindl. aus L.u.L.	an	Postbank	7.500
8. Sparkasse	an	Ford.aus L.u.L. (Golf)	3.000
9. Kraftfahrzeugsteuer	an	Postbank	300
10. Postbank	an	Kasse	2.000
11. Zinsaufwendungen	an	Sparkasse	800
12. Dekorationsaufwend.	an	Verbindl.aus L.u.L.	1.000
13. Ford.aus L.u.L.	an	Beratungserträge (Golf-Pro)	6.000
14. Provisionsaufwend.	an	Kasse	450
15. Postaufwendungen	an	Kasse	100

Lösung

1. Aufnahme einer hypothekarisch gesicherten Verbindlichkeit bei der Bayerischen Hypothekenbank AG in Höhe von 100.000 DM. Der Betrag wurde auf das Konto bei der Sparkasse überwiesen *(= Aktiv-Passiv-Mehrung)*.
2. Handelswaren der Warengruppe „Golf“ wurden für 7.500 DM auf Ziel gekauft und auch geliefert *(= Aktiv-Passiv-Mehrung)*.
3. Vom Konto bei der Sparkasse wurden 1.000 DM abgehoben, um die Geschäftskasse „aufzufüllen“ *(= Aktivtausch)*.
4. Vom Vorgänger wurde ein unbebautes Grundstück für 100.000 DM erworben (Einigung und Eintragung in das Grundbuch); der Kaufpreis wurde über das Konto bei der Sparkasse bezahlt *(= Aktivtausch)*.
5. Büromaterialien im Gesamtwert von 500 DM wurden auf Ziel gekauft und auch geliefert *(= Aufwand)*.
6. Vom Konto bei der Sparkasse wurde eine Tilgungsrate in Höhe von 10.000 DM an die Bayerische Hypothekenbank AG überwiesen *(= Aktiv-Passiv-Minderung)*.
7. Verbindlichkeiten aus Lieferungen und Leistungen in Höhe von 7.500 DM wurden vom Postbankkonto beglichen *(= Aktiv-Passiv-Minderung)*.

8. Eine vom Vorgänger ausgestellte Rechnung über verkaufte und gelieferte Handelswaren der Warengruppe „Golf“ in Höhe von 3.000 DM wurde über das Konto bei der Sparkasse bezahlt *(= Aktivtausch).*

9. Die fällige Kraftfahrzeugsteuer in Höhe von 300 DM wurde vom Vorgänger über das Konto bei der Postbank bezahlt *(= Aufwand).*

10. Aus der Geschäftskasse wurden 2.000 DM auf das Konto bei der Postbank bar eingezahlt *(= Aktivtausch).*

11. Darlehnszinsen in Höhe von 800 DM wurden vom Vorgänger über das Konto bei der Sparkasse überwiesen *(= Aufwand).*

12. Der Vorgänger erhielt eine Rechnung über ausgeführte Dekorationsarbeiten in seinen Geschäftsräumen in Höhe von 1.000 DM. Es wurde ein Zahlungsziel vereinbart *(= Aufwand).*

13. Für durchgeführte externe Beratungen in Sachen „Golf“ stellte der Vorgänger eine Rechnung in Höhe von 6.000 DM. Es wurde ein Zahlungsziel vereinbart *(= Ertrag).*

14. Für empfangene Dienstleistungen erhielt der Vorgänger eine Provisionsrechnung in Höhe von 450 DM, die auch sofort bar bezahlt wurde *(= Aufwand).*

15. Briefmarken im Gesamtwert von 100 DM wurden gekauft (= Kauf und Lieferung) und sofort bar bezahlt *(= Aufwand).*

Aufgabe 18: Buchungen auf Privatkonten (Privatentnahmen und Privateinlagen)

Im Februar 01 haben sich über die bisher gebuchten fünfzehn Geschäftsvorfälle (siehe Aufgabe 13 und Aufgabe 16) noch weitere fünf Geschäftsvorfälle (Geschäftsvorfall Nr. 16 bis 20) ereignet, die Paul Piste aufgrund ihrer privaten Veranlassung bisher noch nicht richtig einordnen konnte:

16. Auf dem Konto 654321-900 bei der Sparkasse ging eine private Einkommensteuererstattung in Höhe von 3.100 DM ein.

17. Am 10.2.01 überwies Paul Piste seinen Jahresmitgliedsbeitrag (Tennis-Club „Blau Weiss“; passives Mitglied) in Höhe von 450 DM über das Konto 123456-100 bei der Postbank.

18. Paul Piste entnahm am 15.2.01 aus der Geschäftskasse 300 DM für private Zwecke.

19. Die am 10.2.01 gekauften und gelieferten 20 Volleyball-Bälle (Warengruppe sonst.) zu je 20 DM (= 20 Bälle x 20 DM = 400 DM) bezahlte Paul Piste wegen der besonders günstigen Konditionen bereits am 20.2.01 aus privaten Mitteln. Er nahm somit das vereinbarte Zahlungsziel von 30 Tagen nicht in Anspruch (siehe Aufgabe 13, Geschäftsvorfall Nr. 4).

20. Für private Zwecke hatte Paul Piste 2.000 DM vom Konto 654321-900 bei der Sparkasse am 26.2.01 abgehoben.

Lösung

In der Praxis des Sporteinzelhandels „Fit & Fun“ wird es recht häufig vorkommen, daß der Unternehmer (hier Paul Piste) für private Zwecke Bargeld aus der Geschäftskasse entnimmt, Überweisungen für private Zwecke über die Geldkonten des Betriebes ausführt oder Bargeld in die Geschäftskasse einlegt. Diese Geschäftsvorfälle sind nicht betrieblich bedingt, sondern privat veranlaßt. Es handelt sich hierbei um *Privatentnahmen,* die das Eigenkapital vermindern, oder um *Privateinlagen,* die das Eigenkapital erhöhen.

Privatentnahmen und Privateinlagen werden aus Gründen besserer Übersicht nicht direkt auf dem Eigenkapitalkonto, sondern auf dem *Privatkonto* gebucht. Das Privatkonto sammelt im Laufe eines Geschäftsjahres, hier aus didaktischen Gründen eines Monats, alle Entnahmen und Einlagen. Für das Privatkonto gelten dabei die gleichen Buchungsregeln, die Paul Piste bereits für das passive Bestandskonto „Eigenkapital“ aufgestellt hat.

Entnahmen vermindern das Eigenkapital; sie sind folglich auf der Sollseite (= links) zu buchen. Einlagen erhöhen das Eigenkapital; sie sind somit auf der Habenseite (= rechts) zu buchen. Am Jahresende, hier am Ende des Monats Februar 01, wird der Saldo des Privatkontos, der nichts anderes als die Differenz zwischen den Entnahmen und den Einlagen darstellt, auf das Eigenkapitalkonto umgebucht. Sind die Entnahmen höher als die Einlagen, steht der Saldo auf der rechten Kontoseite (im Haben) als Entnahmenüberschuß:

Eigenkapitalkonto an Privatkonto

Sind die Einlagen höher als die Entnahmen, dann steht der Saldo auf der linken Seite des Privatkontos (im Soll) als Einlagenüberschuß:

Privatkonto an Eigenkapitalkonto

Den Inhalt des Privatkontos zeigt die nachfolgende Abbildung 17 noch einmal zusammengefaßt auf.

S	Privatkonto	H
Entnahmen		Einlagen
		Saldo (= Entnahmenüberschuß)

oder

S	Privatkonto	H
Entnahmen		Einlagen
Saldo (= Einlagenüberschuß)		

Abb. 17: Inhalt des Privatkontos

Finden in einem Unternehmen viele privat veranlaßte Geschäftsvorfälle statt, so ist es zweckmäßig, das Privatkonto in ein Entnahmekonto und in ein Einlagekonto zu trennen. Dann werden auf dem Konto „Privatentnahmen" die Buchungen vorgenommen, die die privat verursachten Eigenkapitalverminderungen betreffen. Das Konto „Privateinlagen" nimmt dann die Buchungen auf, die die privat verursachten Eigenkapitalvermehrungen zum Gegenstand haben.

Die Konten „Privatentnahmen" und „Privateinlagen" werden am Ende des Geschäftsjahres, hier am Ende des Monats Februar 01, über das Konto „Eigenkapital" abgeschlossen. Die entsprechenden Buchungssätze lauten dann:

Eigenkapital an Privatentnahmen

und

Privateinlagen an Eigenkapital

Abbildung 18 zeigt noch einmal den Abschluß der Konten „Privatentnahmen" und „Privateinlagen" über das Konto „Eigenkapital" auf.

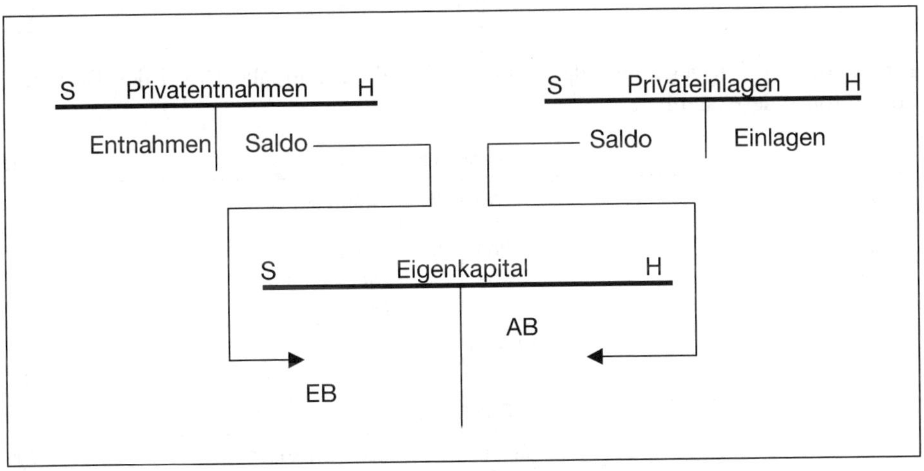

Abb. 18: Abschluß der Konten „Privatentnahmen" und „Privateinlagen" über das Eigenkapitalkonto

Zu den vorliegenden fünf weiteren Geschäftsvorfällen bildet Paul Piste nunmehr folgende Buchungssätze (alle Beträge in DM):

16. Sparkasse	an	Privateinlagen	3.100
17. Privatentnahmen	an	Postbank	450
18. Privatentnahmen	an	Kasse	300
19. Verbindlichkeiten aus L.u.L.	an	Privateinlagen	400
20. Privatentnahmen	an	Sparkasse	2.000

Im Rahmen der vorbereitenden Abschlußbuchungen bucht Paul Piste sodann die Salden der Konten „Privatentnahmen" und „Privateinlagen" auf das Konto „Eigenkapital":

Eigenkapital an Privatentnahmen 2.750

und

Privateinlagen an Eigenkapital 3.500

Für die Privatentnahmen und Privateinlagen ergibt sich dann das folgende Kontenbild:

S	Privatentnahmen		H
17) Postbank	450	**EK**	**2.750**
18) Kasse	300		
20) Sparkasse	2.000		
	2.750		2.750

S	Privateinlagen		H
EK	**3.500**	16) Sparkasse	3.100
		19) Verbindlichkeiten	400
	3.500		3.500

Damit ergeben sich gegenüber der Aufgabe 13 und der Aufgabe 16 auf den Bestandskonten folgende Änderungen:

S	Postbank		H
EBK	3.450	3) Hypothek	5.000
1) Forderungen	5.400	9) Darlehn	12.000
7) Kasse	5.000	14) Energie	100
8) TA u. Maschinen	5.500	17) Privatentnahmen	450
		SBK	**1.800**
	19.350		19.350

S	Sparkasse		H
EBK	3.250	6) Verbindlichkeiten	300
16) Privateinlagen	3.100	20) Privatentnahmen	2.000
		SBK	**4.050**
	6.350		6.350

S	Kasse		H
EBK	5.850	7) Postbank	5.000
2) BGA	1.250	10) Warengruppe Golf	1.700
5) Forderungen	2.000	12) Reparaturaufwendungen	350
		18) Privatentnahmen	300
		SBK	**1.750**
	9.100		9.100

S	Eigenkapital		H
Privatentnahmen	2.750	EBK	336.900
SBK	**343.800**	GuV	6.150
		Privateinlagen	3.500
	346.550		346.550

S	Verbindlichkeiten aus L.u.L.		H
6) Sparkasse	300	EBK	47.800
19) Privateinlagen	400	4) Warengr. sonst.	400
SBK	**48.400**	11) Aufw. f. Verpackungen	400
		15) Reinigungsaufw.	500
	49.100		49.100

Aus dem veränderten Kontenbild des Sporteinzelhandels „Fit & Fun“ zum Ende des Monats Februar 01 läßt sich nunmehr das folgende nochmals wegen der erfolgten Privatentnahmen und Privateinlagen veränderte Schlußbilanzkonto und die daraus abgeleitete *Schlußbilanz* (= Abschrift) zum 28.2.01 herleiten:

Soll	Schlußbilanzkonto		Haben
Unbebaute Grundstücke	100.000	Eigenkapital	343.800
Bebaute Grundstücke	250.000	Hypothek	70.000
TA und Maschinen	44.000	Darlehn	190.000
Fuhrpark	30.000	Verbindlichkeiten	48.400
BGA	16.650		
Gel. Anzahlungen	15.000		
Warengruppe Ski	118.750		
Warengruppe Tennis	20.450		
Warengruppe Golf	41.400		
Warengruppe sonst.	850		
Forderungen	7.500		
Postbank	1.800		
Sparkasse	4.050		
Kasse	1.750		
	652.200		652.200

Schlußbilanz des Sporteinzelhandels „Fit & Fun“, Berlin zum 28.2.01

Aktivseite		Passivseite	
A. Anlagevermögen		**A. Eigenkapital**	343.800
I. Sachanlagen		**B. Verbindlichkeiten**	
1. Grundstücke, grundstücksgleiche Rechte und Bauten	350.000	1. Verbindlichkeiten gegenüber Kreditinstituten	260.000
2. Technische Anlagen und Maschinen	44.000	2. Verbindlichkeiten aus Lieferungen und Leistungen	48.400
3. Andere Anlagen, Betriebs- und Geschäftsausstattung	46.650		
4. Gel. Anzahlungen auf Sachanlagen	15.000		
B. Umlaufvermögen			
I. Vorräte			
1. Fertige Erzeugnisse und Waren	181.450		
II. Forderungen und sonstige Vermögensgegenstände			
1. Forderungen aus Lieferungen und Leistungen	7.500		
III. Flüssige Mittel			
1. Kassenbestand	1.750		
2. Guthaben bei Kreditinstituten	5.850		
	652.200		652.200

Berlin, 28.2.01

Paul Piske

Aufgabe 19: Buchungen auf Erfolgskonten mit Abschluß der Konten bis zum Kapitalkonto

Im März 0l ereignen sich im Sporteinzelhandel „Fit & Fun“ folgende Geschäftsvorfälle, die Paul Piste nunmehr buchen möchte:

1. Paul Piste entnimmt aus der Geschäftskasse 400 DM für private Zwecke.
2. Auf das Konto 123456-100 bei der Postbank werden 7.500 DM vom Tennis-Club „Blau Weiss“ überwiesen (siehe Aufgabe 16, Geschäftsvorfall Nr. 13).
3. Für eine Geschäftsreise kauft sich Paul Piste im März 01 ein Flugticket und bezahlt dieses sofort bar aus privaten Mitteln (350 DM).
4. Den Mitgliedsbeitrag für den Einzelhandelsverband in Höhe von 250 DM überweist Paul Piste vom Konto 123456-100 bei der Postbank.
5. Darlehnszinsen in Höhe von 1.200 DM werden vom Konto 654321-900 bei der Sparkasse überwiesen.
6. Die Rechnung der City Clean GmbH vom 23.2.01 in Höhe von 500 DM (siehe Aufgabe 16, Geschäftsvorfall Nr. 15) begleicht Paul Piste durch Überweisung von seinem Privatkonto.
7. Zur Tilgung eines Teils des gewährten Darlehns überweist Paul Piste an die Dresdner Bank AG 5.000 DM vom Konto 123456-100 bei der Postbank.
8. Auf dem Konto 123456-100 bei der Postbank erfolgt eine Zinsgutschrift in Höhe von 50 DM.
9. Vom Konto 654321-900 bei der Sparkasse werden Zinsen in Höhe von 650 DM an die Bayerische Hypobank überwiesen.
10. Für im März 01 fortgesetzte Beratungen im Golf- und Land Club Berlin Nobel über die Neuanlage eines Wasserhindernisses (Teich mit Wasserfontäne) stellt Paul Piste eine Rechnung über 9.000 DM.

Lösung

Ausgehend von der Schlußbilanz des Sporteinzelhandels „Fit & Fun“ zum 28.2.01 (entspricht Eröffnungsbilanz zum 1.3.01) formuliert Paul Piste zunächst die Eröffnungsbuchungen:

Unbebaute Grundstücke	an	EBK	100.000
Bebaute Grundstücke	an	EBK	250.000
TA und Maschinen	an	EBK	44.000
Fuhrpark	an	EBK	30.000
BGA	an	EBK	16.650
Gel.Anzahlungen auf Sachanlagen	an	EBK	15.000

Warengruppe Ski	an	EBK	118.750
Warengruppe Tennis	an	EBK	20.450
Warengruppe Golf	an	EBK	41.400
Warengruppe sonst.	an	EBK	850
Forderungen aus L.u.L.	an	EBK	7.500
Postbank	an	EBK	1.800
Sparkasse	an	EBK	4.050
Kasse	an	EBK	1.750
EBK	an	Eigenkapital	343.800
EBK	an	Hypothek Bayer.Hypobank	70.000
EBK	an	Darlehn Dresdner Bank	190.000
EBK	an	Verbindlichk. aus L.u.L.	48.400

Hieraus ergibt sich das folgende *Eröffnungsbilanzkonto* sowie die nachfolgende Eröffnungsbilanz des Sporteinzelhandels „Fit & Fun" zum 1.3.01:

Eröffnungsbilanzkonto

Soll			**Haben**
Eigenkapital	343.800	Unbebaute Grundstücke	100.000
Hypothek Bayer. Hypobank	70.000	Bebaute Grundstücke	250.000
Darlehn Dresdner Bank	190.000	TA und Maschinen	44.000
Verbindlichkeiten	48.400	Fuhrpark	30.000
		BGA	16.650
		Gel. Anzahlungen	15.000
		Warengruppe Ski	118.750
		Warengruppe Tennis	20.450
		Warengruppe Golf	41.400
		Warengruppe sonst.	850
		Forderungen	7.500
		Postbank	1.800
		Sparkasse	4.050
		Kasse	1.750
	652.200		652.200

Eröffnungsbilanz des Sporteinzelhandels „Fit & Fun“, Berlin zum 1.3.01

Kontenbild	Aktivseite	DM	Passivseite	DM	Kontenbild
S Unbebaute Grundstücke H EBK 100.000 S Bebaute Grundstücke H EBK 250.000	Grundstücke, grundstücksgleiche Rechte und Bauten	**350.000**	Eigenkapital	**343.800**	S Eigenkapital H EBK 343.800
			Verbindlichkeiten gegenüber Kreditinstituten	**260.000**	S Hypothek Bayer. Hypobank H EBK 70.000 S Darlehn Dresdner Bank H EBK 190.000
S TA und Masch. H EBK 44.000	Technische Anlagen und Maschinen	**44.000**	Verbindlichkeiten aus Lieferungen und Leistungen	**48.400**	S Verbindlichk. aus L.u.L. H EBK 48.400
S Fuhrpark H EBK 30.000 S BGA H EBK 16.650	Andere Anlagen, Betriebs- und Geschäftsausstattung	**46.650**			
S Gel. Anz. auf Sach. H EBK 15.000	Geleistete Anzahlungen auf Sachanlagen	**15.000**			
S Warengruppe Ski H EBK 118.750 S Warengruppe Tennis H EBK 20.450 S Warengruppe Golf H EBK 41.400 S Warengruppe sonst. H EBK 850	Fertige Erzeugnisse und Waren	**181.450**			
S Forderungen H EBK 7.500	Forderungen aus Lieferungen und Leistungen	**7.500**			
S Postbank H EBK 1.800 S Sparkasse H EBK 4.050	Guthaben bei Kreditinstituten	**5.850**			
S Kasse H EBK 1.750	Kassenbestand	**1.750**			
652.200		652.200		652.200	652.200

Zu den laufenden *Geschäftsvorfällen* (März 01) bildet Paul Piste sodann die folgenden Buchungssätze (alle Beträge in DM):

1. Privatentnahmen	an	Kasse	400
2. Postbank	an	Forderungen aus L.u.L.	7.500
3. Reiseaufwendungen	an	Privateinlagen	350
4. Beitragsaufwendungen zu Wirtschaftsverbänden und Berufsvereinigungen	an	Postbank	250
5. Zinsaufwendungen	an	Sparkasse	1.200
6. Verbindlichk. aus L.u.L.	an	Privateinlagen	500
7. Darlehn Dresdner Bank	an	Postbank	5.000
8. Postbank	an	Zinserträge	50
9. Zinsaufwendungen	an	Sparkasse	650
10. Forderungen aus L.u.L.	an	Beratungserträge	9.000

Die angesprochenen Erfolgskonten schließt Paul Piste über das GuV-Konto mit folgenden Buchungssätzen ab:

GuV	an	Reiseaufwendungen	350
GuV	an	Beitragsaufwendungen	250
GuV	an	Zinsaufwendungen	1.850
Zinserträge	an	GuV	50
Beratungserträge	an	GuV	9.000

Den *Saldo des GuV-Kontos* (hier Gewinn) schließt Paul Piste dann über das Eigenkapitalkonto ab:

GuV	an	Eigenkapital	6.600

Für den Abschluß der Privatkonten (Privatentnahmen und Privateinlagen) bildet Paul Piste folgende Buchungssätze:

Eigenkapital	an	Privatentnahmen	400
Privateinlagen	an	Eigenkapital	850

Die Abschlußbuchungen der Bestandskonten lauten dann:

SBK	an	Unbebaute Grundstücke	100.000
SBK	an	Bebaute Grundstücke	250.000
SBK	an	TA und Maschinen	44.000
SBK	an	Fuhrpark	30.000
SBK	an	BGA	16.650
SBK	an	Gel.Anz. auf Sachanlagen	15.000
SBK	an	Warengruppe Ski	118.750
SBK	an	Warengruppe Tennis	20.450

SBK	an	Warengruppe Golf	41.400
SBK	an	Warengruppe sonst.	850
SBK	an	Forderungen aus L.u.L.	9.000
SBK	an	Postbank	4.100
SBK	an	Sparkasse	2.200
SBK	an	Kasse	1.350
Eigenkapital	an	SBK	350.850
Hypothek Bayer. Hypobank	an	SBK	70.000
Darlehn Dresdner Bank	an	SBK	185.000
Verbindl. aus L.u.L.	an	SBK	47.900

Das Kontenbild (Bestandskonten, Privatkonten und Erfolgskonten) sieht dann wie folgt aus:

Bestandskonten:

S	Unbebaute Grundstücke		H
EBK	100.000	**SBK**	**100.000**
	100.000		100.000

S	Bebaute Grundstücke		H
EBK	250.000	**SBK**	**250.000**
	250.000		250.000

S	TA und Maschinen		H
EBK	44.000	**SBK**	**44.000**
	44.000		44.000

S	Fuhrpark		H
EBK	30.000	**SBK**	**30.000**
	30.000		30.000

S	BGA		H
EBK	16.650	**SBK**	**16.650**
	16.650		16.650

S	Gel. Anz. auf Sachanlagen		H
EBK	15.000	**SBK**	**15.000**
	15.000		15.000

S	Warengruppe Ski		H
EBK	118.750	**SBK**	**118.750**
	118.750		118.750

S	Warengruppe Tennis		H
EBK	20.450	**SBK**	**20.450**
	20.450		20.450

S	Warengruppe Golf		H
EBK	41.400	**SBK**	**41.400**
	41.400		41.400

S	Warengruppe sonst.		H
EBK	850	**SBK**	**850**
	850		850

S	Forderungen aus L.u.L.		H
EBK	7.500	2) Postb.	7.500
10) Beratungserträge	9.000	**SBK**	**9.000**
	16.500		16.500

S	Postbank		H
EBK	1.800	4) Beitragsaufwend.	250
2) Ford.	7.500	7) Darlehn	5.000
8) Zinserträge	50	**SBK**	**4.100**
	9.350		9.350

S	Sparkasse		H
EBK	4.050	5) Zinsaufwend.	1.200
		9) Zinsaufwend.	650
		SBK	**2.200**
	4.050		4.050

S	Kasse		H
EBK	1.750	1) Privatentnahmen	400
		SBK	**1.350**
	1.750		1.750

S	Eigenkapital		H
Privatentnahmen	400	EBK	343.800
SBK	**350.850**	GuV	6.600
		Privateinlagen	850
	351.250		351.250

S	Hypothek Bayer. Hypobank		H
SBK	**70.000**	EBK	70.000
	70.000		70.000

S	Darlehn Dresdner Bank		H
7) Postb.	5.000	EBK	190.000
SBK	**185.000**		
	190.000		190.000

S	Verbindlichkeiten aus L.u.L.		H
6) Privateinlagen	500	EBK	48.400
SBK	**47.900**		
	48.400		48.400

Privatkonten

S	Privatentnahmen		H
1) Kasse	400	**EK**	**400**
	400		400

S	Privateinlagen		H
EK	**850**	3) Reiseaufwendungen	350
		6) Verbindl.	500
	850		850

Erfolgskonten

S	Reiseaufwendungen		H
3) Privateinlagen	350	**GuV**	**350**
	350		350

S	Beitragsaufwendungen		H
4) Postb.	250	**GuV**	**250**
	250		250

S	Zinsaufwendungen		H
5) Spark.	1.200	**GuV**	**1.850**
9) Spark.	650		
	1.850		1.850

S	Beratungserträge		H
GuV	**9.000**	10) Ford.	9.000
	9.000		9.000

S	Zinserträge		H
GuV	**50**	8) Postbank	50
	50		50

S	Gewinn- und Verlustkonto		H
Reiseaufw.	350	Zinserträge	50
Beitragsaufw.	250	Beratungs-erträge	9.000
Zinsaufw.	1.850		
Eigen-kapital	**6.600**		
	9.050		9.050

Aus dem Kontenbild des Sporteinzelhandels „Fit & Fun" zum Ende des Monats März 01 läßt sich nunmehr das folgende Schlußbilanzkonto und die daraus abgeleitete Schlußbilanz zum 31.3.01 ableiten:

Soll	**Schlußbilanzkonto**		**Haben**
Unbebaute Grundstücke	100.000	Eigenkapital	350.850
Bebaute Grundstücke	250.000	Hypothek Bayer.Hypobank	70.000
TA und Maschinen	44.000	Darlehn Dresdner Bank	185.000
Fuhrpark	30.000	Verbindlichkeiten	47.900
BGA	16.650		
Gel. Anz. auf Sachanlagen	15.000		
Warengruppe Ski	118.750		
Warengruppe Tennis	20.450		
Warengruppe Golf	41.400		
Warengruppe sonst.	850		
Forderungen	9.000		
Postbank	4.100		
Sparkasse	2.200		
Kasse	1.350		
	653.750		653.750

Schlußbilanz des Sporteinzelhandels „Fit & Fun“, Berlin zum 31.3.01

Aktivseite		Passivseite	
A. Anlagevermögen		**A. Eigenkapital**	350.850
I. Sachanlagen		**B. Verbindlichkeiten**	
1. Grundstücke, grundstücksgleiche Rechte und Bauten	350.000	1. Verbindlichkeiten gegenüber Kreditinstituten	255.000
2. Technische Anlagen und Maschinen	44.000	2. Verbindlichkeiten aus Lieferungen und Leistungen	47.900
3. Andere Anlagen, Betriebs- und Geschäftsausstattung	46.650		
4. Gel. Anzahlungen auf Sachanlagen	15.000		
B. Umlaufvermögen			
I. Vorräte			
1. Fertige Erzeugnisse und Waren	181.450		
II. Forderungen und sonstige Vermögensgegenstände			
1. Forderungen aus Lieferungen und Leistungen	9.000		
III. Flüssige Mittel			
1. Kassenbestand	1.350		
2. Guthaben bei Kreditinstituten	6.300		
	653.750		653.750

Berlin, 31.3.01

Paul Piske

Aufgabe 20: Erfolgsermittlung durch Betriebsvermögensvergleich

Anfang April 01 nimmt sich Paul Piste noch einmal die Eröffnungsbilanz des Sporteinzelhandels „Fit & Fun" zum 1.1.01 (siehe Aufgabe 4) sowie die Schlußbilanz zum 31.3.01 (siehe Aufgabe 19) vor. Er möchte wissen, welchen Erfolg er in diesem Zeitraum (vom 1.1.01 bis zum 31.3.01) erzielt hat.

Lösung

Was Gewinn im einkommensteuerrechtlichen Sinn ist, definiert § 4 Abs. 1 Satz 1 EStG: „Gewinn ist der Unterschiedsbetrag zwischen dem Betriebsvermögen am Schluß des Wirtschaftsjahrs und dem Betriebsvermögen am Schluß des vorangegangenen Wirtschaftsjahrs, vermehrt um den Wert der Entnahmen und vermindert um den Wert der Einlagen". An die Stelle des Betriebsvermögens am Schluß des vorangegangenen Wirtschaftsjahrs tritt bei einer Neueröffnung oder beim Erwerb eines Betriebes das Betriebsvermögen im Zeitpunkt der Eröffnung oder des Erwerbs des Betriebes (hier 1.1.01); § 6 Abs. 1 EStDV.

Paul Piste hat somit die Möglichkeit, den Erfolg des Abrechnungszeitraumes 1.1.01 bis 31.3.01 anhand zweier aufeinanderfolgender *Bilanzen* zu ermitteln. Man bezeichnet diese Methode der Erfolgsermittlung als *Betriebsvermögensvergleich.*

Betriebsvermögen gemäß § 4 Abs. 1 Satz 1 EStG ist die Differenz zwischen dem Vermögen und der Schulden des Betriebes. Diese Differenz entspricht der Bilanzposition „Eigenkapital":

	Betriebsvermögen am Schluß des Wirtschaftsjahrs
./.	Betriebsvermögen am Schluß des vergangenen Wirtschaftsjahrs
=	Unterschiedsbetrag

Im Laufe einer Geschäftsperiode finden aber auch private Zahlungsvorgänge statt, die das Eigenkapital verändern. Da, wie bereits aufgezeigt, Privatentnahmen das Eigenkapital vermindern und Privateinlagen das Eigenkapital erhöhen, kann der Erfolg eines Abrechnungszeitraumes nur dann korrekt ermittelt werden, wenn die Auswirkungen der Privatentnahmen und Privateinlagen auf das Eigenkapital wieder „rückgängig gemacht werden". Dies bedeutet, daß Privatentnahmen dem Unterschiedsbetrag hinzugerechnet, Privateinlagen dagegen vom Unterschiedsbetrag abgezogen werden müssen:

	Betriebsvermögen am Schluß des Wirtschaftsjahrs
./.	Betriebsvermögen am Schluß des vorangegangenen Wirtschaftsjahrs
=	Unterschiedsbetrag
+	Entnahmen
./.	Einlagen
=	Gewinn oder Verlust

Bei buchführungspflichtigen Gewerbetreibenden ist für den Schluß des Wirtschaftsjahrs das Betriebsvermögen anzusetzen, das nach den handelsrechtlichen Grundsätzen ordnungsmäßiger Buchführung auszuweisen ist; § 5 Abs. 1 Satz 1 EStG. Es bleibt aber bei der Grundform der Gewinnermittlung durch Betriebsvermögensvergleich.

Zur Erfolgsermittlung benötigt Paul Piste somit folgende Daten:

– Eigenkapital zum Periodenanfang (1.1.01)
– Eigenkapital zum Periodenende (hier 31.3.01)
– Summe der Entnahmen während des Abrechnungszeitraumes
– Summe der Einlagen während des Abrechnungszeitraumes.

Das Eigenkapital zum 1.1.01 beträgt 336.900 DM (siehe Aufgabe 4); das Eigenkapital zum 31.3.01 beläuft sich auf 350.850 DM (siehe Aufgabe 19). Folgende Privatentnahmen und Privateinlagen fanden während des Abrechnungszeitraumes 1.1.01 bis 31.3.01 statt:

– Privateinlage	3.100 DM	(siehe Aufgabe 18)
– Privatentnahme	450 DM	(siehe Aufgabe 18)
– Privatentnahme	300 DM	(siehe Aufgabe 18)
– Privateinlage	400 DM	(siehe Aufgabe 18)
– Privatentnahme	2.000 DM	(siehe Aufgabe 18)
– Privatentnahme	400 DM	(siehe Aufgabe 19)
– Privateinlage	350 DM	(siehe Aufgabe 19)
– Privateinlage	500 DM	(siehe Aufgabe 19)

Hieraus ergibt sich:

– Summe der Privatentnahmen:	3.150 DM
– Summe der Privateinlagen:	4.350 DM

Der Erfolg des Abrechnungszeitraumes 1.1.01 bis 31.3.01 sieht dann wie folgt aus:

	Eigenkapital zum Periodenende	350.850 DM
./.	Eigenkapital zum Periodenanfang	336.900 DM
=	Unterschiedsbetrag	13.950 DM
+	Entnahmen	3.150 DM
./.	Einlagen	4.350 DM
=	Gewinn	12.750 DM

Doppelte Buchführung heißt auch doppelte Gewinnermittlung. Die Gewinnermittlung mit Hilfe der Methode des Betriebsvermögensvergleiches führt zum gleichen Ergebnis wie die Errechnung des Erfolges durch Gegenüberstellung der Erträge und Aufwendungen im Gewinn- und Verlustkonto:

	Gewinn 1.1.01 – 28.2.01	6.150 DM	(siehe Aufgabe 16)
+	Gewinn 1.3.01 – 31.3.01	6.600 DM	(siehe Aufgabe 19)
=	**Gewinn der Abrechnungsperiode (1.1.01 – 31.3.01)**	**12.750 DM**	

V. Organisation der Buchführung

Aufgabe 21: Kontenrahmen für den Einzelhandel und die Datev-Spezialkontenrahmen (SKR) 03 und (SKR) 04

Paul Piste ist mittlerweile mit den theoretischen Grundlagen der doppelten Buchführung bestens vertraut. Ihm ist insbesondere klar geworden, daß ein geordneter, nach kaufmännischen Gesichtspunkten geführter Sporteinzelhandel ohne eine Buchführung nicht vorstellbar wäre. Stand und Entwicklung des Sporteinzelhandels sind für ihn nur dann mit Hilfe von Zeit- und Betriebsvergleichen erkennbar, wenn alle wirtschaftlich und rechtlich bedeutsamen Geschäftsvorfälle in chronologischer Reihenfolge lückenlos und systematisch geordnet zahlenmäßig festgehalten werden. Diesen Anforderungen kann die doppelte Buchführung aber nur dann gerecht werden, wenn alle Konten von Jahr zu Jahr einheitlich gegliedert und bezeichnet werden. Paul Piste erinnert sich plötzlich daran, daß diesen Anforderungen die Organisationspläne für die Buchführung, auch Kontenrahmen genannt, Rechnung tragen und überlegt, ob es derartige Übersichten auch für den Einzelhandel gibt.

Lösung

Die Vereinheitlichung der Kontensystematik einer Branche wird als *Kontenrahmen* bezeichnet. Hieraus entwickelt dann die einzelne Unternehmung einen auf ihre betriebsindividuellen Bedürfnisse hin abgestimmten *Kontenplan*. Bezogen auf den Sporteinzelhandel „Fit & Fun“ stellt der Kontenplan dann die systematische Gliederung und Ordnung aller verwendeten (= benötigten) Konten dar.

Der neue Kontenrahmen für den Einzelhandel (siehe Anhang) wurde im Jahr 1990 von der Hauptgemeinschaft des Deutschen Einzelhandels verabschiedet und ist nach dem sogenannten Abschlußgliederungsprinzip aufgebaut. Das Abschlußgliederungsprinzip legt der Kontensystematisierung die Bilanz (§ 266 HGB) und die Gewinn- und Verlustrechnung (§ 275 HGB) zugrunde. Reihenfolge und Bezeichnung der Konten stimmen weitestgehend mit den ausweispflichtigen Positionen der Bilanz und der Gewinn- und Verlustrechnung überein.

Der neue Kontenrahmen für den Einzelhandel ist nach dem dekadischen Prinzip (= numerische Gliederung) aufgebaut. Die Konten werden klar in Bestands- und Erfolgskonten getrennt und in 10 Kontenklassen (von 0 bis 9) eingeteilt:

Klasse 0: Immaterielle Vermögensgegenstände und Sachanlagen (= Aktive Bestandskonten)

Klasse 1: Finanzanlagen (= Aktive Bestandskonten)

Klasse 2: Umlaufvermögen und aktive Rechnungsabgrenzung (= Aktive Bestandskonten)

Klasse 3: Eigenkapital und Rückstellungen (= Passive Bestandskonten)

Klasse 4: Verbindlichkeiten und passive Rechnungsabgrenzung (= Passive Bestandskonten)

Klasse 5: Erträge (= Ertragskonten)

Klasse 6: Betriebliche Aufwendungen (= Aufwandskonten)

Klasse 7: Weitere Aufwendungen (= Aufwandskonten)

Klasse 8: Ergebnisrechnung (EBK, SBK, GuV-Konto)

Klasse 9: Kosten- und Leistungsrechnung.

Jede Kontenklasse wird sodann in 10 Kontengruppen (zweistellig) gegliedert. Jede Kontengruppe kann dann wieder in 10 Kontenuntergruppen = Kontenarten (dreistellig) und jede Kontenart sodann wieder in 10 Kontenunterarten (vierstellig) unterteilt werden (siehe Anhang). Mit dieser Systematik läßt sich die Stellung eines jeden einzelnen Kontos im Gesamtsystem von Kontenrahmen und daraus abgeleiteten Kontenplan exakt bestimmen.

Die Datev e.G., über deren Großrechner etwa 1.300.000 buchführungspflichtige Kaufleute ihre Buchführung verarbeiten lassen, hat in Übereinstimmung mit dem *Bilanzrichtliniengesetz* den Spezialkontenrahmen (SKR) 03 und den Spezialkontenrahmen (SKR) 04 entwickelt. Der Datev-Spezialkontenrahmen (SKR 03) stellt eine modifizierte, an die Vorschriften des Bilanzrichtliniengesetzes angepaßte, Version des *Gemeinschaftskontenrahmens der Industrie* (GKR) dar. Er ist aufgebaut nach dem sogenannten Prozeßgliederungsprinzip, d.h. die Systematisierung der Kontenklassen orientiert sich am Prozeß der betrieblichen Leistungserstellung und Leistungsverwertung (Beschaffung, Produktion, Absatz). Demgegenüber werden im Datev-Spezialkontenrahmen (SKR) 04 die Kontenklassen streng nach dem bereits erörterten Abschlußgliederungsprinzip im Sinne des *Industrie-Kontenrahmens* (IKR) eingeteilt. Die Kontenklassen orientieren sich strikt an den handelsrechtlichen Gliederungskriterien für die Bilanz (§ 266 HGB) und die Gewinn- und Verlustrechnung (§ 275 HGB).

Eine Gegenüberstellung dieser beiden Datev-Spezialkontenrahmen zeigt die nachfolgende Abbildung 19:

Konten-klassen \ Konten-rahmen	DATEV (SKR) 03	DATEV (SKR) 04
Klasse 0	Anlage- und Kapitalkonten	Anlagevermögenskonten
Klasse 1	Finanz- und Privatkonten	Umlaufvermögenskonten
Klasse 2	Abgrenzungskonten	Eigenkapitalkonten
Klasse 3	Wareneingangs- und Bestandskonten	Fremdkapitalkonten
Klasse 4	Betriebliche Aufwendungen	Betriebliche Erträge
Klasse 5	frei	Betriebliche Aufwendungen (Materialaufwand)
Klasse 6	frei	Betriebliche Aufwendungen (Personalaufwand, Abschreibungen, sonstige betriebliche Aufwendungen)
Klasse 7	Bestände an Erzeugnissen	Weitere Erträge und Aufwendungen
Klasse 8	Erlöskonten	frei
Klasse 9	Vortragskonten - Statistische Konten	Vortragskonten - Statistische Konten

Abb. 19: Datev-Spezialkontenrahmen (SKR) 03 und (SKR) 04

Der neue Kontenrahmen für den Einzelhandel sowie die Datev-Spezialkontenrahmen (SKR) 03 und (SKR) 04 ermöglichen es somit, daß Paul Piste eine systematische Ordnung und eindeutige Bezeichnung aller benötigten Konten vornehmen könnte. Wenn dennoch im Rahmen dieses Lehrbuchs Paul Piste die Konten weiterhin mit ihren jeweiligen Namen und nicht mit Ziffern ansprechen wird, so geschieht dies ausschließlich aus lernpädagogisch-didaktischen Gründen.

VI. Buchungen beim Warenverkehr ohne Umsatzsteuer

Aufgabe 22: Buchungen von Wareneinkäufen und Warenverkäufen mit einem Wareneinkaufskonto (= Bestandskonto) und einem Warenverkaufskonto (= Erfolgskonto)

Im Monat April 01 fanden im Sporteinzelhandel „Fit & Fun" folgende Warenhandelsgeschäfte statt:

1. An die Skischule Max Berg wurden wegen des bevorstehenden Saisonendes Waren im Gesamtwert von 21.750 DM geliefert. Es wurde ein Zahlungsziel von 30 Tagen vereinbart. Der Rechnungsbetrag setzte sich wie folgt zusammen:

20 Paar Ski zu je 500 DM	10.000 DM
20 Paar Skistöcke zu je 40 DM	800 DM
20 Paar Skibindungen zu je 120 DM	2.400 DM
21 Paar Skischuhe zu je 200 DM	4.200 DM
30 Alpina-Brillen zu je 35 DM	1.050 DM
10 Snowboards zu je 330 DM	3.300 DM
	21.750 DM

2. Infolge der stark herabgesetzten Preise wurden von diversen Kunden folgende Skiausrüstungsgegenstände gekauft und sofort bar bezahlt:

20 Paar Skisocken zu je 15 DM	300 DM
5 Paar Ski zu je 550 DM	2.750 DM
5 Paar Skistöcke zu je 45 DM	225 DM
5 Paar Skibindungen zu je 130 DM	650 DM
5 Paar Skischuhe zu je 300 DM	1.500 DM
2 Skioveralls zu je 250 DM	500 DM
3 Skijacken zu je 200 DM	600 DM
7 Paar Skihandschuhe zu je 30 DM	210 DM
1 Snowboard zu 385 DM	385 DM
	7.120 DM

3. Am 5.4.01 erhielt Paul Piste eine technisch komplett neu entwickelte Wilson Pro Staff Golfausrüstung mit Baron-Graphitschäften (Eisen 2-9, PW, SW) geliefert. Die Rechnung lautete über 3.150 DM. Es wurde ein Zahlungsziel von 30 Tagen vereinbart.
4. An den Tennis-Club „Blau Weiss" lieferte Paul Piste Tennisausrüstungen im Gesamtwert von 15.500 DM. Es wurde ein Zahlungsziel von 30 Tagen vereinbart.
5. Am 10.4.01 erwarb der Golf-Pro Toni Banger im Ladengeschäft eine komplette Ping Xing Spin Golfausrüstung (Eisen 1 bis 9, PW, SW, Driver, Holz 3, Putter) für 5.500 DM, die er auch sofort bar bezahlte.

6. Tennisausrüstungen wurden für insgesamt 8.500 DM an diverse Kunden bar verkauft. Golfausrüstungen wurden im April 01 für insgesamt 5.100 DM bar im Ladengeschäft verkauft.

7. Am 20.4.01 erhielt Paul Piste eine Lieferung über hochmodische Badeanzüge und Badehosen (Beinschnitt: 50er Jahre). Die Rechnung lautete über 2.100 DM. Es wurde ein Zahlungsziel von 60 Tagen vereinbart.

Lösung

Die Kernaufgabe des Sporteinzelhandels „Fit & Fun“ besteht in der Abwicklung von Warenhandelsgeschäften, die mit folgenden Tätigkeiten einhergehen:

– Einkauf von Handelswaren
– Lagerung und Preisauszeichnung von Handelswaren
– Verkauf von Handelswaren.

Im Mittelpunkt der Buchführung eines jeden Handelsbetriebes steht damit das *Warenkonto.* Im Zusammenhang mit den oben genannten Haupttätigkeiten müssen somit in der Buchführung Geschäftsvorfälle erfaßt werden, die sowohl die Warenbestände als auch den Erfolg der Unternehmung beeinflussen. Die hierzu erforderlichen Buchungen könnten dabei auf einem einzigen Konto, dem sogenannten gemischten Warenkonto, oder aber auf zwei getrennten Konten, dem Warenbestandskonto und dem Warenerfolgskonto, vorgenommen werden.

Das gemischte Warenkonto, auch einheitliches Warenkonto genannt, erfaßt auf der Sollseite zunächst den Anfangsbestand zum Einkaufspreis sowie alle Warenzugänge zu Einkaufspreisen. Auf der Habenseite erscheinen dann alle Warenabgänge zu Verkaufspreisen. Zwischen den Einkaufspreisen und den Verkaufspreisen liegt normalerweise eine Werterhöhung (= *Rohgewinnaufschlag*). Folglich entspricht der Saldo des gemischten Warenkontos am Periodenende weder der Höhe des Endbestandes noch dem Rohgewinn. Nur unter der Voraussetzung, daß am Ende der Periode alle Waren verkauft sind, das heißt, daß am Periodenende kein Endbestand mehr vorhanden ist, entspricht der Saldo des gemischten Warenkontos dem Rohgewinn.

In der betrieblichen Praxis wird aber in der Regel sowohl ein *Periodenroherfolg* als auch ein positiver Handelswarenlagerendbestand vorliegen. Würde man in diesem realistischen Fall weiterhin mit einem gemischten (einheitlichen, einzigen) Warenkonto arbeiten, so nähme dieses Konto gleichzeitig erfolgsneutrale und erfolgswirksame Wertbewegungen auf. Die besondere Problematik dieses gemischten Warenkontos bestünde dann darin, daß auf diesem Konto sowohl zu Einkaufspreisen (= *Einstandspreisen*) als auch zu Verkaufspreisen gebucht werden würde. Der Saldo dieses Kontos am Periodenende würde folglich einen Erfolgsteil (Rohgewinn oder Rohverlust) und den Warenendbestand beinhalten. Ein Abschluß dieses Kontos wäre nur nach inventurmäßiger Feststellung des Warenendbestandes möglich. Erst dann könnte der inventurmäßig festgestellte Warenendbestand in das Schlußbilanzkonto und der Rohgewinn oder der Rohverlust in das Gewinn- und Verlustkonto gebucht werden.

Die Nachteile des gemischten Warenkontos wird Paul Piste dadurch vermeiden, indem er dieses Konto in zwei Konten zerlegt:

- In ein Wareneinkaufskonto (WEK), auch Warenbestands- oder Wareneinsatzkonto genannt, das alle Buchungen zu Einkaufspreisen (= Einstandspreisen) erfaßt. Das Wareneinkaufskonto ist damit ein aktives Bestandskonto.
- In ein Warenverkaufskonto (WVK), auch Warenerfolgskonto genannt, das alle Buchungen zu Verkaufspreisen übernimmt. Das Warenverkaufskonto ist daher ein Erfolgskonto (Ertragskonto).

Das Wareneinkaufskonto ist ein aktives Bestandskonto. Es übernimmt auf der Sollseite zunächst den Anfangsbestand zu Beginn einer Periode und sodann alle Wareneinkäufe zu Einstandspreisen während einer Periode. Der sich nach Buchung aller Geschäftsvorfälle ergebende Saldo auf diesem Konto entspricht aber weder dem Endbestand noch der verkauften Ware zum Einstandspreis. Der Abschluß des Wareneinkaufskontos ist buchmäßig erst nach vorhergehender Inventur möglich. Ist der durch Inventur ermittelte Endbestand zu Einstandspreisen an das Schlußbilanzkonto abgegeben worden, so bleibt als Saldo auf dem Wareneinkaufskonto der Wareneinsatz zu Einstandspreisen übrig. Der Wareneinsatz zu Einstandspreisen stellt den Aufwand für die Waren dar, die während der Abrechnungsperiode verkauft wurden (= Erfolgsteil des Wareneinkaufskontos). Der Inhalt des Wareneinkaufskontos ist nachfolgender Abbildung noch einmal zu entnehmen:

S Wareneinkaufskonto (WEK)	H
Anfangsbestand zum Einstandspreis	Endbestand zum Einstandspreis laut Inventur
Wareneinkäufe zu Einstandspreisen	Saldo = Aufwand (Wareneinsatz zu Einstandspreisen)

Abb. 20: Inhalt des Wareneinkaufskontos

Das Warenverkaufskonto ist ein Ertragskonto. Es übernimmt auf der Habenseite alle Warenverkäufe zu Verkaufspreisen. Am Ende der Periode stellt der Saldo des Warenverkaufskontos den Verkaufserlös der veräußerten Waren dar:

S Warenverkaufskonto (WVK)	H
Saldo = Verkaufserlöse zu Verkaufspreisen	Warenverkäufe zu Verkaufspreisen

Abb. 21: Inhalt des Warenverkaufskontos

Paul Piste betreibt seinen Sporteinzelhandel mit verschiedenen Warengruppen (Ski, Tennis, Golf, Sonstige). Er wird daher für jede Warengruppe eigenständige Wareneinkaufs- und Warenverkaufskonten aus Gründen besserer Übersicht einrichten. Zu den Geschäftsvorfällen des Monats April 01 (alles Warenhandelsgeschäfte) bildet Paul Piste nunmehr folgende Buchungssätze:

1. Forderungen aus L.u.L	an	WVK Ski	21.750
2. Kasse	an	WVK Ski	7.120
3. Warengruppe Golf (WEK)	an	Verbindl. aus L.u.L.	3.150
4. Forderungen aus L.u.L.	an	WVK Tennis	15.500
5. Kasse	an	WVK Golf	5.500
6. Kasse 13.600	an	WVK Tennis	8.500
	an	WVK Golf	5.100
7. Warengruppe sonst. (WEK)	an	Verbindl. aus L.u.L.	2.100

Noch *ohne* Abschluß der Warenkonten ergibt sich hieraus dann das folgende Kontenbild:

S	Warengruppe Golf (WEK)			H
	EBK	**41.400**		
3)	Verbindl.	3.150		

S	Warengruppe sonst. (WEK)			H
	EBK	**850**		
7)	Verbindl.	2.100		

S	Forderungen aus L.u.L.			H
	EBK	**9.000**		
1)	WVK Ski	21.750		
4)	WVK Tennis	15.500		

S	Kasse			H
	EBK	**1.350**		
2)	WVK Ski	7.120		
5)	WVK Golf	5.500		
6)	WVK Tennis, WVK Golf	13.600		

S		Verbindlichkeiten aus L.u.L.		H
			EBK	**47.900**
		3)	Warengr. Golf	3.150
		7)	Warengr. sonst.	2.100

S	WVK Ski		H
		1) Forderung	21.750
		2) Kasse	7.120

S	WVK Tennis		H
		4) Forderung	15.500
		6) Kasse	8.500

S	WVK Golf		H
		5) Kasse	5.500
		6) Kasse	5.100

Aufgabe 23: Buchungen von Wareneinkäufen und Warenverkäufen mit zwei Erfolgskonten (Aufwendungen für Waren und Umsatzerlöse für Waren) und einem Bestandskonto (= Warenbestände)

Die in der Aufgabe 22 gebuchten Warenhandelsgeschäfte möchte Paul Piste nunmehr mit den zwei Erfolgskonten „Aufwendungen für Waren“ und „Umsatzerlöse für Waren“ und dem Bestandskonto „Warenbestände“ erfassen.

Lösung

Will Paul Piste die in der Aufgabe 22 gebuchten Warenhandelsgeschäfte nunmehr mit Hilfe von zwei Erfolgskonten und einem Bestandskonto erfassen, so wird er wie folgt vorgehen:

- Anfangs- und Endbestände von Waren werden auf dem aktiven Bestandskonto „Warenbestände“ zu Einstandspreisen gebucht. Diese Bestände werden durch Inventur ermittelt. Ist der Endbestand an Waren größer als der Anfangsbestand, so sind folglich mehr Waren eingekauft als verkauft worden. Es liegt dann ein sogenannter Mehrbestand vor. Wäre der Endbestand an Waren kleiner als der Anfangsbestand, so läge ein sogenannter Minderbestand vor.
- Wareneinkäufe von Handelswaren werden auf der Sollseite des Erfolgskontos „Aufwendungen für Waren“ (= Aufwandskonto) zu Einstandspreisen gebucht.
- Warenverkäufe von Handelswaren werden auf der Habenseite des Erfolgskontos „Umsatzerlöse für Waren“ (= Ertragskonto) gebucht.

Zu den Geschäftsvorfällen des Monats April 01 (siehe Aufgabe 22) bildet Paul Piste nunmehr folgende Buchungssätze:

1. Forderungen aus L.u.L.	an	Umsatzerlöse für Waren (Ski)	21.750
2. Kasse	an	Umsatzerlöse für Waren (Ski)	7.120
3. Aufwendungen für Waren (Golf)	an	Verbindl. aus L.u.L.	3.150
4. Forderungen aus L.u.L.	an	Umsatzerlöse für Waren (Tennis)	15.500
5. Kasse	an	Umsatzerlöse für Waren (Golf)	5.500
6. Kasse 13.600	an	Umsatzerlöse für Waren (Tennis)	8.500
	an	Umsatzerlöse für Waren (Golf)	5.100
7. Aufw. für Waren (sonst.)	an	Verbindl. aus L.u.L.	2.100

Hieraus ergibt sich dann das folgende Kontenbild (ohne Kontenabschluß über Schlußbilanzkonto und Gewinn- und Verlustkonto):

Bestandskonten

S — Forderungen aus L.u.L. — H

S		H	
EBK	**9.000**		
1) Ums. Erlöse Ski	21.750		
4) Ums. Erlöse Tennis	15.500		

S — Kasse — H

S		H	
EBK	**1.350**		
2) Ums. Erlöse Ski	7.120		
5) Ums. Erlöse Golf	5.500		
6) Ums. Erlöse Tennis, Ums. Erlöse Golf	13.600		

S — Verbindlichkeiten aus L.u.L. — H

S		H	
		EBK	**47.900**
		3) Aufw. Golf	3.150
		7) Aufw. sonst.	2.100

Erfolgskonten

S — Aufwendungen für Waren (Golf) — H

S		H	
3) Verbindl.	3.150		

S — Aufwendungen für Waren (sonst.) — H

S		H	
7) Verbindl.	2.100		

S — Umsatzerlöse für Waren (Ski) — H

S		H	
		1) Forderung	21.750
		2) Kasse	7.120

S — Umsatzerlöse für Waren (Tennis) — H

S		H	
		4) Forderung	15.500
		6) Kasse	8.500

S	Umsatzerlöse für Waren (Golf)		H
		5) Kasse	5.500
		6) Kasse	5.100

Aufgabe 24: Buchungen von Nebenkosten (Frachten, Rollgelder, Speditionsgebühren) im Warenverkehr

Im Monat April 01 fanden im Sporteinzelhandel „Fit & Fun“ weitere Geschäftsvorfälle statt, die Paul Piste nunmehr buchen möchte:

8. Für die am 5.4.01 gelieferte Wilson Pro Staff Golfausrüstung mit Baron-Graphitschäften (siehe Aufgabe 22, Geschäftsvorfall Nr. 3) erhielt Paul Piste am 6.4.01 eine Rechnung der Spedition „Quick & Kompetent“ über 150 DM Transportkosten.

9. Am 3.4.01 erhielt Paul Piste eine Lieferung von Tennisschlägern und Tennisnetzen, die er bisher noch nicht gebucht hatte. Der Rechnungsbetrag setzte sich wie folgt zusammen:

10 Tennisschläger zu je 150 DM	1.500 DM
5 Tennisnetze zu je 200 DM	1.000 DM
Transport	100 DM
	2.600 DM

Zahlungsziel: 3% Skonto bei Zahlung innerhalb von 10 Tagen; 30 Tage netto.

10. Am 5.4.01 erhielt Paul Piste eine weitere Lieferung Golfschläger, die er ebenfalls bisher noch nicht gebucht hatte. Der Rechnungsbetrag setzte sich wie folgt zusammen:

10 Golfschläger Ping Xing Spin zu je 500 DM	5.000 DM
6 Golfschläger Wilson-Driver zu je 1.000 DM	6.000 DM
Transport	300 DM
Transportversicherung	200 DM
Verpackung	300 DM
	11.800 DM

Lösung

Beim Einkauf von Handelswaren fallen neben dem Kaufpreis sehr häufig auch noch weitere Aufwendungen wie beispielsweise Frachten, Rollgelder, Verpackungskosten, Speditionsgebühren, Transportversicherungen, Einfuhrzölle oder Vermittlungsprovisionen an. Da diese Aufwendungen im unmittelbaren Zusammenhang mit dem Einkauf von Handelswaren stehen, werden diese als Bezugskosten (= Bezugsaufwand, Beschaffungsaufwand, Anschaffungsnebenkosten) bezeichnet. Der *Anschaffungspreis* und die Anschaffungsnebenkosten bilden zusammen die Anschaffungskosten der Handelswaren: „Anschaffungskosten sind die Aufwendungen, die geleistet werden, um einen Vermögensgegenstand zu erwerben und ihn in einen betriebsbereiten Zustand zu versetzen, soweit sie dem Vermögensgegenstand einzeln zugeordnet werden können. Zu den Anschaffungskosten gehören auch die Nebenkosten…"; § 255 Abs. 1 Sätze 1 und 2 HGB.

Demzufolge könnte man die beim Wareneinkauf anfallenden Bezugskosten (= Nebenkosten) unmittelbar auf dem Wareneinkaufskonto buchen. Dann allerdings würde ihre Höhe aus dem Jahresabschluß nicht hervorgehen. Auch aus Gründen der Kalkulation werden in der betrieblichen Praxis für diese Bezugskosten eigenständige Aufwandskonten eingerichtet (z.B. Bezugskosten Warengruppe Tennis oder Bezugskosten Warengruppe Golf).

Der Abschluß der für die Bezugskosten eingerichteten Konten wird in der Praxis nicht einheitlich gehandhabt. Wegen ihres engen wirtschaftlichen Zusammenhanges zum Einkauf der Handelswaren schließen zahlreiche Betriebe die Konten mit den Wareneinkaufskonten ab. Die Konten „Bezugskosten" sind dann nichts anderes als Unterkonten der Wareneinkaufskonten. Andere Betriebe schließen die Konten „Bezugskosten" mit dem Gewinn- und Verlustkonto ab. Dazu später mehr.

Zu den weiteren Geschäftsvorfällen des Monats April 01 bildet Paul Piste nunmehr folgende Buchungssätze:

8.	Bezugskosten Warengruppe Golf		an	Verbindlichk. aus L. u. L.	150
9.	Warengruppe Tennis (WEK)	2.500			
	Bezugskosten Warengr.Tennis	100	an	Verbindlichk. aus L.u.L.	2.600
10.	Warengruppe Golf (WEK)	11.000			
	Bezugskosten Warengr. Golf	800	an	Verbindlichk. aus L.u.L.	11.800

Das Kontenbild (ohne Abschluß der Konten „Bezugskosten") sieht dann wie folgt aus:

S — Warengruppe Tennis (WEK) — H

	EBK	**20.450**	
9)	Verbindlichk.	2.500	

S — Bezugskosten Warengruppe Tennis — H

9)	Verbindlichk.	100	

S — Warengruppe Golf (WEK) — H

	EBK	**41.400**	
3)	Verbindlichk.	3.150	
10)	Verbindlichk.	11.000	

S — Bezugskosten Warengruppe Golf — H

8)	Verbindlichk.	150	
10)	Verbindlichk.	800	

S	Verbindlichkeiten aus L.u.L.		H
		EBK	**47.900**
		3) Warengruppe Golf	3.150
		7) Warengruppe sonst.	2.100
		8) Bezugskosten Warengruppe Golf	150
		9) Warengruppe Tennis, Bezugskosten Warengruppe Tennis	2.600
		10) Warengruppe Golf, Bezugskosten Warengruppe Golf	11.800

Aufgabe 25: Buchungen von Preisminderungen (Rabatte, Boni, Skonti) im Warenverkehr

Im Monat April 01 fanden im Sporteinzelhandel „Fit & Fun" weitere Geschäftsvorfälle statt, die Paul Piste nunmehr ebenfalls buchen möchte:

11. An den Tennis-Club „Blau Weiss" lieferte Paul Piste am 7.4.01 Tennisausrüstungen im Gesamtwert von 5.000 DM. Wegen der positiven geschäftlichen Entwicklung zum Tennis-Club „Blau Weiss" gewährte Paul Piste 10% Sofortrabatt auf den Rechnungsbetrag.
    Zahlungsziel: 2% Skonto bei Zahlung innerhalb von 14 Tagen; 30 Tage netto.

12. Am 13.4.01 überwies Paul Piste vom Konto 123456-100 bei der Postbank 2.522 DM zum Ausgleich der am 3.4.01 erhaltenen Waren (siehe Aufgabe 24, Geschäftsvorfall Nr. 9).

13. Am 15.4.01 überwies Paul Piste vom Konto 123456-100 bei der Postbank 1.000 DM Umsatzvergütung (= Bonus) an die Skischule Max Berg für die im l. Quartal 01 gekauften Handelswaren.

14. Am 17.4.01 wurden vom Tennis-Glub „Blau Weiss" 4.410 DM auf das Konto 123456-100 bei der Postbank zum Ausgleich der Rechnung vom 7.4.01 überwiesen (siehe Geschäftsvorfall Nr. 11).

15. Am 18.4.01 erhielt Paul Piste von der Sporthof GmbH eine Umsatzvergütung (= Bonus) in Höhe von 500 DM auf das Konto 654321-900 bei der Sparkasse für die im l. Quartal 01 eingekauften Golfausrüstungen.

16. Am 20.4.01 erhielt Paul Piste von der Bürobedarfs-GmbH einen neuen Panzerschrank geliefert. Der Rechnungsbetrag setzte sich wie folgt zusammen:

Panzerschrank	2.500 DM
./. 10% Rabatt	250 DM
	2.250 DM

Zahlungsziel: 2% Skonto bei Zahlung innerhalb von 14 Tagen; 30 Tage netto.

17. Wegen der guten Geschäftsbeziehung überwies Paul Piste schon am 29.4.01 an die Bürobedarfs-GmbH 2.205 DM vom Konto 654321-900 bei der Sparkasse (siehe Geschäftsvorfall Nr. 16).

Lösung

Im Warenverkehr werden seitens der Vorlieferanten an den Unternehmer oder seitens des Unternehmers an seine Kunden aus verschiedensten Gründen Preisminderungen (= Preisnachlässe, Preisabzüge) gewährt. Man unterscheidet in diesem Zusammenhang Rabatte, Boni und Skonti.

Rabatte sind Preisnachlässe, die sofort gewährt und beim Ausstellen der Rechnung preismindernd berücksichtigt werden:

	Listenpreis	800 DM
./.	10 % Rabatt	80 DM
=	Nettowarenwert	720 DM

Rabatte werden in der betrieblichen Praxis aus den unterschiedlichsten Gründen gewährt. Man unterscheidet beispielsweise Mengenrabatte, Treuerabatte, Wiederverkäuferrabatte, Personalrabatte oder Sonderrabatte.

Rabatte werden in absoluten Beträgen oder in Prozentsätzen vom mengen- oder wertmäßigen Umsatz, gestaffelt oder ungestaffelt, ausgedrückt. Sie stellen eine *Minderung* der in den Rechnungen ausgewiesenen Listenpreise dar und werden in der doppelten Buchführung nicht extra auf besonderen Konten gebucht. Der Käufer bucht als Wareneinkauf demzufolge die um die Rabatte geminderten Beträge. Beim Verkäufer erscheinen die gleichen Beträge als Erlöskomponente.

Boni sind dagegen nachträglich, oft erst am Ende eines Geschäftsjahres, gewährte oder erhaltene Preisnachlässe (= Kundenboni oder Lieferantenboni). Sie werden in der Regel als Umsatz- oder Treueboni gewährt. Grundlage ihrer Ermittlung ist dabei der mit dem einzelnen Kunden oder Lieferanten getätigte Gesamtumsatz in der betrachteten Periode (= Umsatzboni) und/oder die Intensität der bestehenden geschäftlichen Verbindung (= Treueboni). Im Gegensatz zu den Sofortrabatten müssen Boni in der doppelten Buchführung auf besonderen Konten gebucht werden.

Bei einer Bonusgewährung seitens eines Lieferanten (= Lieferantenbonus) wird eine Minderung der Einstandspreise der Waren bewirkt. Deshalb erfolgt die Buchung auf dem Wareneinkaufskonto:

Verbindlichkeiten aus L.u.L.
oder
Kontokorrentkonto an Wareneinkaufskonto.

Wird dagegen der Bonus seitens des Unternehmers an einen Kunden gewährt (= Kundenbonus), so bewirkt dies eine entsprechende Verminderung der Umsatzerlöse (= Erlösschmälerung):

Warenverkaufskonto	an	Forderungen aus L.u.L.
oder		Kontokorrentkonto.

Werden dagegen Boni auf Umsätze vorangegangener Geschäftsjahre gewährt, so können in der Regel keine Buchungen mehr auf den bereits abgeschlossenen Warenkonten erfolgen. In diesem Fall werden Lieferantenboni als periodenfremde Erträge, Kundenboni als periodenfremde Aufwendungen im neuen Geschäftsjahr gebucht.

Skonti stellen eine eigenständige Erfolgskategorie dar. Ein Skonto ist eine prozentuale Minderung des Rechnungsbetrages, die der Verkäufer oder Käufer von Handelswaren dann abziehen darf, wenn der verbleibende Restbetrag innerhalb einer festgelegten Zahlungsfrist ab Rechnungsstellung bezahlt wird. Mit der Gewährung eines Skontos wird somit dem Verkäufer oder dem Käufer von Handelswaren ein Anreiz gegeben, die Rechnung innerhalb der festgelegten Zahlungsfrist zu begleichen.

Ist beispielsweise in einer Branche die Gewährung eines Zahlungsziels von 30 Tagen und ein Skontoabzug von 3% bei Barzahlung üblich, so entspricht dies einer jährlichen Verzinsung von 36%:

$$p = \frac{S}{Z - s} \times 360$$

Hierbei bedeuten:
S = Skontosatz
Z = Zahlungsziel
s = Zahlungsfrist

$$p = \frac{3}{30 - 0} \times 360$$

$$p = \underline{\underline{36\ \%}}$$

Tatsächlich ist diese Verzinsung aber weit höher, wenn man berücksichtigt, daß in der betrieblichen Praxis oft Zahlungsfristen bis zu 10 Tagen eingeräumt werden. Der Jahreszins beträgt dann nicht 36% sondern 54 %:

$$p = \frac{3}{30 - 10} \times 360$$

$$p = \underline{\underline{54\ \%}}$$

Skonti werden, je nach Adressat der Rechnung, in Lieferantenskonti und Kundenskonti unterschieden. Ein Lieferantenskonto ist der Skonto, der dem Unternehmer seitens seines Vorlieferanten gewährt wird. Er stellt für das Unternehmen einen Ertrag dar und ist folglich auf dem Erfolgskonto „Skontoerträge" zu buchen. Im Fall einer bereits gebuchten Eingangsrechnung wird die Zahlung unter Abzug von Skonto dann wie folgt gebucht:

Verbindlichkeiten aus L.u.L.	an	Kontokorrentkonto
	an	Skontoerträge

An dieser Stelle sei bereits darauf hingewiesen, daß beim *Kauf von Vermögensgegenständen des Anlagevermögens* gewährte Skonti nicht als Skontoerträge gebucht werden dürfen, sondern auf der Habenseite des jeweiligen aktiven Bestandskontos als Minderung der Anschaffungskosten auszuweisen sind. Im Fall einer bereits gebuchten Eingangsrechnung wird die Zahlung unter Abzug von Skonto dann wie folgt gebucht:

Verbindlichkeiten aus L.u.L	an	Kontokorrentkonto
	an	aktives Bestandskonto (Anlagevermögen).

Ein Kundenskonto ist der Skonto, den der Unternehmer an einen Kunden gewährt. Er stellt für den Skonto gewährenden Unternehmer Aufwand dar und ist demzufolge auf dem Erfolgskonto „Skontoaufwand" zu buchen. Beim Zahlungseingang eines Rechnungsbetrages unter Abzug von Skonto wird dann wie folgt gebucht:

Kontokorrentkonto		
Skontoaufwand	an	Forderungen aus L.u.L.

Zu den weiteren Geschäftsvorfällen des Monats April 01 bildet Paul Piste nunmehr folgende Buchungssätze:

11. Forderungen aus L.u.L.		an	WVK Tennis	4.500
12. Verbindlichk. aus L.u.L.	2.600	an	Postbank	2.522
		an	Skontoerträge	78
13. WVK Ski		an	Postbank	1.000
14. Postbank	4.410			
Skontoaufwand	90	an	Forderungen aus L.u.L.	4.500
15. Sparkasse		an	Warengruppe Golf (WEK)	500
16. BGA		an	Verbindlichk. aus L.u.L.	2.250
17. Verbindlichk. aus L.u. L.	2.250	an	Sparkasse	2.205
		an	BGA	45

Das Kontenbild sieht dann wie folgt aus:

Bestandskonten

S	BGA		H
EBK	**16.650**	17) Verbindl.	45
16) Verbindl.	2.250		

S		Warengruppe Tennis (WEK)			H
	EBK	**20.450**			
9)	Verbindl.	2.500			

S		Warengruppe Golf (WEK)			H
	EBK	**41.400**	15)	Sparkasse	500
3)	Verbindl.	3.150			
10)	Verbindl.	11.000			

S		Forderungen aus L.u.L.			H
	EBK	**9.000**	14)	Postbank, Skontoaufw.	4.500
1)	WVK Ski	21.750			
4)	WVK Tennis	15.500			
11)	WVK Tennis	4.500			

S		Postbank			H
	EBK	**4.100**	12)	Verbindl.	2.522
14)	Forderung	4.410	13)	WVK Ski	1.000

S		Sparkasse			H
	EBK	**2.200**	17)	Verbindl.	2.205
15)	Warengr. Golf	500			

S		Kasse			H
	EBK	**1.350**			
2)	WVK Ski	7.120			
5)	WVK Golf	5.500			
6)	WVK Tennis, WVK Golf	13.600			

S		Verbindlichkeiten aus L.u.L.			H
12)	Postbank, Skontoertr.	2.600		**EBK**	**47.900**
17)	Sparkasse, BGA	2.250	3)	Warengr. Golf	3.150
			7)	Warengr. sonst.	2.100
			8)	Bezugsk. Golf	150
			9)	Warengr. Tennis, Bezugsk. Tennis	2.600
			10)	Warengr. Golf, Bezugsk. Golf	11.800
			16)	BGA	2.250

Erfolgskonten

S		WVK Ski			H
13)	Postbank	1.000	1)	Forderung	21.750
			2)	Kasse	7.120

S	WVK Tennis		H
		4) Forderung	15.500
		6) Kasse	8.500
		11) Forderung	4.500

S	WVK Golf		H
		5) Kasse	5.500
		6) Kasse	5.100

S	Skontoerträge		H
		12) Verbindl.	78

S	Bezugskosten Warengr. Tennis		H
9) Verbindl.	100		

S	Bezugskosten Warengr. Golf		H
8) Verbindl.	150		
10) Verbindl.	800		

S	Skontoaufwand		H
14) Forderung	90		

Aufgabe 26: Buchungen von Rücksendungen im Warenverkehr

Im Monat April 01 fanden im Sporteinzelhandel „Fit & Fun“ weitere Geschäftsvorfälle statt, die Paul Piste nunmehr buchen möchte:

18. Am 19.4.01 lieferte Paul Piste an den Sportverein „Top Fit“ Handelswaren, die er wie folgt in Rechnung stellte:

15 Basketball-Bälle zu je 30 DM	450 DM
10 Volleyball-Bälle zu je 35 DM	350 DM
	800 DM

Es wurde ein Zahlungsziel von 30 Tagen vereinbart.

19. Aufgrund festgestellter Mängel an einem Teil der am 5.4.01 gelieferten Golfschläger (siehe Aufgabe 24, Geschäftsvorfall Nr. 10) schickte Paul Piste folgende Golfschläger an den Vorlieferanten zurück:

1 Golfschläger Ping Xing Spin zu	500 DM
1 Golfschläger Wilson-Driver zu	1.000 DM
	1.500 DM

20. Am 21.4.01 erhielt Paul Piste vom Sportverein „Top Fit“ 5 mangelhafte Basketball-Bälle zurück (siehe Geschäftsvorfall Nr. 18). Es wurde vereinbart, diese Rücksendung mit den noch offenen Forderungen aus Lieferungen und Leistungen zu verrechnen.

Lösung

Beim Ein- und Verkauf von Handelswaren kommt es ständig vor, daß Handelswaren aus den verschiedensten Gründen zurückgeschickt bzw. zurückgegeben werden. Man unterscheidet in diesem Zusammenhang:

– Rücksendungen an Lieferanten (= Lieferantenretoure)

und

– Rücksendungen von Kunden (= Kundenretoure)

Im Fall einer Rücksendung an den Lieferanten (= Lieferantenretoure), beispielsweise wegen einer Falschlieferung oder einer Lieferung mangelhafter Handelswaren, vermindern sich die Anschaffungskosten der bezogenen Waren sowie die Verbindlichkeiten aus Lieferungen und Leistungen gegenüber diesem Lieferanten. Der entsprechende Buchungssatz zu Einstandspreisen lautet dann:

Verbindlichkeiten aus L.u.L. an Wareneinkaufskonto

Sendet oder bringt ein Kunde bereits erhaltene Handelswaren zurück (= Kundenretoure), so ist dies für den Lieferanten kein Einkauf, sondern eine Korrektur der Warenverkäufe. Demzufolge muß eine Buchung auf der Sollseite des Warenverkaufskontos zu Verkaufspreisen erfolgen. Die Gegenbuchung ist auf dem Konto „Forderungen aus Lieferungen und Leistungen“ vorzunehmen. Der entsprechende Buchungssatz zu Verkaufspreisen lautet dann:

Warenverkaufskonto an Forderungen aus L.u.L.

Hätte der Kunde den Rechnungsbetrag bereits überwiesen, so würde der entsprechende Buchungssatz dann lauten:

Warenverkaufskonto an Kontokorrentkonto

Bei einer Kaufpreiserstattung aus der Tageskasse hieße der Buchungssatz dann:

Warenverkaufskonto an Kasse

Würde der Kunde dagegen nur die bereits erhaltene Ware gegen eine andere Ware zum gleichen Verkaufspreis umtauschen, so ergäbe sich keine Änderung auf dem Warenverkaufskonto. Eine Buchung wäre dann nicht erforderlich.

Zu den weiteren Geschäftsvorfällen des Monats April 01 bildet Paul Piste nunmehr folgende Buchungssätze:

18. Forderungen aus L.u.L.	an	WVK Warengruppe sonst.	800
19. Verbindlichkeiten aus L.u.L.	an	Warengruppe Golf (WEK)	1.500
20. WVK Warengruppe sonst.	an	Forderungen aus L.u.L.	150

Das entsprechende Kontenbild sieht dann wie folgt aus:

Bestandskonten

S — Warengruppe Golf (WEK) — H

S		H	
EBK	**41.400**	15) Sparkasse	500
3) Verbindl.	3.150	19) Verbindl.	1.500
10) Verbindl.	11.000		

S — Forderungen aus L.u.L. — H

S		H	
EBK	**9.000**	14) Postbank, Skontoaufw.	4.500
1) WVK Ski	21.750	20) WVK sonst.	150
4) WVK Tennis	15.500		
11) WVK Tennis	4.500		
18) WVK sonst.	800		

S — Verbindlichkeiten aus L.u.L. — H

S		H	
12) Postbank, Skontoertr.	2.600	**EBK**	**47.900**
17) Sparkasse, BGA	2.250	3) Warengr. Golf	3.150
19) Warengr. Golf	1.500	7) Warengr. sonst.	2.100
		8) Bezugsk. Golf	150
		9) Warengr. Tennis Bezugsk. Tennis	2.600
		10) Warengr. Golf, Bezugsk. Golf	11.800
		16) BGA	2.250

Erfolgskonto

S — WVK Sonstige — H

S		H	
20) Forderung	150	18) Forderung	800

Aufgabe 27: Buchungen von innerbetrieblichem Warenverbrauch

Im Monat April 01 stellte Paul Piste Überlegungen dahingehend an, wie er den Absatz und die Umschlagsgeschwindigkeit seiner Handelswaren zukünftig weiter erhöhen könnte. In diesem Zusammenhang ereigneten sich folgende zwei Geschäftsvorfälle, die Paul Piste nunmehr ebenfalls buchen möchte:

21. In einem Nebenraum stellte Paul Piste ein Golfnetz auf. Dieses Golfnetz hat für die potentiellen Golfkunden den großen Vorteil, verschiedene Golfschläger aber auch Golfbälle (2-Piece, 3-Piece, Wound, Balata etc.) testen zu können. Zu diesem Zweck entnahm Paul Piste aus dem Lager 50 Golfbälle (Einstandspreis 3 DM je Golfball).

22. Um den potentiellen Tennisschläger-Kunden die „Qual der Wahl“ etwas zu erleichtern, entnahm Paul Piste aus dem Lager zum jeweiligen Einstandspreis folgende vier Tennisschläger, die künftig als Probeschläger potentiellen Kunden unentgeltlich für einen Tag zur Verfügung gestellt werden sollen:

2 Tennisschläger Wilson zu je	150 DM
2 Tennisschläger Oliver zu je	120 DM

Lösung

In der betrieblichen Praxis kommt es ständig vor, daß Handelswaren für innerbetriebliche Zwecke dem Warenlager entnommen werden. Derartige innerbetriebliche Geschäftsvorfälle müssen im System der doppelten Buchführung buchungstechnisch erfaßt werden, weil ohne entsprechende Buchungen sowohl das *Wareneinkaufskonto* (WEK) einen falschen Bestand ausweisen würde als auch der *Wareneinsatz* am Ende der Geschäftsperiode falsch berechnet werden würde. Der innerbetriebliche Warenverbrauch stellt ebenso wie der Verbrauch von Büromaterialien oder der Verbrauch von Putzmitteln zum Zweck der Reinigung der Geschäftsräume einen Aufwand dar. Der entsprechende Buchungssatz zu Einstandspreisen, unter Angabe des jeweiligen Verwendungszwecks, lautet dann:

Aufwandskonto (Zweckangabe) an Wareneinkaufskonto

Zu den weiteren Geschäftsvorfällen des Monats April 01 bildet Paul Piste nunmehr folgende Buchungssätze:

21. Werbeaufwand	an	Warengruppe Golf (WEK)	150
22. Werbeaufwand	an	Warengruppe Tennis (WEK)	540

Das entsprechende Kontenbild sieht dann wie folgt aus:

S	Warengruppe Tennis (WEK)		H
EBK	**20.450**	22) Werbeaufwand	540
9) Verbindl.	2.500		

S	Warengruppe Golf (WEK)		H
EBK	**41.400**	15) Sparkasse	500
3) Verbindl.	3.150	19) Verbindl.	1.500
10) Verbindl.	11.000	21) Werbeaufwand	150

S	Werbeaufwand		H
21) Warengr. Golf	150		
22) Warengr. Tennis	540		

Aufgabe 28: Buchungen von privaten Warenentnahmen

Im Monat April 01 entnahm Paul Piste seinem Warenlager folgende Handelswaren für private Zwecke:

23.	2 Tennisschläger Wilson zu je 150 DM	300 DM
	2 Tennisschlägertaschen zu je 20 DM	40 DM
	10 Tennisbälle Power Out zu je 3 DM	30 DM
	1 Damen-Tennisanzug zu	200 DM
	1 Herren-Tennisanzug zu	150 DM
	2 Stirnbänder zu je 5 DM	10 DM
	2 Paar Socken, weiß, zu je 10 DM	20 DM
		750 DM

Diese privat veranlaßten Warenentnahmen möchte Paul Piste nunmehr ebenfalls in seiner doppelten Buchführung richtig erfassen.

Lösung

Es kommt in der betrieblichen Praxis ständig vor, daß Eigentümer Handelswaren ihrer Unternehmung für private Zwecke entnehmen. Derartige Geschäftsvorfälle stellen eine besondere Variante des Warenverkaufs dar. Man spricht in diesem Zusammenhang von Warenentnahmen (= Eigenverbrauch).

Die Warenentnahmen für private Zwecke werden nicht einheitlich gebucht. Sie werden auf dem *Wareneinkaufskonto (WEK)* oder auf dem *Warenverkaufskonto (WVK)* oder auf einem speziellen Konto „Warenentnahmen" gebucht. Warenentnahmen für private Zwecke führen stets zu einer *Bilanzverkürzung,* da sich sowohl der Bestand eines aktiven Bestandskontos als auch das Eigenkapital vermindert. Da die doppelte Buchführung das richtige wirtschaftliche Periodenergebnis liefern soll, muß folglich dem Wareneinsatz, der durch die private Warenentnahme entsteht, der entsprechende Erlös gegenüberstehen. Demzufolge könnte man die private Warenentnahme als Verkaufsvorgang interpretieren und auf dem Warenverkaufskonto (WVK) buchen.

Da die für private Zwecke entnommenen Handelswaren jedoch zu *Einstandspreisen* bewertet werden und somit einen erfolgsneutralen Verkaufsvorgang bewirken, werden diese Geschäftsvorfälle getrennt von den üblichen Warenverkäufen erfaßt. Sie werden auf dem speziellen Ertragskonto „Eigenverbrauch" zu Einstandspreisen gegengebucht. Der Buchungssatz zur Erfassung derartiger Geschäftsvorfälle lautet dann:

Privatentnahmen an Eigenverbrauch

Das Konto „Eigenverbrauch" stellt somit ein spezielles Ertragskonto dar. Es wird ebenso wie das Warenverkaufskonto (WVK) über das Gewinn- und Verlustkonto abgeschlossen.

Zum Geschäftsvorfall Nr. 23 bildet Paul Piste nunmehr folgenden Buchungssatz (zu Einstandspreisen):

23. Privatentnahmen an Eigenverbrauch 750

Das Kontenbild sieht dann wie folgt aus:

S	Privatentnahmen		H
23) Eigenverbrauch	750		

S	Eigenverbrauch		H
		23) Privatentnahmen	750

Aufgabe 29: Vorbereitende Abschlußbuchungen im Warenverkehr

Paul Piste beabsichtigt, zum 30.4.01 eine Zwischenbilanz (= Schlußbilanz zum 30.4.01) des Sporteinzelhandels „Fit & Fun" zu erstellen. Zuvor möchte er das im Monat April 01 verwendete Unterkonto „Privatentnahmen" über das Konto „Eigenkapital" abschließen.

Lösung

Wie bereits in der Aufgabe 18 gezeigt, werden die Konten „Privatentnahmen" und „Privateinlagen" über das Konto „Eigenkapital" abgeschlossen. Man bezeichnet derartige Buchungen als vorbereitende Abschlußbuchungen. Paul Piste wird demzufolge nur noch den folgenden Buchungssatz bilden:

Eigenkapital an Privatentnahmen 750

Das Kontenbild (ohne Abschluß Eigenkapital) sieht dann wie folgt aus:

S	Privatentnahmen		H
23) Eigenverbrauch	750	Eigenkapital	750
	750		750

S	Eigenkapital		H
Privatentnahmen	750	**EBK**	**350.850**

Aufgabe 30: Abschluß der getrennten Warenkonten (Wareneinkaufskonto und Warenverkaufskonto) nach der Brutto- und nach der Nettomethode

Nach Vornahme der vorbereitenden Abschlußbuchungen (siehe Aufgabe 29) möchte Paul Piste nunmehr alle Konten abschließen und zum 30.4.01 eine Zwischenbilanz (= Schlußbilanz zum 30.4.01) des Sporteinzelhandels „Fit & Fun" erstellen. Zu diesem Zweck stellt er fest, daß folgende Warenbestände zum 30.4.01 am Lager noch vorhanden sind:

Warengruppe Ski	98.000 DM
Warengruppe Tennis	5.500 DM
Warengruppe Golf	46.000 DM
Warengruppe sonstige	2.600 DM

Lösung

Für den Abschluß der getrennten Warenkonten stehen grundsätzlich zwei Methoden zur Verfügung:

– Bruttoabschluß (= Bruttomethode)
– Nettoabschluß (= Nettomethode)

Beim Bruttoabschluß werden das Wareneinkaufskonto (WEK) und das Warenverkaufskonto (WVK) nicht miteinander abgeschlossen, sondern beide Konten werden getrennt über das Gewinn- und Verlustkonto abgeschlossen. Der Buchungssatz für das Warenverkaufskonto lautet dann:

Warenverkaufskonto an Gewinn- und Verlustkonto

Um das Wareneinkaufskonto abschließen zu können, muß zunächst der Endbestand an Handelswaren durch körperliche Bestandsaufnahme ermittelt werden. Dieser ist sodann auf der Habenseite des Wareneinkaufskontos zu Einstandspreisen wie folgt zu buchen:

Schlußbilanzkonto an Wareneinkaufskonto

Danach kann der Wareneinsatz, also die zu Einstandspreisen bewerteten Verkäufe der betrachteten Periode (= Aufwendungen für die verkauften Handelswaren) wie folgt ermittelt werden:

	Anfangsbestand zu Einstandspreisen
+	Zugänge (= Einkäufe) zu Einstandspreisen
./.	Rücksendungen zu Einstandspreisen
./.	Lieferantenboni
./.	Endbestand zu Einstandspreisen
=	Saldo (= Wareneinsatz zu Einstandspreisen)

Der Saldo des Wareneinkaufskontos wird dann mit folgender Buchung über das Gewinn- und Verlustkonto abgeschlossen:

Gewinn- und Verlustkonto an Wareneinkaufskonto

Der Bruttoabschluß zeigt deutlich, wie in der betrachteten Periode der Rohgewinn zustande kam:

S	Gewinn- und Verlustkonto H
Wareneinsätze zu Einstandspreisen (= Saldo WEK)	Warenverkäufe zu Verkaufspreisen (= Saldo WVK)
Rohgewinn	

Beim Nettoabschluß werden dagegen die beiden Warenkonten miteinander abgeschlossen. Nach Feststellung des Endbestandes an Handelswaren durch körperliche Bestandsaufnahme und Abschluß des Endbestandes über das Schlußbilanzkonto wird der Saldo des Wareneinkaufskontos, der dem Wareneinsatz zu Einstandspreisen entspricht, auf der Sollseite des Warenverkaufskontos mit folgender Buchung gegengebucht:

Warenverkaufskonto an Wareneinkaufskonto

Auf dem Warenverkaufskonto stehen sich sodann die Warenverkäufe zu Verkaufspreisen und die Wareneinsätze zu Einstandspreisen gegenüber. Der Saldo des Warenverkaufskontos ergibt bereits den Rohgewinn, der nur noch mit folgender Buchung über das Gewinn- und Verlustkonto abgeschlossen wird:

Warenverkaufskonto an Gewinn- und Verlustkonto

Festzuhalten bleibt, daß der *Bruttoabschluß* klarer ist. Er zeigt im Gewinn- und Verlustkonto das Zustandekommen des Rohgewinns auf, da nicht nur der Rohgewinn wie beim Nettoabschluß ausgewiesen wird, sondern auf der Sollseite die Wareneinsätze zu Einstandspreisen (= Aufwand) und auf der Habenseite die Warenverkäufe zu Verkaufspreisen (= Ertrag) dokumentiert werden.

Wählt Paul Piste nunmehr den klareren *Bruttoabschluß,* so müßte er zunächst folgende Abschlußbuchungssätze bilden:

Abschluß der Erfolgskonten:

WVK Warengruppe Ski	an	GuV	27.870
WVK Warengruppe Tennis	an	GuV	28.500
WVK Warengruppe Golf	an	GuV	10.600
WVK Warengruppe sonst.	an	GuV	650
Eigenverbrauch	an	GuV	750
Skontoerträge	an	GuV	78

GuV	an	Warengruppe Ski (WEK)	20.750
GuV	an	Warengruppe Tennis (WEK)	16.910
GuV	an	Warengruppe Golf (WEK)	7.400
GuV	an	Warengruppe sonst. (WEK)	350
GuV	an	Bezugskosten Warengr. Tennis	100
GuV	an	Bezugskosten Warengr. Golf	950
GuV	an	Skontoaufwendungen	90
GuV	an	Werbeaufwand	690

Buchung des Gewinns:

GuV	an	Eigenkapital	21.208

Abschluß der Bestandskonten:

SBK	an	Unbebaute Grundstücke	100.000
SBK	an	Bebaute Grundstücke	250.000
SBK	an	TA und Maschinen	44.000
SBK	an	Fuhrpark	30.000
SBK	an	BGA	18.855
SBK	an	Gel. Anzahl. auf Sachanlagen	15.000
SBK	an	Warengruppe Ski	98.000
SBK	an	Warengruppe Tennis	5.500
SBK	an	Warengruppe Golf	46.000
SBK	an	Warengruppe sonst.	2.600
SBK	an	Forderungen.aus L.u.L.	46.900
SBK	an	Postbank	4.988
SBK	an	Sparkasse	495
SBK	an	Kasse	27.570
Eigenkapital	an	SBK	371.308
Hypothek Bayer. Hypobank	an	SBK	70.000
Darlehn Dresdner Bank	an	SBK	185.000
Verbindlichk. aus L.u.L.	an	SBK	63.600

Das Bild der Bestands- und Erfolgskonten sieht dann wie folgt aus:

Bestandskonten

S	BGA		H
EBK	**16.650**	17) Verbindl.	45
16) Verbindl.	2.250	**SBK**	**18.855**
	18.900		18.900

S	Warengruppe Ski (WEK)		H
EBK	**118.750**	**GuV**	**20.750**
		SBK	**98.000**
	118.750		118.750

S	Warengruppe Tennis (WEK)		H
EBK	**20.450**	22) Werbeaufwand	540
9) Verbindl.	2.500	**GuV**	**16.910**
		SBK	**5.500**
	22.950		22.950

S	Warengruppe Golf (WEK)		H
EBK	**41.400**	15) Sparkasse	500
3) Verbindl.	3.150	19) Verbindl.	1.500
10) Verbindl.	11.000	21) Werbeaufwand	150
		GuV	**7.400**
		SBK	**46.000**
	55.550		55.550

S	Warengruppe sonst. (WEK)		H
EBK	**850**	**GuV**	**350**
7) Verbindl.	2.100	**SBK**	**2.600**
	2.950		2.950

S	Forderungen aus L.u.L.		H
EBK	**9.000**	14) Postbank, Skontoaufw.	4.500
1) WVK Ski	21.750	20) WVK sonst.	150
4) WVK Tennis	15.500	**SBK**	**46.900**
11) WVK Tennis	4.500		
18) WVK sonst.	800		
	51.550		51.550

S	Postbank		H
EBK	**4.100**	12) Verbindl.	2.522
14) Forderung	4.410	13) WVK Ski	1.000
		SBK	**4.988**
	8.510		8.510

S	Sparkasse		H
EBK	**2.200**	17) Verbindl.	2.205
15) Warengr. Golf	500	**SBK**	**495**
	2.700		2.700

S		Kasse		H
	EBK	**1.350**	**SBK**	**27.570**
2)	WVK Ski	7.120		
5)	WVK Golf	5.500		
6)	WVK Tennis, WVK Golf	13.600		
		27.570		27.570

S		Verbindlichkeiten aus L.u.L.			H
				EBK	**47.900**
12)	Postbank, Skontoerträge	2.600	3)	Warengr. Golf	3.150
17)	Sparkasse, BGA	2.250	7)	Warengr. sonst.	2.100
19)	Warengr. Golf	1.500	8)	Bezugsk. Golf	150
	SBK	**63.600**	9)	Warengr. Tennis, Bezugsk. Tennis	2.600
			10)	Warengr. Golf, Bezugsk. Golf	11.800
			16)	BGA	2.250
		69.950			69.950

S		Privatentnahmen		H
23)	Eigenverbrauch	750	**Eigenkapital**	**750**
		750		750

S	Eigenkapital		H
Privatentnahmen	750	**EBK**	**350.850**
SBK	**371.308**	**GuV**	**21.208**
	372.058		372.058

S	Schlußbilanzkonto		H
Unbebaute Grundst.	100.000	**Eigenkapital**	**371.308**
Bebaute Grundstücke	250.000	Hypothek	70.000
TA und Maschinen	44.000	Darlehn	185.000
Fuhrpark	30.000	Verbindlichk.	63.600
BGA	18.855		
Gel. Anz. auf Sachanl.	15.000		
Warengruppe Ski	98.000		
Warengruppe Tennis	5.500		
Warengruppe Golf	46.000		
Warengruppe sonst.	2.600		
Forderungen	46.900		
Postbank	4.988		
Sparkasse	495		
Kasse	27.570		
	689.908		689.908

Erfolgskonten

S — WVK Ski — H

13) Postbank	1.000	1) Forderung	21.750
GuV	**27.870**	2) Kasse	7.120
	28.870		28.870

S — WVK Tennis — H

GuV	**28.500**	4) Forderung	15.500
		6) Kasse	8.500
		11) Forderung	4.500
	28.500		28.500

S — WVK Golf — H

GuV	**10.600**	5) Kasse	5.500
		6) Kasse	5.100
	10.600		10.600

S — WVK Sonstige — H

20) Forderung	150	18) Forderung	800
GuV	**650**		
	800		800

S — Eigenverbrauch — H

GuV	**750**	23) Privatentnahmen	750
	750		750

S — Skontoerträge — H

GuV	**78**	12) Verbindl.	78
	78		78

S — Bezugskosten Warengruppe Tennis — H

9) Verbindl.	100	**GuV**	**100**
	100		100

S — Bezugskosten Warengruppe Golf — H

8) Verbindl.	150	**GuV**	**950**
10) Verbindl.	800		
	950		950

S	Skontoaufwand		H
14) Forderung	90	**GuV**	**90**
	90		90

S	Werbeaufwand		H
21) Warengr. Golf	150	**GuV**	**690**
22) Warengr. Tennis	540		
	690		690

S	Gewinn- und Verlustkonto		H
WEK Ski	20.750	WVK Ski	27.870
WEK Tennis	16.910	WVK Tennis	28.500
WEK Golf	7.400	WVK Golf	10.600
WEK sonst.	350	WVK sonst.	650
Bezugsk. Tennis	100	Eigenverbrauch	750
Bezugsk. Golf	950	Skontoerträge	78
Skontoaufwendungen	90		
Werbeaufwand	690		
Eigenkapital	**21.208**		
	68.448		68.448

Würde Paul Piste dagegen den *Nettoabschluß* bevorzugen, so müßte er zunächst folgende Abschlußbuchungen formulieren:

Abschluß der Wareneinkaufskonten:

WVK Warengruppe Ski	an	Warengruppe Ski (WEK)	20.750
WVK Warengruppe Tennis	an	Warengruppe Tennis (WEK)	16.910
WVK Warengruppe Golf	an	Warengruppe Golf (WEK)	7.400
WVK Warengruppe sonst.	an	Warengruppe sonst. (WEK)	350

Abschluß der Erfolgskonten:

WVK Warengruppe Ski	an	GuV	7.120
WVK Warengruppe Tennis	an	GuV	11.590
WVK Warengruppe Golf	an	GuV	3.200
WVK Warengruppe sonst.	an	GuV	300
Eigenverbrauch	an	GuV	750
Skontoerträge	an	GuV	78
GuV	an	Bezugskosten Warengr. Tennis	100
GuV	an	Bezugskosten Warengr. Golf	950
GuV	an	Skontoaufwendungen	90
GuV	an	Werbeaufwand	690

Buchung des Gewinns:

GuV	an	Eigenkapital	21.208

Abschluß der Bestandskonten:

SBK	an	Unbebaute Grundstücke	100.000
SBK	an	Bebaute Grundstücke	250.000
SBK	an	TA und Maschinen	44.000
SBK	an	Fuhrpark	30.000
SBK	an	BGA	18.855
SBK	an	Gel. Anzahl. auf Sachanlagen	15. 000
SBK	an	Warengruppe Ski	98.000
SBK	an	Warengruppe Tennis	5.500
SBK	an	Warengruppe Golf	46.000
SBK	an	Warengruppe sonst.	2.600
SBK	an	Forderungen aus L.u.L.	46.900
SBK	an	Postbank	4.988
SBK	an	Sparkasse	495
SBK	an	Kasse	27.570
Eigenkapital	an	SBK	371.308
Hypothek Bayer. Hypobank	an	SBK	70.000
Darlehn Dresdner Bank	an	SBK	185.000
Verbindlichk. aus L.u.L.	an	SBK	63.600

Das Bild der Bestands- und Erfolgskonten hätte dann das folgende Aussehen:

Bestandskonten

S BGA H

	EBK	**16.650**	17)	Verbindl.	45
16)	Verbindl.	2.250		**SBK**	**18.855**
		18.900			18.900

S Warengruppe Ski (WEK) H

EBK	**118.750**	**WVK Ski**	**20.750**
		SBK	**98.000**
	118.750		118.750

S Warengruppe Tennis (WEK) H

	EBK	**20.450**	22)	Werbeaufwand	540
9)	Verbindl.	2.500		**WVK Tennis**	**16.910**
				SBK	**5.500**
		22.950			22.950

Warengruppe Golf (WEK)

S			H
EBK	**41.400**	15) Sparkasse	500
3) Verbindl.	3.150	19) Verbindl.	1.500
10) Verbindl.	11.000	21) Werbeaufwand	150
		WVK Golf	**7.400**
		SBK	**46.000**
	55.550		55.550

Warengruppe sonst. (WEK)

S			H
EBK	**850**	**WVK sonst.**	**350**
7) Verbindl.	2.100	**SBK**	**2.600**
	2.950		2.950

Forderungen aus L.u.L.

S			H
EBK	**9.000**	14) Postbank, Skontoaufw.	4.500
1) WVK Ski	21.750	20) WVK sonst.	150
4) WVK Tennis	15.500	**SBK**	**46.900**
11) WVK Tennis	4.500		
18) WVK sonst.	800		
	51.550		51.550

Postbank

S			H
EBK	**4.100**	12) Verbindl.	2.522
14) Forderung	4.410	13) WVK Ski	1.000
		SBK	**4.988**
	8.510		8.510

Sparkasse

S			H
EBK	**2.200**	17) Verbindl.	2.205
15) Warengr. Golf	500	**SBK**	**495**
	2.700		2.700

Kasse

S			H
EBK	**1.350**	**SBK**	**27.570**
2) WVK Ski	7.120		
5) WVK Golf	5.500		
6) WVK Tennis, WVK Golf	13.600		
	27.570		27.570

S	Verbindlichkeiten aus L.u.L.		H
12) Postbank, Skontoerträge	2.600	**EBK**	**47.900**
17) Sparkasse, BGA	2.250	3) Warengr. Golf	3.150
19) Warengr. Golf	1.500	7) Warengr. sonst.	2.100
SBK	**63.600**	8) Bezugsk. Golf	150
		9) Warengr. Tennis, Bezugsk. Tennis	2.600
		10) Warengr. Golf, Bezugsk. Golf	11.800
		16) BGA	2.250
	69.950		69.950

S	Privatentnahmen		H
23) Eigenverbrauch	750	**Eigenkapital**	**750**
	750		750

S	Eigenkapital		H
Privatentnahmen	750	**EBK**	**350.850**
SBK	**371.308**	**GuV**	**21.208**
	372.058		372.058

S	Schlußbilanzkonto		H
Unbebaute Grundst.	100.000	**Eigenkapital**	**371.308**
Bebaute Grundstücke	250.000	Hypothek	70.000
TA und Maschinen	44.000	Darlehn	185.000
Fuhrpark	30.000	Verbindlichk.	63.600
BGA	18.855		
Gel. Anz. auf Sachanl.	15.000		
Warengruppe Ski	98.000		
Warengruppe Tennis	5.500		
Warengruppe Golf	46.000		
Warengruppe sonst.	2.600		
Forderungen	46.900		
Postbank	4.988		
Sparkasse	495		
Kasse	27.570		
	689.908		689.908

Erfolgskonten

S	WVK Ski		H
13) Postbank	1.000	1) Forderung	21.750
WEK Ski	**20.750**	2) Kasse	7.120
GuV	**7.120**		
	28.870		28.870

S	WVK Tennis			H
	WEK Tennis	**16.910**	4) Forderung	15.500
	GuV	**11.590**	6) Kasse	8.500
			11) Forderung	4.500
		28.500		28.500

S	WVK Golf			H
	WEK Golf	**7.400**	5) Kasse	5.500
	GuV	**3.200**	6) Kasse	5.100
		10.600		10.600

S	WVK Sonstige			H
20)	Forderung	150	18) Forderung	800
	WEK sonst.	**350**		
	GuV	**300**		
		800		800

S	Eigenverbrauch			H
	GuV	**750**	23) Privatentnahmen	750
		750		750

S	Skontoerträge			H
	GuV	**78**	12) Verbindl.	78
		78		78

S	Bezugskosten Warengruppe Tennis			H
9)	Verbindl.	100	**GuV**	**100**
		100		100

S	Bezugskosten Warengruppe Golf			H
8)	Verbindl.	150	**GuV**	**950**
10)	Verbindl.	800		
		950		950

S	Skontoaufwand			H
14)	Forderung	90	**GuV**	**90**
		90		90

S	Werbeaufwand		H
21) Warengr. Golf	150	**GuV**	**690**
22) Warengr. Tennis	540		
	690		690

S	Gewinn- und Verlustkonto		H
Bezugsk. Tennis	100	WVK Ski	7.120
Bezugsk. Golf	950	WVK Tennis	11.590
Skontoaufwendungen	90	WVK Golf	3.200
Werbeaufwand	690	WVK sonst.	300
Eigenkapital	**21.208**	Eigenverbrauch	750
		Skontoerträge	78
	23.038		23.038

Die aus dem Schlußbilanzkonto abgeleitete Schlußbilanz des Sporteinzelhandels „Fit & Fun“ zum 30.4.01 sieht nunmehr wie folgt aus:

Schlußbilanz des Sporteinzelhandels „Fit & Fun“, Berlin zum 30.4.01

Aktivseite		Passivseite	
A. Anlagevermögen		**A. Eigenkapital**	371.308
I. Sachanlagen		**B. Verbindlichkeiten**	
1. Grundstücke, grundstücksgleiche Rechte und Bauten	350.000	1. Verbindlichkeiten gegenüber Kreditinstituten	255.000
2. Technische Anlagen und Maschinen	44.000	2. Verbindlichkeiten aus Lieferungen und Leistungen	63.600
3. Andere Anlagen, Betriebs- und Geschäftsausstattung	48.855		
4. Gel. Anzahlungen auf Sachanlagen	15.000		
B. Umlaufvermögen			
I. Vorräte			
1. Fertige Erzeugnisse und Waren	152.100		
II. Forderungen und sonstige Vermögensgegenstände			
1. Forderungen aus Lieferungen und Leistungen	46.900		
III. Flüssige Mittel			
1. Kassenbestand	27.570		
2. Guthaben bei Kreditinstituten	5.483		
	689.908		689.908

Berlin, 30.4.01

Paul Piske

Die Konten „Bezugskosten Warengruppe Tennis“ und „Bezugskosten Warengruppe Golf“ werden aus Vereinfachungsgründen nicht als Unterkonten der dazugehörigen Warenkonten über die Wareneinkaufskonten abgeschlossen, sondern als spezielle Aufwandskonten angesehen und über das Gewinn- und Verlustkonto abgeschlossen.

Abbildung 22 verdeutlicht noch einmal zusammengefaßt die Buchungen beim Warenverkehr ohne Umsatzsteuer mit Abschluß der Konten nach der Bruttomethode:

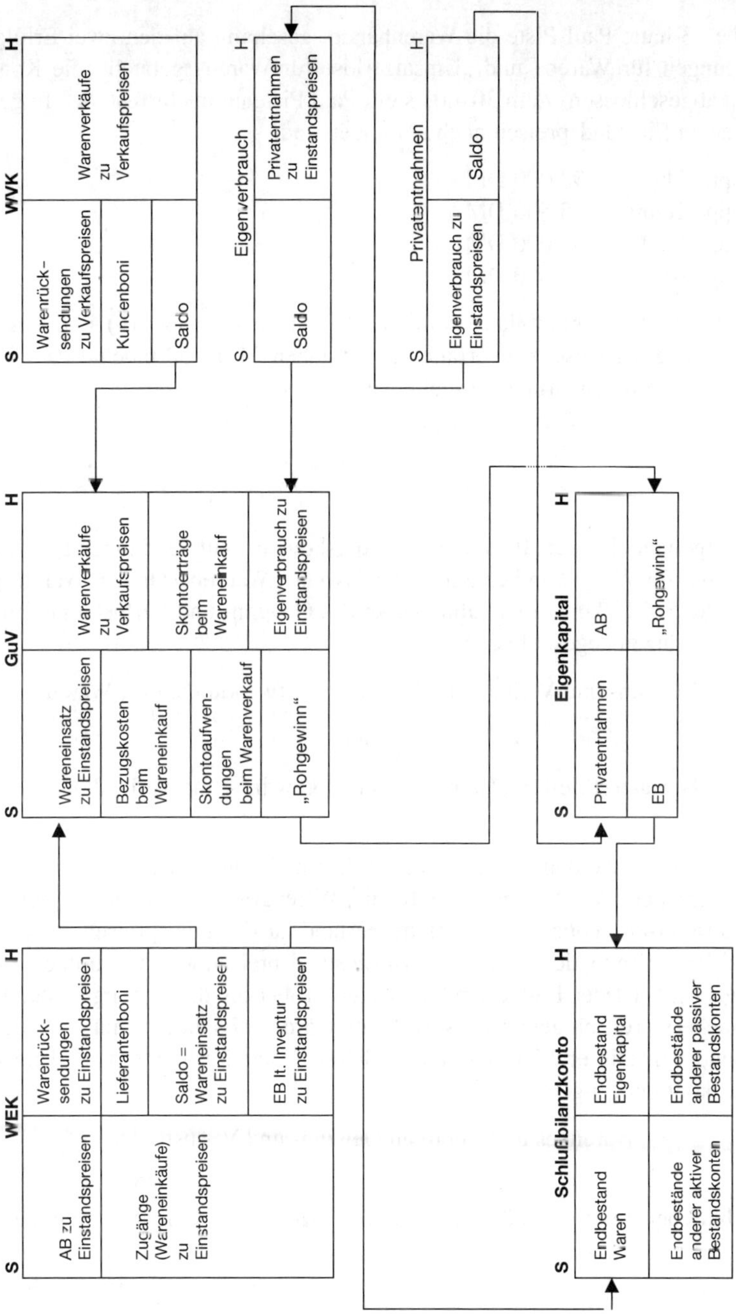

Abb.22: Warenverkehr ohne Umsatzsteuer mit Bruttoabschluß der getrennten Warenkonten

Aufgabe 31: Abschluß der Warenkonten mit zwei Erfolgskonten und einem Bestandskonto

In Aufgabe 23 hatte Paul Piste die Warenhandelsgeschäfte auf den zwei Erfolgskonten „Aufwendungen für Waren“ und „Umsatzerlöse für Waren“ gebucht, die Konten aber noch nicht abgeschlossen. Zum 30.4.01 stellt Paul Piste nunmehr fest, daß folgende Warenbestände zu Einstandspreisen noch am Lager sind:

Warengruppe Ski	98.000 DM
Warengruppe Tennis	5.500 DM
Warengruppe Golf	46.000 DM
Warengruppe sonst.	2.600 DM

Ausgehend von der Schlußbilanz zum 31.3.01 (siehe Aufgabe 19) und unter Nichtberücksichtigung der Geschäftsvorfälle der Aufgaben 24 bis 30 möchte Paul Piste nunmehr auch diese Kontenvariante abschließen.

Lösung

Werden Warenhandelsgeschäfte auf zwei Erfolgskonten „Aufwendungen für Waren“ und „Umsatzerlöse für Waren“ und einem Bestandskonto „Warenbestände = Waren“ gebucht, so werden die Erfolgskonten wie üblich über das Gewinn- und Verlustkonto mit folgenden Buchungssätzen abgeschlossen:

Gewinn- und Verlustkonto an Aufwendungen für Waren

und

Umsatzerlöse für Waren an Gewinn- und Verlustkonto

Die *Warenbestände* werden auf dem aktiven Bestandskonto „Warenbestände = Waren“ (hier: Warengruppe Ski, Warengruppe Tennis, Warengruppe Golf, Warengruppe sonst.) zu Einstandspreisen gebucht. Der Anfangsbestand zu Einstandspreisen steht dabei wie immer auf der Sollseite; der Endbestand zu Einstandspreisen wird wie immer auf der Habenseite gebucht. Ist der Endbestand an Waren größer als der Anfangsbestand, so sind folglich mehr Waren eingekauft als verkauft worden. Es liegt dann ein sogenannter Mehrbestand vor. Dieser Mehrbestand (= Saldo Bestandserhöhung) wird im Gewinn- und Verlustkonto gegengebucht:

Warenbestandskonto an Gewinn- und Verlustkonto

Der Abschluß bei Bestandserhöhung (= *Mehrbestand*) sieht somit wie folgt aus:

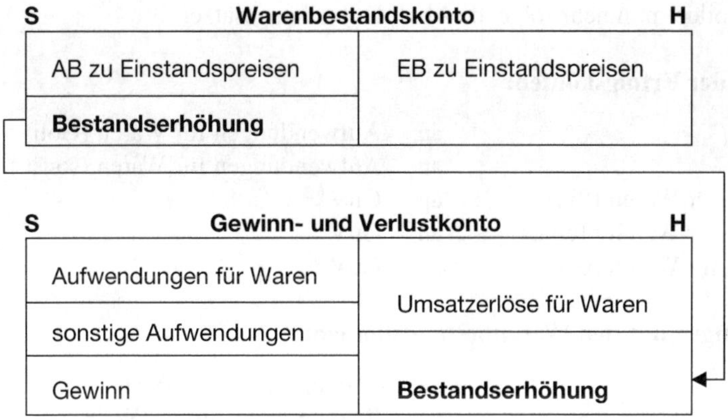

Wäre der Endbestand an Waren kleiner als der Anfangsbestand, so läge ein sogenannter *Minderbestand* vor.
Dieser Minderbestand (= Saldo Bestandsminderung) würde ebenfalls im Gewinn- und Verlustkonto gegengebucht werden:

Gewinn- und Verlustkonto an Warenbestandskonto

Der Abschluß bei Bestandsminderung (= Minderbestand) sähe dann wie folgt aus:

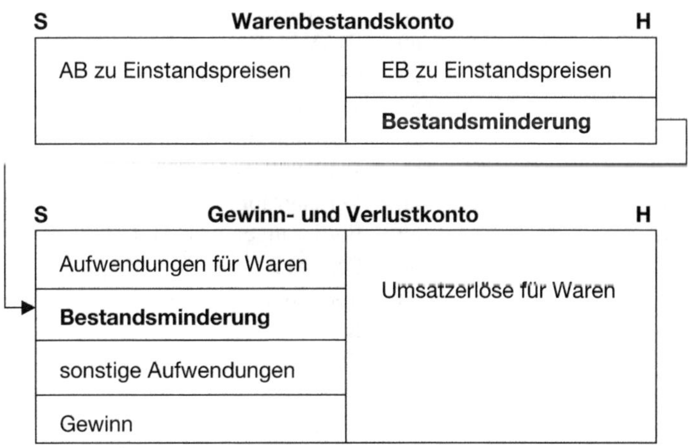

Paul Piste bildet nunmehr folgende Abschlußbuchungssätze:

Abschluß der Erfolgskonten:

GuV	an	Aufwendungen für Waren (Golf)	3.150
GuV	an	Aufwendungen für Waren (sonst.)	2.100
Umsatzerl. für Waren (Ski)	an	GuV	28.870
Umsatzerl. für Waren (Tennis)	an	GuV	24.000
Umsatzerl. für Waren (Golf)	an	GuV	10.600

Umbuchungen auf den Warenbestandskonten:

GuV	an	Warengruppe Ski (WEK)	20.750
GuV	an	Warengruppe Tennis (WEK)	14.950
Warengruppe Golf (WEK)	an	GuV	4.600
Warengruppe sonst. (WEK)	an	GuV	1.750

Buchung des Gewinns:

GuV	an	Eigenkapital	28.870

Abschluß der Bestandskonten: (siehe Aufgabe 19)

SBK	an	Unbebaute Grundstücke	100.000
SBK	an	Bebaute Grundstücke	250.000
SBK	an	TA und Maschinen	44.000
SBK	an	Fuhrpark	30.000
SBK	an	BGA	16.650
SBK	an	Gel. Anzahl. auf Sachanlagen	15.000
SBK	an	Warengruppe Ski	98.000
SBK	an	Warengruppe Tennis	5.500
SBK	an	Warengruppe Golf	46.000
SBK	an	Warengruppe sonst.	2.600
SBK	an	Forderungen aus L.u.L.	46.250
SBK	an	Postbank	4.100
SBK	an	Sparkasse	2.200
SBK	an	Kasse	27.570
Eigenkapital	an	SBK	379.720
Hypothek Bayer. Hypobank	an	SBK	70.000
Darlehn Dresdner Bank	an	SBK	185.000
Verbindlichk. aus L.u.L.	an	SBK	53.150

Das Kontenbild der benötigten Konten sieht dann wie folgt aus:

Bestandskonten

S — Warengruppe Ski (WEK) — H

S		H	
EBK	**118.750**	**GuV**	**20.750**
		SBK	**98.000**
	118.750		118.750

S — Warengruppe Tennis (WEK) — H

S		H	
EBK	**20.450**	**GuV**	**14.950**
		SBK	**5.500**
	20.450		20.450

S — Warengruppe Golf (WEK) — H

S		H	
EBK	**41.400**	**SBK**	**46.000**
GuV	**4.600**		
	46.000		46.000

S — Warengruppe sonst. (WEK) — H

S		H	
EBK	**850**	**SBK**	**2.600**
GuV	**1.750**		
	2.600		2.600

S — Forderungen aus L.u.L. — H

S		H	
EBK	**9.000**	**SBK**	**46.250**
1) Ums. Erlöse Ski	21.750		
4) Ums. Erlöse Tennis	15.500		
	46.250		46.250

S — Kasse — H

S		H	
EBK	**1.350**	**SBK**	**27.570**
2) Ums. Erlöse Ski	7.120		
5) Ums. Erlöse Golf	5.500		
6) Ums. Erlöse Tennis, Ums. Erlöse Golf	13.600		
	27.570		27.570

S — Verbindlichkeiten aus L.u.L. — H

S		H	
SBK	**53.150**	**EBK**	**47.900**
		3) Aufw. Golf	3.150
		7) Aufw. sonst.	2.100
	53.150		53.150

S	Eigenkapital		H
SBK	**379.720**	**EBK**	**350.850**
		GuV	**28.870**
	379.720		379.720

S	Schlußbilanzkonto		H
Unbebaute Grundst.	100.000	**Eigenkapital**	**379.720**
Bebaute Grundst.	250.000	Hypothek	70.000
TA und Maschinen	44.000	Darlehn	185.000
Fuhrpark	30.000	Verbindlichk.	53.150
BGA	16.650		
Gel. Anz. auf Sachanl.	15.000		
Warengruppe Ski	98.000		
Warengruppe Tennis	5.500		
Warengruppe Golf	46.000		
Warengruppe sonst.	2.600		
Forderungen	46.250		
Postbank	4.100		
Sparkasse	2.200		
Kasse	27.570		
	687.870		687.870

Erfolgskonten

S	Aufwendungen für Waren (Golf)		H
3) Verbindl.	3.150	**GuV**	**3.150**
	3.150		3.150

S	Aufwendungen für Waren (sonst.)		H
7) Verbindl.	2.100	**GuV**	**2.100**
	2.100		2.100

S	Umsatzerlöse für Waren (Ski)		H
GuV	**28.870**	1) Forderung	21.750
		2) Kasse	7.120
	28.870		28.870

S	Umsatzerlöse für Waren (Tennis)		H
GuV	**24.000**	4) Forderung	15.500
		6) Kasse	8.500
	24.000		24.000

S	Umsatzerlöse für Waren (Golf)		H
GuV	**10.600**	5) Kasse	5.500
		6) Kasse	5.100
	10.600		10.600

S	Gewinn- und Verlustkonto		H
Aufw. (Golf)	3.150	Ums. Erlöse (Ski)	28.870
Aufw. (sonst.)	2.100	Ums. Erlöse (Tennis)	24.000
WEK Ski	20.750	Ums. Erlöse (Golf)	10.600
WEK Tennis	14.950	WEK Golf	4.600
Eigenkapital	28.870	WEK sonst.	1.750
	69.820		69.820

VII. Buchhalterische Behandlung der Umsatzsteuer

Aufgabe 32: Die Umsatzsteuer beim Wareneinkauf und beim Warenverkauf

Im Monat Mai 01 ereigneten sich im Sporteinzelhandel „Fit & Fun" nachfolgende Geschäftsvorfälle, die Paul Piste nunmehr auch unter Berücksichtigung der Umsatzsteuer buchen möchte:

1. Am 1.5.01 erhielt Paul Piste eine Lieferung von Tennisausrüstungsgegenständen, die er sofort bar bezahlte. Der Rechnungsbetrag setzte sich wie folgt zusammen:

10 Tennisschläger zu je 180 DM	1.800 DM
10 Tennisschläger zu je 200 DM	2.000 DM
5 Damen-Tennisanzüge zu je 220 DM	1.100 DM
5 Herren-Tennisanzüge zu je 200 DM	1.000 DM
Transportkosten	100 DM
Rechnungsbetrag netto	6.000 DM
zuzüglich 16% Umsatzsteuer	960 DM
Rechnungsbetrag brutto	6.960 DM

2. Die Tageskasse für eine verkaufte Golfausrüstung betrug am 5.5.01 3.480 DM (einschließlich Umsatzsteuer).

3. Am 6.5.01 lieferte Paul Piste an den Golf-Pro Toni Banger eine komplette Golfausrüstung, die er wie folgt in Rechnung stellte:

Golfausrüstung gemäß Lieferschein	10.000 DM
./. 10% Treuerabatt	1.000 DM
Rechnungsbetrag netto	9.000 DM
zuzüglich 16% Umsatzsteuer	1.440 DM
Rechnungsbetrag brutto	10.440 DM

   Zahlungsziel: 2% Skonto bei Zahlung innerhalb von 14 Tagen; 30 Tage netto.

4. Am 6.5.01 zahlte Paul Piste 20.000 DM aus der Kasse auf das Konto bei der Sparkasse ein.

5. Am 7.5.01 erhielt Paul Piste eine Lieferung von Volleyball- und Basketballbällen im Gesamtwert von 2.000 DM netto zuzüglich 16% Umsatzsteuer. Die Rechnung ist innerhalb von 10 Tagen unter Abzug von 3% Skonto beziehungsweise innerhalb von 30 Tagen rein netto zahlbar.

Lösung

Der Umsatzsteuer unterliegen gemäß § 1 Abs. 1 UStG die *Lieferungen und sonstigen Leistungen*, die ein Unternehmer im Inland gegen Entgelt im Rahmen seines Unternehmens ausführt, der Eigenverbrauch der Unternehmer im Inland sowie die Einfuhr von Gegenständen aus dem Ausland in das Inland (= Einfuhrumsatzsteuer). Die *Bemessungsgrundlage* der Umsatzsteuer ist bei allen Arten von Warenhandelsgeschäften der *Nettowarenwert.* Gemäß § 12 Abs. 1 UStG beträgt der allgemeine Umsatzsteuersatz zur Zeit 16%; der ermäßigte Umsatzsteuersatz für die in § 12 Abs. 2 UStG genannten Umsätze (z.B. Grundnahrungsmittel, Bücher, Zeitungen, Noten, Rollstühle, Schwerhörigengeräte, Herzschrittmacher etc.) beträgt zur Zeit 7%. Einige Umsatzsteuerarten sind gemäß § 4 UStG von der Umsatzsteuer gänzlich befreit. Hierzu gehören beispielsweise die Ausfuhrlieferungen oder die Gewährung und Vermittlung von Krediten.

Die Umsatzsteuer beim Wareneinkauf und beim Warenverkauf erscheint in den Rechnungen im allgemeinen dann wie folgt:

Nettowarenwert (= Bemessungsgrundlage)	100%
+ 16% Umsatzsteuer	16%
= Bruttowarenwert	116%

„Der Unternehmer ist verpflichtet, zur Feststellung der Steuer (Umsatzsteuer, Anm.d.Verf.) und der Grundlagen ihrer Berechnung Aufzeichnungen zu machen"; § 22 Abs. 1 Satz 1 UStG. Das bedeutet, daß in der doppelten Buchführung mindestens zwei Umsatzsteuer-Konten einzurichten sind, nämlich das *Vorsteuerkonto* und das *Umsatzsteuer-Schuldkonto.*

Die beim Wareneinkauf von anderen Unternehmern in Rechnung gestellte Umsatzsteuer, Vorsteuer genannt, stellt eine Forderung des Unternehmers gegenüber dem Finanzamt dar. Diese Vorsteuer wird auf dem aktiven Bestandskonto „Vorsteuer" nach den allgemeinen Buchführungsregeln wie folgt im Soll gebucht:

Wareneinkaufskonto		
Vorsteuer	an	Verbindlichkeiten aus L.u.L.

Auch beim Warenverkauf ist in den Ausgangsrechnungen die Umsatzsteuer getrennt auszuweisen. In der doppelten Buchführung wird zu diesem Zweck ein besonderes Umsatzsteuer-Schuldkonto eingerichtet. Es erfaßt die den Kunden gesondert in Rechnung gestellte und an das Finanzamt abzuführende Umsatzsteuer. Das Umsatzsteuer-Schuldkonto, verkürzt nur noch „Umsatzsteuer" genannt, ist ein passives Bestandskonto. Ein Warenverkauf mit Berücksichtigung der dem Kunden gesondert in Rechnung gestellten Umsatzsteuer ist dann nach den allgemeinen Buchführungsregeln wie folgt zu buchen:

Forderungen aus L.u.L.	an	Warenverkaufskonto
	an	Umsatzsteuer

Die aufgrund des Warenverkaufs angefallene und in der Ausgangsrechnung getrennt ausgewiesene Umsatzsteuer stellt eine Verbindlichkeit des Unternehmers gegenüber dem Finanzamt dar. Sie ist daher im Haben des passiven Bestandskontos „Umsatzsteuer" zu buchen. Die buchmäßige Trennung von Nettowarenwert und darauf entfallender Umsatzsteuer wird auch als „Nettoverfahren" bezeichnet.

In der Praxis des Sporteinzelhandels „Fit & Fun" werden nun täglich eine Vielzahl von sogenannten Barverkäufen getätigt. Die Summe der Barverkäufe eines Tages bezeichnet man als Tageslosung. Sie setzt sich zusammen aus den Nettowarenwerten zuzüglich der Umsatzsteuer (= Warenverkäufe brutto). Diese Vorgehensweise, auch „Bruttoverfahren" genannt, ist in der Praxis üblich, da für die Kunden des Sporteinzelhandels „Fit & Fun" in der Regel die Trennung zwischen dem reinen Warenwert und der Umsatzsteuer ohne Bedeutung ist. Als sogenannte Endverbraucher tragen sie die Umsatzsteuer.

Wollte Paul Piste die Barverkäufe eines Tages gleich richtig mit getrennter Umsatzsteuer buchen, so müßte er aus den vereinnahmten Kassenbeträgen die anteilige Umsatzsteuer herausrechnen. Dies geschähe nach folgender Formel:

$$\text{Umsatzsteuer} = \frac{\text{Tageslosung}}{116} \times 16$$

Der Nettoverkaufserlös eines Tages beträgt dann:

$$\text{Nettoverkaufserlös} = \frac{\text{Tageslosung}}{116} \times 100$$

Der korrekte Buchungssatz nach Herausrechnung der anteiligen Umsatzsteuer lautet dann:

Kasse	an	Warenverkaufskonto
	an	Umsatzsteuer

Zu den Geschäftsvorfällen des Monats Mai 01 bildet Paul Piste nunmehr folgende Buchungssätze:

1.	Warengruppe Tennis (WEK)	5.900			
	Bezugskosten Warengr.Tennis	100			
	Vorsteuer	960	an	Kasse	6.960
2.	Kasse	3.480	an	WVK Warengruppe Golf	3.000
				Umsatzsteuer	480
3.	Forderungen aus L.u.L.	10.440	an	WVK Warengruppe Golf	9.000
				Umsatzsteuer	1.440
4.	Sparkasse		an	Kasse	20.000
5.	Warengruppe sonst. (WEK)	2.000			
	Vorsteuer	320	an	Verbindl. aus L.u.L.	2.320

Noch ohne Abschluß der Umsatzsteuerkonten ergibt sich hieraus dann das folgende Kontenbild:

S	Warengruppe Tennis (WEK)		H
EBK	**5.500**		
1) Kasse	5.900		

S	Bezugskosten Warengruppe Tennis		H
1) Kasse	100		

S	Warengruppe Sonstige (WEK)		H
EBK	**2.600**		
5) Verbindl.	2.000		

S	Forderungen aus L.u.L.		H
EBK	**46.900**		
3) WVK Golf, USt	10.440		

S	Kasse		H
EBK	**27.570**	1) WEK Tennis VSt	6.960
2) WVK Golf, USt	3.480	4) Sparkasse	20.000

S	Vorsteuer		H
1) Kasse	960		
5) Verbindl.	320		

S	WVK Golf		H
		2) Kasse	3.000
		3) Forderung	9.000

S	Verbindlichkeiten aus L.u.L.		H
		EBK	**63.600**
		5) WEK sonst., VSt	2.320

S	Umsatzsteuer		H
		2) Kasse	480
		3) Forderung	1.440

Aufgabe 33: Die Umsatzsteuer bei anderen Geschäftsvorfällen

Im Monat Mai 01 ereigneten sich im Sporteinzelhandel „Fit & Fun“ noch weitere Geschäftsvorfälle, die Paul Piste nunmehr ebenfalls unter Berücksichtigung der Umsatzsteuer buchen möchte:

6. Am 10.5.01 entnahm Paul Piste seinem Warenlager 2 Paar Sportschuhe für private Zwecke. Der Einstandspreis dieser Sportschuhe betrug 50 DM netto pro Paar.
7. Von der Bürobedarfs-GmbH erhielt Paul Piste am 10.5.01 Büromaterial geliefert. Die Bruttorechnungssumme betrug 464 DM. Es wurde ein Zahlungsziel von 30 Tagen vereinbart oder 3% Skonto bei Zahlung innerhalb von 10 Tagen.
8. Am 11.5.01 verkaufte Paul Piste den alten Panzerschrank zum Buchwert in Höhe von 1.000 DM zuzüglich 16% Umsatzsteuer. Der Käufer nahm noch am 11.5.01 den Panzerschrank mit und bezahlte sofort bar.
9. Für eine durchgeführte Beratung über die Neukonzeption eines Tennisplatzes nebst winterfester Traglufthalle stellte Paul Piste dem Sportverein „Top Fit“ am 11.5.01 5.800 DM einschließlich Umsatzsteuer in Rechnung. Es wurde eine Zahlung unter Abzug von 3% Skonto innerhalb der nächsten 7 Tage vereinbart.
10. Eine Rechnung des Schlossermeisters Louis Schränker für ausgeführte Reparaturarbeiten in den Geschäftsräumen vom 11.5.01 über 348 DM (brutto) bezahlte Paul Piste sofort bar.

Lösung

Wie beim Wareneinkauf wird Paul Piste auch bei anderen Lieferungen und Leistungen Umsatzsteuer in Rechnung gestellt. Dies gilt sowohl für die Anschaffung neuer beweglicher *Anlagegüter* wie beispielsweise Maschinen, Fahrzeuge oder Geschäftsausstattung als auch für die Inanspruchnahme von Leistungen anderer Unternehmen oder die Anschaffung von Wirtschaftsgütern, die sofort als Aufwand gebucht werden. Mit Umsatzsteuer belastet sind beispielsweise die Aufwendungen für Reparaturen, Büromaterial, Reinigungsmaterial, Kraftfahrzeug-Inspektionen etc. Die in den jeweiligen Rechnungen ausgewiesene Umsatzsteuer stellt für Paul Piste Vorsteuer (= Forderung gegenüber dem Finanzamt) dar. Der entsprechende Buchungssatz bei allen anderen Eingangsrechnungen, die mit Umsatzsteuer belastet sind, lautet dann:

Aktives Bestandskonto oder Aufwandskonto		
Vorsteuer	an	Verbindlichkeiten aus L.u.L.

Der in den Rechnungen ausgewiesene Nettobetrag wird im Soll des entsprechenden Bestands- oder Aufwandskontos gebucht. Die jeweils gesondert ausgewiesene Umsatzsteuer wird wie beim Wareneinkauf im Soll des aktiven Bestandskontos „Vorsteuer“ gebucht.

Den von Paul Piste erstellten Ausgangsrechnungen müssen nicht nur Warenverkäufe zugrunde liegen; denkbar sind auch Verkäufe anderer beweglicher Anlagegüter wie beispielsweise Fahrzeuge oder Geschäftsausstattung oder Ausgangsrechnungen für durchgeführte Fachberatungen. Die dabei in Rechnung gestellte Umsatzsteuer stellt eine Verbindlichkeit gegenüber dem Finanzamt dar und ist auf dem Konto „Umsatzsteuer" zu buchen:

Forderungen aus L.u.L.	an	Aktives Bestandskonto
		oder
		Ertragskonto
		Umsatzsteuer

Gemäß § 1 Abs. 1 Nr. 2 UStG unterliegt auch der sogenannte Eigenverbrauch der Umsatzsteuer. Eigenverbrauch liegt beispielsweise dann vor, wenn der Unternehmer Handelswaren seinem Lager für private Zwecke entnimmt. Über diesen Vorgang muß der Unternehmer einen Beleg erstellen, dem der Einstandspreis der Handelswaren zuzüglich getrennt ausgewiesener Umsatzsteuer zu entnehmen ist. Der Eigenverbrauch von Handelswaren wird in der doppelten Buchführung wie ein Warenverkauf betrachtet, allerdings mit dem entscheidenden Unterschied, daß die Bewertung der entnommenen Handelswaren zum Einstandspreis erfolgt. Demzufolge wird der Eigenverbrauch von Handelswaren auch nicht auf dem Konto „Warenverkauf", sondern auf dem Konto „Eigenverbrauch" gebucht:

Privatentnahmen	an	Eigenverbrauch
	an	Umsatzsteuer

Privatentnahmen von Handelswaren werden somit zum Netto-Einstandspreis zuzüglich Umsatzsteuer gebucht. Wie bereits beim Warenverkehr gezeigt, wird das Konto „Eigenverbrauch" als Ertragskonto über das Gewinn- und Verlustkonto abgeschlossen.

Zu den weiteren Geschäftsvorfällen des Monats Mai 01 bildet Paul Piste nunmehr folgende Buchungssätze:

6.	Privatentnahmen	116	an	Eigenverbrauch	100
			an	Umsatzsteuer	16
7.	Büroaufwendungen	400			
	Vorsteuer	64	an	Verbindl. aus L.u.L.	464
8.	Kasse	1.160	an	BGA	1.000
			an	Umsatzsteuer	160
9.	Ford. aus L.u.L.	5.800	an	Beratungserträge	5.000
			an	Umsatzsteuer	800
10.	Reparaturaufwendungen	300			
	Vorsteuer	48	an	Kasse	348

Das entsprechende Kontenbild, noch ohne Abschluß der Umsatzsteuerkonten, sieht dann wie folgt aus:

S	BGA		H
EBK	**18.855**	8) Kasse	1.000

S	Forderungen aus L.u.L.		H
EBK	**46.900**		
3) WVK Golf, USt	10.440		
9) Beratungserträge, USt	5.800		

S	Kasse		H
EBK	**27.570**	1) WEK Tennis, VSt	6.960
2) WVK Golf, USt	3.480	4) Sparkasse	20.000
8) BGA, USt	1.160	10) Reparaturaufw. VSt	348

S	Vorsteuer		H
1) Kasse	960		
5) Verbindlichkeiten	320		
7) Verbindlichkeiten	64		
10) Kasse	48		

S	Büroaufwendungen		H
7) Verbindlichkeiten	400		

S	Reparaturaufwendungen		H
10) Kasse	300		

S	Privatentnahmen		H
6) Eigenverbrauch, USt	116		

S	Verbindlichkeiten aus L.u.L.		H
		EBK	**63.600**
		5) WEK sonst., VSt	2.320
		7) Büroaufw., VSt	464

S	Umsatzsteuer		H
		2) Kasse	480
		3) Forderung	1.440
		6) Privatentnahmen	16
		8) BGA	160
		9) Forderung	800

S	Eigenverbrauch		H
		6) Privatentnahmen	100

S	Beratungserträge		H
		9) Forderung	5.000

Aufgabe 34: Umsatzsteuerkorrekturen (= Umsatzsteuerkorrekturbuchungen)

Im Monat Mai 01 ereigneten sich im Sporteinzelhandel „Fit & Fun" nun weitere Geschäftsvorfälle, die zu Umsatzsteuerkorrekturen der zuvor gebuchten Umsatzsteuerbeträge führten. Im einzelnen handelte es sich um folgende Geschäftsvorfälle:

11. Am 12.5.01 erfolgte auf dem Sparkassenkonto eine Gutschrift in Höhe von 10.231,20 DM. Golf-Pro Toni Banger hatte die Rechnung vom 6.5.01 bezahlt (siehe Aufgabe 32, Geschäftsvorfall Nr. 3).
12. Am 12.5.01 überwies Paul Piste vom Konto bei der Sparkasse an die Bürobedarfs-GmbH 450,08 DM zum Ausgleich der Eingangsrechnung vom 10.5.01 (siehe Aufgabe 33, Geschäftsvorfall Nr. 7).
13. Am 13.5.01 schickte Paul Piste 2 mängelbehaftete Basketball-Bälle (Einstandspreis 20 DM netto pro Ball) an den Lieferanten zurück. Den Restbetrag der Rechnung (siehe Aufgabe 32, Geschäftsvorfall Nr. 5) überwies Paul Piste unter Abzug von 3% Skonto vom Sparkassenkonto noch am gleichen Tag (= 2.205,39 DM).
14. Am 15.5.01 erhielt Paul Piste eine Gutschrift auf dem Sparkassenkonto in Höhe von 5.626 DM. Der Sportverein „Top Fit" hatte die Rechnung vom 11.5.01 bezahlt (siehe Aufgabe 33, Geschäftsvorfall Nr. 9).

Lösung

Alle *nachträglichen Preisänderungen* (= Kaufpreisberichtigungen), beispielsweise entstanden durch Lieferanten- und Kundenboni, Kunden- und Lieferantenretouren oder Kunden- und Lieferantenskonti führen dazu, daß sich die Bemessungsgrundlage (= der steuerpflichtige Umsatz) für die Umsatzsteuer ändert: „Hat sich die Bemessungsgrundlage für einen steuerpflichtigen Umsatz im Sinne des § 1 Abs. 1 Nr. 1 bis 3 geändert, so haben

1. der Unternehmer, der diesen Umsatz ausgeführt hat, den dafür geschuldeten Steuerbetrag und
2. der Unternehmer, an den dieser Umsatz ausgeführt worden ist, den dafür in Anspruch genommenen Vorsteuerabzug

entsprechend zu berichtigen"; § 17 Abs. 1 Satz 1 UStG.

Eine nachträgliche Änderung der Bemessungsgrundlage der Umsatzsteuer führt im Einkaufsbereich zu einer Minderung der Vorsteuer und im Verkaufsbereich zu einer Minderung der Umsatzsteuer. Die entsprechenden Buchungen erfolgen dann

- auf der Habenseite des Kontos „Vorsteuer"

und/oder

- auf der Sollseite des Kontos „Umsatzsteuer". Die Umsatzsteuer-Konten sehen dann wie folgt aus:

Vorsteuer

Umsatzsteuerbeträge der Eingangsrechnungen	**Umsatzsteuer-Minderung**

Umsatzsteuer

Umsatzsteuer-Minderung	Umsatzsteuerbeträge der Ausgangsrechnungen

Zu den weiteren Geschäftsvorfällen des Monats Mai 01 bildet Paul Piste nunmehr folgende Buchungssätze mit Umsatzsteuerkorrekturen:

11.	Sparkasse	10.231,20			
	Skontoaufwand	180, 00			
	Umsatzsteuer	28,80	an	Forderungen aus L.u.L.	10.440,00
12.	Verbindl. aus L.u.L.	464,00	an	Sparkasse	450,08
				Skontoerträge	12, 00
				Vorsteuer	1,92
13.	Verbindl. aus L.u.L.	2.320,00	an	Sparkasse	2.205,39
				Warengruppe sonst.(WEK)	40,00
				Skontoerträge	58,80
				Vorsteuer	15,81
14.	Sparkasse	5.626,00			
	Skontoaufwand	150,00			
	Umsatzsteuer	24,00	an	Forderungen aus L.u.L.	5.800,00

Das Kontenbild nach Vornahme der Umsatzsteuerkorrekturbuchungen, allerdings noch ohne Abschluß der Umsatzsteuerkonten, hat dann das folgende Aussehen:

S — Warengruppe Sonstige (WEK) — H

EBK	**2.600,00**	13) Verbindlichk.	40,00
5) Verbindlichk.	2.000,00		

Forderungen aus L.u.L.

S		H	
EBK	**46.900,00**	11) Sparkasse, Skontoaufw., USt	10.440,00
3) WVK Golf, USt	10.440,00	14) Sparkasse, Skontoaufw., USt	5.800,00
9) Beratungsertr., USt	5.800,00		

Sparkasse

S		H	
EBK	**495,00**	12) Verbindlichk.	450,08
4) Kasse	20.000,00	13) Verbindlichk.	2.205,39
11) Forderung	10.231,20		
14) Forderung	5.626,00		

Vorsteuer

S		H	
1) Kasse	960,00	12) Verbindlichk.	1,92
5) Verbindlichk.	320,00	13) Verbindlichk.	15,81
7) Verbindlichk.	64,00		
10) Kasse	48,00		

Skontoaufwand

S		H	
11) Forderung	180,00		
14) Forderung	150,00		

Verbindlichkeiten aus L.u.L.

S		H	
12) Sparkasse	464,00	**EBK**	**63.600,00**
13) Sparkasse	2.320,00	5) WEK sonst., VSt	2.320,00
		7) Büroaufw., VSt	464,00

Umsatzsteuer

S		H	
11) Forderung	28,80	2) Kasse	480,00
14) Forderung	24,00	3) Forderung	1.440,00
		6) Privatentnahmen	16,00
		8) BGA	160,00
		9) Forderung	800,00

Skontoerträge

S		H	
		12) Verbindlichk.	12,00
		13) Verbindlichk.	58,80

Aufgabe 35: Abschluß der Umsatzsteuer-Konten (Umsatzsteuer-Zahllast oder Vorsteuer-Überhang) beim Nettoverfahren

Zum 31.5.01 stellt Paul Piste fest, daß folgende Warenbestände zu Einstandspreisen noch am Lager sind:

Warengruppe Ski	98.000 DM
Warengruppe Tennis	5.500 DM
Warengruppe Golf	37.000 DM
Warengruppe sonst.	4.560 DM

Ausgehend von der Schlußbilanz zum 30.4.01 (siehe Aufgabe 30) möchte Paul Piste nunmehr die Umsatzsteuer-Konten abschließen und die Schlußbilanz zum 31.5.01 erstellen.

Lösung

Die sogenannte *Umsatzsteuer-Zahllast* für den Voranmeldungszeitraum ist innerhalb von zehn Tagen nach Ablauf des Voranmeldungszeitraums an das Finanzamt abzuführen; § 18 Abs. 1 Satz 3 UStG. „Voranmeldungszeitraum ist das Kalendervierteljahr. Beträgt die Steuer für das vorangegangene Kalenderjahr mehr als 12.000 Deutsche Mark, ist der Kalendermonat Voranmeldungszeitraum"; § 18 Abs. 2 Sätze 1 und 2 UStG. Die Umsatzsteuer-Zahllast errechnet sich als Differenz zwischen der für Lieferungen, sonstige Leistungen und Eigenverbrauch zu zahlenden Umsatzsteuer abzüglich der nach § 15 UStG abziehbaren und in den Besteuerungszeitraum fallenden *Vorsteuerbeträge* für Lieferungen oder sonstige Leistungen, die von anderen Unternehmern für das eigene Unternehmen ausgeführt worden sind.

Ist der Saldo des Kontos „Umsatzsteuer" größer als der Saldo des Kontos „Vorsteuer", so ergibt sich hieraus eine Umsatzsteuer-Zahllast, die eine Verbindlichkeit gegenüber dem Finanzamt darstellt. In diesem Fall wird der Saldo des Kontos „Vorsteuer" mit folgender Buchung über das Konto „Umsatzsteuer" abgeschlossen:

Umsatzsteuer an Vorsteuer

Der Saldo des Kontos „Umsatzsteuer" zeigt nun die exakte Umsatzsteuer-Zahllast. Dieser Saldo wird beim Jahresabschluß, hier aus didaktischen Gründen schon einmal zum Ende des Monats Mai 01, wie jedes andere passive Bestandskonto mit folgender Buchung über das Schlußbilanzkonto abgeschlossen:

Umsatzsteuer an Schlußbilanzkonto

In der Schlußbilanz erscheint somit auf der Passivseite die echte Umsatzsteuer-Schuld. Sie wird in der Bilanz unter der Position „sonstige Verbindlichkeiten" ausgewiesen; § 266 Abs. 3 HGB.

Das Kontenbild sieht dann wie folgt aus:

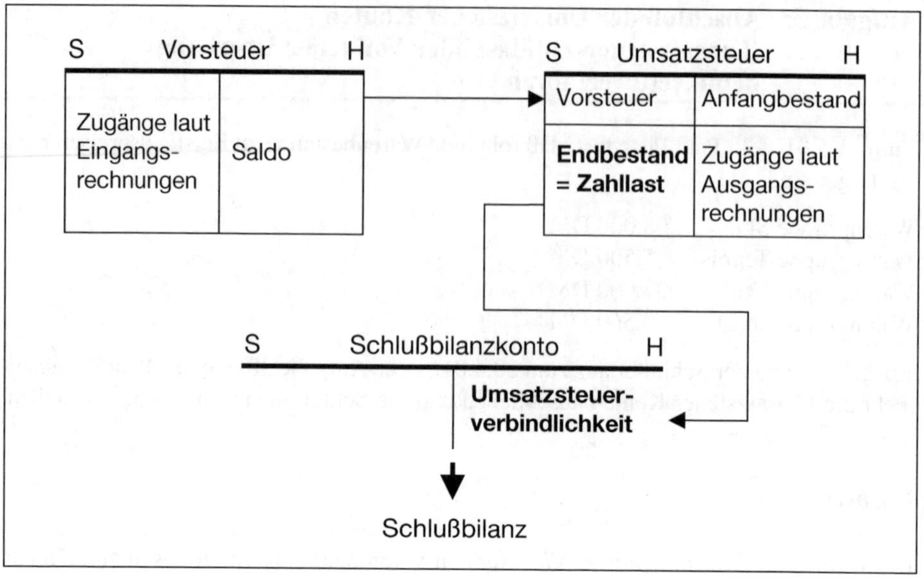

Abb. 23: Abschluß der Umsatzsteuer-Konten mit Umsatzsteuer-Zahllast

In der Praxis des Sporteinzelhandels „Fit & Fun" ist es natürlich auch möglich, daß die Summe der gebuchten Vorsteuerbeträge größer ist als die Summe der gebuchten Umsatzsteuerbeträge. Dies wäre beispielsweise dann der Fall, wenn Paul Piste im Monat Mai 01 sehr viele Handelswaren (z.B. Saisonartikel) eingekauft und auch geliefert bekommen hätte (= Vorsteuer) aber aus bestimmten Gründen kaum Handelswaren verkauft hätte (= Umsatzsteuer). In diesem Fall entstünde ein sogenannter *Vorsteuer-Überhang*, der nichts anderes als eine Forderung gegenüber dem Finanzamt darstellt. Würde somit das Konto „Vorsteuer" den größeren Saldo ausweisen, so wäre der Saldo des Kontos „Umsatzsteuer" mit folgender Buchung über das Konto „Vorsteuer" abzuschließen:

Umsatzsteuer an Vorsteuer

Der Saldo des Kontos „Vorsteuer" zeigt nun den exakten Vorsteuer-Überhang. Dieser Saldo wird beim Jahresabschluß, hier falls vorhanden zum Ende des Monats Mai 01, wie jedes andere aktive Bestandskonto mit folgender Buchung über das Schlußbilanzkonto abgeschlossen:

Schlußbilanzkonto an Vorsteuer

In der Schlußbilanz erschiene dann auf der Aktivseite die echte Forderung gegenüber dem Finanzamt. Sie würde in der Bilanz unter der Position „sonstige Vermögensgegenstände" ausgewiesen; § 266 Abs. 2 HGB.

Das Kontenbild würde in diesem Fall dann wie folgt aussehen:

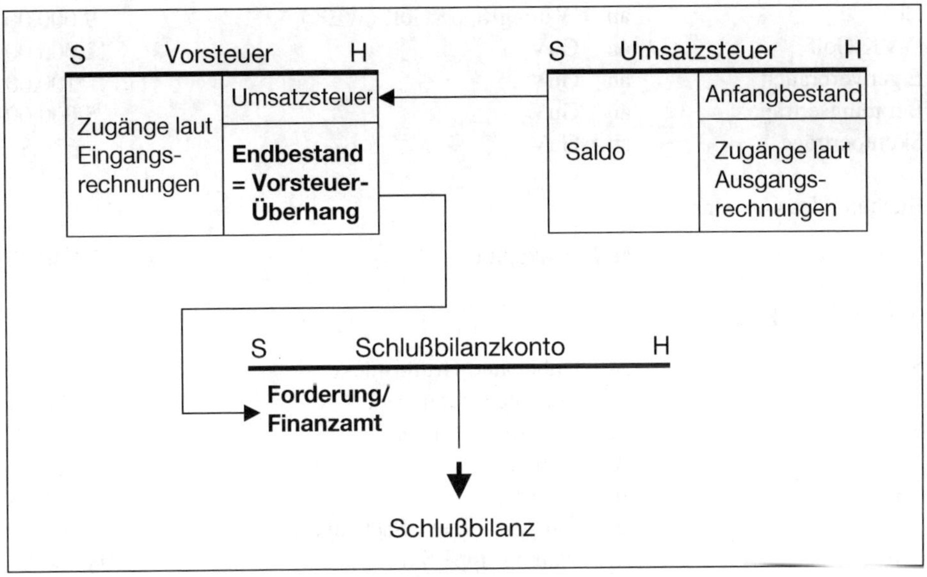

Abb. 24: Abschluß der Umsatzsteuer-Konten mit Vorsteuer-Überhang

Zusammengefaßt bleibt festzuhalten, daß die Umsatzsteuer aus der Sicht des Unternehmers Paul Piste erfolgsneutral ist. Allen Kunden stellt er Umsatzsteuer in Rechnung, seinen Lieferanten überweist er die Vorsteuer. Nur die sich zwischen Umsatzsteuer und Vorsteuer ergebende Differenz führt Paul Piste an das Finanzamt ab. Die Umsatzsteuer stellt damit für Paul Piste einen durchlaufenden Posten dar. Es gilt:

Vorsteuer aus allen Eingangsrechnungen + Zahllast

=

Umsatzsteuer aus allen Ausgangsrechnungen

Die Umsatzsteuer ist eine Verkehrsteuer. Sie wird allein vom nicht zum Vorsteuerabzug berechtigten Letztverbraucher getragen. Dies ist in der Regel der Privatverbraucher.

Zum Ende des Monats Mai 01 sind von Paul Piste folgende Arbeitsschritte zu bewältigen:

Vorbereitende Abschlußbuchungen:

Eigenkapital	an	Privatentnahmen	116,00
Umsatzsteuer	an	Vorsteuer	1.374,27

Abschluß der Erfolgskonten:

GuV	an	Büroaufwendungen	400,00
GuV	an	Reparaturaufwendungen	300,00
GuV	an	Skontoaufwendungen	330,00
GuV	an	Bezugskosten Warengr.Tennis	100,00

GuV	an	Warengruppe Golf (WEK)	9.000,00
WVK Golf	an	GuV	12.000,00
Eigenverbrauch	an	GuV	100,00
Beratungserträge	an	GuV	5.000,00
Skontoerträge	an	GuV	70,80

Buchung des Gewinns:

GuV	an Eigenkapital	7.040,80

Abschluß der Bestandskonten:

SBK	an	Unbebaute Grundstücke	100.000,00
SBK	an	Bebaute Grundstücke	250.000,00
SBK	an	TA und Maschinen	44.000,00
SBK	an	Fuhrpark	30.000,00
SBK	an	BGA	17.855,00
SBK	an	Gel.Anzahl. auf Sachanlagen	15.000,00
SBK	an	Warengruppe Ski	98.000,00
SBK	an	Warengruppe Tennis	11.400,00
SBK	an	Warengruppe Golf	37.000,00
SBK	an	Warengruppe sonst.	4.560,00
SBK	an	Forderungen aus L.u.L.	46.900,00
SBK	an	Postbank	4.988,00
SBK	an	Sparkasse	33.696,73
SBK	an	Kasse	4.902,00
Eigenkapital	an	SBK	378. 232,80
Hypothek Bayer.Hypobank	an	SBK	70.000,00
Darlehn Dresdner Bank	an	SBK	185.000,00
Verbindlichk. aus L.u.L.	an	SBK	63.600,00
Umsatzsteuer	an	SBK	1.468,93

Ausgehend von der Schlußbilanz zum 30.4.01 (siehe Aufgabe 30) sieht das Bild der für Mai 01 benötigten Bestands- und Erfolgskonten dann wie folgt aus:

S	BGA		H
EBK	**18.855,00**	8) Kasse	1.000,00
		SBK	**17.855,00**
	18.855,00		18.855,00

S	Warengruppe Tennis (WEK)		H
EBK	**5.500,00**	**SBK**	**11.400,00**
1) Kasse	5.900,00		
	11.400,00		11.400,00

S	Warengruppe Golf (WEK)		H
EBK	**46.000,00**	**GuV**	**9.000,00**
		SBK	**37.000,00**
	46.000,00		46.000,00

S	Warengruppe sonst. (WEK)		H
EBK	**2.600,00**	13) Verbindlichk.	40,00
5) Verbindlichk.	2.000,00	**SBK**	**4.560,00**
	4.600,00		4.600,00

S	Forderungen aus L.u.L.		H
EBK	**46.900,00**	11) Sparkasse, Skontoaufw., USt	10.440,00
3) WVK Golf, USt	10.440,00	14) Sparkasse, Skontoaufw., USt	5.800,00
9) Beratungsertr., USt	5.800,00	**SBK**	**46.900,00**
	63.140,00		63.140,00

S	Sparkasse		H
EBK	**495,00**	12) Verbindlichk.	450,08
4) Kasse	20.000,00	13) Verbindlichk.	2.205,39
11) Forderung	10.231,20	**SBK**	**33.696,73**
14) Forderung	5.626,00		
	36.352,20		36.352,20

S	Kasse		H
EBK	**27.570,00**	1) WEK Tennis, VSt	6.960,00
2) WVK Golf, USt	3.480,00	4) Sparkasse	20.000,00
8) BGA, USt	1.160,00	10) Reparaturaufw., VSt	348,00
		SBK	**4.902,00**
	32.210,00		32.210,00

S	Eigenkapital		H
Privatentnahmen	116,00	**EBK**	**371.308,00**
SBK	**378.232,80**	**GuV**	**7.040,80**
	378.348,80		378.348,80

S	Privatentnahmen		H
6) Eigenverbrauch, USt	116,00	**EK**	**116,00**
	116,00		116,00

S	Verbindlichkeiten aus L.u.L.		H
12) Sparkasse	464,00	**EBK**	**63.600,00**
13) Sparkasse	2.320,00	5) WEK sonst., VSt	2.320,00
SBK	**63.600,00**	7) Büroaufw., VSt	464,00
	66.384,00		66.384,00

S	Vorsteuer		H
1) Kasse	960,00	12) Verbindlichk.	1,92
5) Verbindlichk.	320,00	13) Verbindlichk.	15,81
7) Verbindlichk.	64,00	**USt**	**1.374,27**
10) Kasse	48,00		
	1.392,00		1.392,00

S	Büroaufwendungen		H
7) Verbindlichk.	400,00	**GuV**	**400,00**
	400,00		400,00

S	Reparaturaufwendungen		H
10) Kasse	300,00	**GuV**	**300,00**
	300,00		300,00

S	Skontoaufwand		H
11) Forderung	180,00	**GuV**	**330,00**
14) Forderung	150,00		
	330,00		330,00

S	Bezugskosten Warengruppe Tennis		H
1) Kasse	100,00	**GuV**	**100,00**
	100,00		100,00

S	Umsatzsteuer		H
11) Forderung	28,80	2) Kasse	480,00
14) Forderung	24,00	3) Forderung	1.440,00
VSt	1.374,27	6) Privatentnahmen	16,00
SBK	**1.468,93**	8) BGA	160,00
		9) Forderung	800,00
	2.896,00		2.896,00

S	WVK Golf		H
GuV	**12.000,00**	2) Kasse	3.000,00
		3) Forderung	9.000,00
	12.000,00		12.000,00

S	Eigenverbrauch		H
GuV	**100,00**	6) Privatentnahmen	100,00
	100,00		100,00

S	Beratungserträge		H
GuV	**5.000,00**	9) Forderung	5.000,00
	5.000,00		5.000,00

S	Skontoerträge		H
GuV	**70,80**	12) Verbindlichk.	12,00
		13) Verbindlichk.	58,80
	70,80		70,80

S	Gewinn- und Verlustkonto		H
Büroaufw.	400,00	WVK Golf	12.000,00
Reparaturaufw.	300,00	Eigenverbrauch	100,00
Skontoaufw.	330,00	Beratungserträge	5.000,00
Bezugskosten Tennis	100,00	Skontoerträge	70,80
WEK Golf	9.000,00		
Eigenkapital	**7.040,80**		
	17.170,80		17.170,80

S	Schlußbilanzkonto		H
Unbebaute Grundstücke	100.000,00	Eigenkapital	378.232,80
Bebaute Grundstücke	250.000,00	Hypothek	70.000,00
TA und Maschinen	44.000,00	Darlehn	185,000,00
Fuhrpark	30.000,00	Verbindlichkeiten	63.600,00
BGA	17.855,00	Umsatzsteuer	1.468,93
Gel. Anz. auf Sachanlagen	15.000,00		
Warengruppe Ski	98.000,00		
Warengruppe Tennis	11.400,00		
Warengruppe Golf	37.000,00		
Warengruppe sonst.	4.560,00		
Forderungen	46.900,00		
Postbank	4.988,00		
Sparkasse	33.696,73		
Kasse	4.902,00		
	698.301,73		698.301,73

Die aus dem Schlußbilanzkonto abgeleitete Schlußbilanz des Sporteinzelhandels „Fit & Fun“ zum 31.5.01 sieht nunmehr wie folgt aus:

Schlußbilanz des Sporteinzelhandels „Fit & Fun“, Berlin zum 31.5.01

Aktivseite		Passivseite	
A. Anlagevermögen		**A. Eigenkapital**	378.232,80
I. Sachanlagen		**B. Verbindlichkeiten**	
1. Grundstücke, grundstücksgleiche Rechte und Bauten	350.000,00	1. Verbindlichkeiten gegenüber Kreditinstituten	255.000,00
2. Technische Anlagen und Maschinen	44.000,00	2. Verbindlichkeiten aus Lieferungen und Leistungen	63.600,00
3. Andere Anlagen, Betriebs- und Geschäftsausstattung	47.855,00	3. Sonstige Verbindlichkeiten, davon aus Steuern	1.468,93
4. Gel. Anzahlungen auf Sachanlagen	15.000,00		
B. Umlaufvermögen			
I. Vorräte			
1. Fertige Erzeugnisse und Waren	150.960,00		
II. Forderungen und sonstige Vermögensgegenstände			
1. Forderungen aus Lieferungen und Leistungen	46.900,00		
III. Flüssige Mittel			
1. Kassenbestand	4.902,00		
2. Guthaben bei Kreditinstituten	38.684,73		
	698.301,73		698.301,73

Berlin, 31.5.01

Paul Piske

Aufgabe 36: Berechnung der Umsatzsteuer beim Bruttoverfahren

Die sich im Mai 01 ereigneten Geschäftsvorfälle hatte Paul Piste nach dem Nettoverfahren (= Nettomethode) gebucht. Dies bedeutete stets die buchmäßige Trennung von Nettowerten (= Entgelt) und darauf entfallender Umsatzsteuer. Nunmehr möchte Paul Piste die Geschäftsvorfälle des Monats Mai 01 (siehe Aufgaben 32 bis 35) nach dem Bruttoverfahren (= Bruttomethode) buchen und zum 31.5.01 die Umsatzsteuer-Zahllast ermitteln sowie die Schlußbilanz erstellen.

Lösung

Nach § 63 Abs. 5 UStDV kann der Unternehmer Paul Piste die Entgelte für steuerpflichtige Lieferungen und sonstige Leistungen, die an ihn ausgeführt worden sind, und die darauf entfallenden Vorsteuerbeträge in einer Summe, getrennt nach den in den Eingangsrechnungen angewandten Steuersätzen (7%, 16%), aufzeichnen. Gleiches gilt gemäß § 63 Abs. 3 UStDV für die steuerpflichtigen Lieferungen und sonstigen Leistungen, die Paul Piste für andere erbringt. Entgelte und darauf entfallende Umsatzsteuer kann er in einer Summe aufzeichnen.

Spätestens am Schluß eines jeden Voranmeldungszeitraums muß Paul Piste dann die aufgezeichneten Bruttobeträge in die Nettobeträge und die Summe der Vorsteuer-Beträge und Umsatzsteuer-Beträge umrechnen. Werden Eingangsrechnungen und Ausgangsrechnungen nach dem Bruttoverfahren gebucht, so gibt es zur Herausrechnung der Vorsteuer und Umsatzsteuer drei Möglichkeiten:

1. Anwendung eines Divisors:
   Bruttobetrag : Divisor = Umsatzsteuer-Betrag
2. Anwendung eines Multiplikationsfaktors:
   Bruttobetrag x Multiplikationsfaktor = Umsatzsteuer-Betrag
3. Anwendung eines Abzugsvomhundertsatzes:
   Bruttobetrag : 100 x Abzugsvomhundertsatz = Umsatzsteuer-Betrag

In Abhängigkeit vom Umsatzsteuersatz sind folgende Divisoren, Multiplikationsfaktoren oder Abzugsvomhundertsätze anzuwenden:

Steuersatz	16%	7%
Divisor	7,25	15,286
Multiplikationsfaktor	0,13793	0,0654
Abzugsvomhundertsatz	13,793	6,54

Die Herausrechnung der Vorsteuer und Umsatzsteuer kann außerdem in der Weise erfolgen, daß die in den Eingangs- und Ausgangsrechnungen ausgewiesenen Bruttobeträge in die Nettobeträge umgerechnet werden und die Differenz zwischen diesen beiden Beträgen errechnet wird. Diese Differenz entspricht dem Vorsteuer- beziehungsweise dem Umsatzsteuer-Betrag:

Bruttobetrag : Divisor = Nettobetrag

Der Divisor zur Ermittlung der Nettobeträge beträgt:

– bei einem Umsatzsteuersatz von 16% : 1,16
– bei einem Umsatzsteuersatz von 7% : 1,07

Die herausgerechneten Vorsteuer- beziehungsweise Umsatzsteuerbeträge werden dann wie folgt auf dem Vorsteuer- beziehungsweise Umsatzsteuer-Konto gebucht:

Vorsteuer	an	aktives Bestandskonto oder Aufwandskonto
und		
Ertragskonto	an	Umsatzsteuer

Mit diesen Buchungen wird erreicht, daß die Endbestände der aktiven Bestandskonten und die Salden der Erfolgskonten nur noch Nettobeträge beinhalten. Der Abschluß der Konten erfolgt dann nach den bereits dargestellten Buchführungsregeln.

Die sich im Mai 01 ereigneten vierzehn Geschäftsvorfälle (siehe Aufgaben 32 bis 35) wird Paul Piste unter Anwendung des Bruttoverfahrens (= Bruttomethode) nunmehr wie folgt buchen:

1.	Warengruppe Tennis (WEK) Bezugskosten Tennis	6.844,00 116,00	an	Kasse	6.960,00
2.	Kasse		an	WVK Warengr.Golf	3.480,00
3.	Forderungen aus L.u.L.		an	WVK Warengr. Golf	10.440,00
4.	Sparkasse		an	Kasse	20.000,00
5.	Warengruppe sonst. (WEK)		an	Verbindlichk.aus L.u.L.	2.320,00
6.	Privatentnahmen		an	Eigenverbrauch	116,00
7.	Büroaufwendungen		an	Verbindlichk. aus L.u.L.	464,00
8.	Kasse		an	BGA	1.160, 00
9.	Forderungen aus L.u.L.		an	Beratungserträge	5.800,00
10.	Reparaturaufwendungen		an	Kasse	348,00
11.	Sparkasse Skontoaufwand	10. 231, 20 208,80	an	Forderungen aus L.u.L.	10.440,00
12.	Verbindlichk.aus L.u.L.	464,00	an	Sparkasse Skontoerträge	450,08 13,92
13.	Verbindlichk.aus L.u.L.	2.320,00	an	Sparkasse Warengruppe sonst. (WEK) Skontoerträge	2.205,39 46,40 68,21

14. Sparkasse	5.626,00			
Skontoaufwand	174,00	an	Forderungen aus L.u.L.	5.800,00

Zum 31.5.01 muß Paul Piste nunmehr die Vorsteuer und die Umsatzsteuer-Beträge aus jedem einzelnen relevanten Konto herausrechnen und auf den Vorsteuer- und Umsatzsteuer-Konten buchen. Dies geschieht mit Hilfe folgender Abschlußbuchungen:

Vorbereitende Abschlußbuchungen:

BGA	an	Umsatzsteuer	160,00
Vorsteuer	an	Warengruppe Tennis (WEK)	944,00
Vorsteuer	an	Warengruppe sonst. (WEK)	313,60
Vorsteuer	an	Büroaufwendungen	64,00
Vorsteuer	an	Reparaturaufwendungen	48,00
Vorsteuer	an	Skontoaufwendungen	52,80
Vorsteuer	an	Bezugskosten Tennis	16,00
WVK Golf	an	Umsatzsteuer	1.920,00
Eigenverbrauch	an	Umsatzsteuer	16,00
Beratungserträge	an	Umsatzsteuer	800,00
Skontoerträge	an	Umsatzsteuer	11,33
Umsatzsteuer	an	Vorsteuer	1.438,40
Eigenkapital	an	Privatentnahmen	116,00

Abschluß der Erfolgskonten:

GuV	an	Büroaufwendungen	400,00
GuV	an	Reparaturaufwendungen	300,00
GuV	an	Skontoaufwendungen	330,00
GuV	an	Bezugskosten Warengr.Tennis	100,00
GuV	an	Warengruppe Golf (WEK)	9.000,00
WVK Golf	an	GuV	12.000,00
Eigenverbrauch	an	GuV	100,00
Beratungserträge	an	GuV	5.000,00
Skontoerträge	an	GuV	70,80

Buchung des Gewinns:

GuV	an	Eigenkapital	7.040,80

Abschluß der Bestandskonten:

SBK	an	Unbebaute Grundstücke	100.000,00
SBK	an	Bebaute Grundstücke	250.000,00
SBK	an	TA und Maschinen	44.000,00
SBK	an	Fuhrpark	30.000,00
SBK	an	BGA	17.855,00

SBK	an	Gel.Anzahl. auf Sachanlagen	15.000,00
SBK	an	Warengruppe Ski	98.000,00
SBK	an	Warengruppe Tennis	11.400,00
SBK	an	Warengruppe Golf	37.000,00
SBK	an	Warengruppe sonst.	4.560,00
SBK	an	Forderungen aus L.u.L.	46.900,00
SBK	an	Postbank	4.988,00
SBK	an	Sparkasse	33.696,73
SBK	an	Kasse	4.902,00
Eigenkapital	an	SBK	378.232,80
Hypothek Bayer.Hypobank	an	SBK	70.000,00
Darlehn Dresdner Bank	an	SBK	185.000,00
Verbindlichk. aus L.u.L.	an	SBK	63.600,00
Umsatzsteuer	an	SBK	1.468,93

Ausgehend von der Schlußbilanz zum 30.4.01 (siehe Aufgabe 30) sieht das Bild der für Mai 0l benötigten Bestands- und Erfolgskonten bei Anwendung des Bruttoverfahrens dann wie folgt aus:

S	BGA			H
	EBK	**18.855,00**	8) Kasse	1.160,00
	USt	160,00	**SBK**	**17.855,00**
		19.015,00		19.015,00

S	Warengruppe Tennis (WEK)			H
	EBK	**5.500,00**	VSt	944,00
1)	Kasse	6.844,00	**SBK**	**11.400,00**
		12.344,00		12.344,00

S	Warengruppe Golf (WEK)			H
	EBK	**46.000,00**	**GuV**	**9.000,00**
			SBK	**37.000,00**
		46.000,00		46.000,00

S	Warengruppe sonst. (WEK)			H
	EBK	**2.600,00**	13) Verbindlichk.	46,40
5)	Verbindlichk.	2.320,00	VSt	313,60
			SBK	**4.560,00**
		4.920,00		4.920,00

S		Forderungen aus L.u.L.			H
	EBK	**46.900,00**	11)	Sparkasse, Skontoaufw.,	10.440,00
3)	WVK Golf,	10.440,00	14)	Sparkasse, Skontoaufw.,	5.800,00
9)	Beratungsertr.,	5.800,00		**SBK**	**46.900,00**
		63.140,00			63.140,00

S		Sparkasse			H
	EBK	**495,00**	12)	Verbindlichk.	450,08
4)	Kasse	20.000,00	13)	Verbindlichk.	2.205,39
11)	Forderung	10.231,20		**SBK**	**33.696,73**
14)	Forderung	5.626,00			
		36.352,20			36.352,20

S		Kasse			H
	EBK	**27.570,00**	1)	WEK Tennis, Bezugsk. Tennis	6.960,00
2)	WVK Golf,	3.480,00	4)	Sparkasse	20.000,00
8)	BGA	1.160,00	10)	Reparaturaufw.,	348,00
				SBK	**4.902,00**
		32.210,00			32.210,00

S		Eigenkapital			H
	Privatentnahmen	116,00		**EBK**	**371.308,00**
	SBK	**378.232,80**		**GuV**	**7.040,80**
		378.348,80			378.348,80

S		Privatentnahmen			H
6)	Eigenverbrauch	116,00		**EK**	**116,00**
		116,00			116,00

S		Verbindlichkeiten aus L.u.L.			H
12)	Sparkasse, Skontoerträge	464,00		**EBK**	**63.600,00**
13)	Sparkasse, WEK sonst., Skontoerträge	2.320,00	5)	WEK sonst.	2.320,00
	SBK	**63.600,00**	7)	Büroaufw.	464,00
		66.384,00			66.384,00

S	Vorsteuer		H
WEK Tennis	944,00	**UST**	**1.438,40**
WEK sonst.	313,60		
Büroaufwendungen	64,00		
Reparaturaufw.	48,00		
Skontoaufwand	52,80		
Bezugsk. Tennis	16,00		
	1.438,40		1.438,40

S	Büroaufwendungen		H
7) Verbindlichk.	464,00	VSt	64,00
		GuV	**400,00**
	464,00		464,00

S	Reparaturaufwendungen		H
10) Kasse	348,00	VSt	48,00
		GuV	**300,00**
	348,00		348,00

S	Skontoaufwand		H
11) Forderung	208,80	VSt	52,80
14) Forderung	174,00	**GuV**	**330,00**
	382,80		382,80

S	Bezugskosten Warengruppe Tennis		H
1) Kasse	116,00	VSt	16,00
		GuV	**100,00**
	116,00		116,00

S	Umsatzsteuer		H
VSt	**1.438,40**	BGA	160,00
SBK	**1.468,93**	WVK Golf	1.920,00
		Eigenverbrauch	16,00
		Beratungserträge	800,00
		Skontoerträge	11,33
	2.907,33		2.907,33

S	WVK Golf		H
USt	1.920,00	2) Kasse	3.480,00
GuV	**12.000,00**	3) Forderung	10.440,00
	13.920,00		13.920,00

S	Eigenverbrauch		H
USt	16,00	6) Privatentnahmen	116,00
GuV	**100,00**		
	116,00		116,00

S	Beratungserträge		H
USt	800,00	9) Forderung	5.800,00
GuV	**5.000,00**		
	5.800,00		5.800,00

S	Skontoerträge		H
USt	11,33	12) Verbindlichk.	13,92
GuV	**70,80**	13) Verbindlichk.	68,21
	82,13		82,13

S	Gewinn- und Verlustkonto		H
Büroaufw.	400,00	WVK Golf	12.000,00
Reparaturaufw.	300,00	Eigenverbrauch	100,00
Skontoaufw.	330,00	Beratungserträge	5.000,00
Bezugskosten Tennis	100,00	Skontoerträge	70,80
WEK Golf	9.000,00		
Eigenkapital	**7.040,80**		
	17.170,80		17.170,80

S	Schlußbilanzkonto		H
Unbebaute Grundstücke	100.000,00	Eigenkapital	378.232,80
Bebaute Grundstucke	250.000,00	Hypothek	70.000,00
TA und Maschinen	44.000,00	Darlehn	185.000,00
Fuhrpark	30.000,00	Verbindlichkeiten	63.600,00
BGA	17.855,00	Umsatzsteuer	1.468,93
Gel. Anz. auf Sachanlagen	15.000,00		
Warengruppe Ski	98.000,00		
Warengruppe Tennis	11.400,00		
Warengruppe Golf	37.000,00		
Warengruppe sonst.	4.560,00		
Forderungen	46.900,00		
Postbank	4.988,00		
Sparkasse	33.696,73		
Kasse	4.902,00		
	698.301,73		698.301,73

Die aus dem Schlußbilanzkonto abgeleitete Schlußbilanz des Sporteinzelhandels „Fit & Fun" zum 31.5.01 sieht natürlich genau so aus, wie die bereits in der Aufgabe 35 ermittelte Schlußbilanz zum 31.5.01 bei Anwendung des Nettoverfahrens:

Schlußbilanz des Sporteinzelhandels „Fit & Fun", Berlin zum 31.5.01

Aktivseite		Passivseite	
A. Anlagevermögen		**A. Eigenkapital**	378.232,80
I. Sachanlagen		**B. Verbindlichkeiten**	
1. Grundstücke, grundstücksgleiche Rechte und Bauten	350.000,00	1. Verbindlichkeiten gegenüber Kreditinstituten	255.000,00
2. Technische Anlagen und Maschinen	44.000,00	2. Verbindlichkeiten aus Lieferungen und Leistungen	63.600,00
3. Andere Anlagen, Betriebs- und Geschäftsausstattung	47.855,00	3. Sonstige Verbindlichkeiten, davon aus Steuern	1.468,93
4. Gel. Anzahlungen auf Sachanlagen	15.000,00		
B. Umlaufvermögen			
I. Vorräte			
1. Fertige Erzeugnisse und Waren	150.960,00		
II. Forderungen und sonstige Vermögensgegenstände			
1. Forderungen aus Lieferungen und Leistungen	46.900,00		
III. Flüssige Mittel			
1. Kassenbestand	4.902,00		
2. Guthaben bei Kreditinstituten	38.684,73		
	698.301,73		698.301,73

Berlin, 31.5.01

Paul Piste

VIII. Buchungen im Personalbereich

Aufgabe 37: Buchung von Löhnen und Gehältern anhand der Lohn- und Gehaltslisten

Die Verkaufs- und Beratungaktivitäten hatten im Mai 01 derart zugenommen, daß Paul Piste zur Entlastung seiner Person zum 1.6.01 die beiden Fachverkäufer Tiger Greenfee und Ernie Pitch einstellte. Zum Ende des Monats Juni 01 erstellte Paul Piste folgende Gehaltsliste:

Name	Steuerklasse	Kinderfreibeträge	Bruttogehalt	Abzüge				Gesamtabzüge	Auszahlung = Nettogehalt
				Lohnsteuer	Kirchensteuer	Sozialversich.	sonst.		
Greenfee	I	0,0	3.000	500	40	600	0,00	1.140	1.860
Pitch	III	1,0	2.500	150	12	500	0,00	662	1.838
Summe			**5.500**	**650**	**52**	**1.100**	**0,00**	**1.802**	**3.698**

Vom Konto 654321-900 bei der Sparkasse überwies Paul Piste am 26.6.01 die Auszahlungsbeträge an seine beiden Mitarbeiter. Zum 30.6.01 möchte Paul Piste nunmehr die entsprechenden Buchungen im Personalbereich vornehmen sowie die Schlußbilanz erstellen.

Lösung

Die Arbeitnehmer erhalten für ihre Arbeitsleistung vom Unternehmer Lohn, sofern es sich um Arbeiter handelt, beziehungsweise Gehalt, sofern sie als Angestellte tätig sind. Für die Arbeitnehmer sind Löhne und Gehälter ihr Einkommen; für den Arbeitgeber stellen Löhne und Gehälter den *Personalaufwand* dar. Löhne und Gehälter werden auf getrennten Aufwandskonten gebucht.

Tiger Greenfee und Ernie Pitch sind im Angestelltenverhältnis tätig. In ihren Arbeitsverträgen wurde ein bestimmtes monatliches Bruttogehalt vereinbart. Aufgrund gesetzlicher Bestimmungen ist der Arbeitgeber Paul Piste nunmehr verpflichtet, von den jeweiligen Bruttoarbeitsentgelten der beiden Arbeitnehmer Lohnsteuer, Kirchensteuer, Solidaritätszuschlag und Sozialversicherungsbeiträge (Arbeitnehmeranteil) einzubehalten und an die zuständigen Stellen (= Finanzämter und Krankenkassen) innerhalb bestimmter Fristen abzuführen. Das an den einzelnen Arbeitnehmer auszuzahlende Nettoarbeitsentgelt berechnet sich dann wie folgt:

Bruttoarbeitsentgelt (= Bruttogehalt)
./. Lohnsteuer
./. Kirchensteuer
./. Solidaritätszuschlag
./. Arbeitnehmeranteil an der Sozialversicherung

= Nettoarbeitsentgelt (= Nettogehalt)

Arbeitnehmer erzielen Einkünfte aus nichtselbständiger Arbeit: „Bei Einkünften aus nichtselbständiger Arbeit wird die Einkommensteuer durch Abzug vom Arbeitslohn erhoben (Lohnsteuer) …“; § 38 Abs. 1 Satz 1 EStG. Man bezeichnet dieses Verfahren auch als Quellenabzugsverfahren.

Lohnsteuer wird demnach bei Einkünften aus nichtselbständiger Arbeit erhoben. Die Höhe der Lohnsteuer ist von folgenden Faktoren abhängig:

- Höhe des Bruttoarbeitsentgeltes
- Steuerklasse (Familienstand, Zahl der Kinder, Allein- oder Doppelverdiener)
- Kinderfreibeträge
- Weitere Freibeträge.

Jeder Arbeitnehmer erhält jährlich von seiner zuständigen Gemeindebehörde eine *Lohnsteuerkarte,* die bereits die wichtigsten Daten für die Errechnung der Lohnsteuer beinhaltet. Diese Lohnsteuerkarte ist unverzüglich nach Erhalt dem Arbeitgeber auszuhändigen, damit dieser die entsprechenden Berechnungen fristgerecht vornehmen kann.

Auch die *Kirchensteuer* wird vom Arbeitgeber einbehalten. Bemessungsgrundlage für die Kirchensteuer ist die zu zahlende Lohnsteuer. Der Kirchensteuersatz beträgt, je nach Bundesland 8% beziehungsweise 9%. Paul Piste arbeitet mit 8%!

Auch der *Solidaritätszuschlag* wird vom Arbeitgeber einbehalten. Bemessungsgrundlage des Solidaritätszuschlages ist ebenfalls die zu zahlende Lohnsteuer. Er beträgt zur Zeit 5,5% vom zu zahlenden Lohnsteuerbetrag. Da sich dieser Prozentsatz in absehbarer Zeit ändern oder ganz entfallen wird, wird im Rahmen dieses Buches auf den Solidaritätszuschlag nicht gesondert eingegangen.

Die Beiträge zur *Sozialversicherung* setzen sich im wesentlichen aus Kranken-, Arbeitslosen- und Rentenversicherungsabgaben zusammen. Sie werden je zur Hälfte vom Arbeitnehmer und vom Arbeitgeber getragen. Das bedeutet, daß der Arbeitgeber über das Bruttoarbeitsentgelt hinaus einen zusätzlichen Aufwand für das bei ihm beschäftigte Personal zu tragen hat. Der vom Arbeitgeber einbehaltene Arbeitnehmeranteil zur Sozialversicherung wird dann zusammen mit dem Arbeitgeberanteil zur Sozialversicherung an die Krankenkassen innerhalb der festgesetzten Frist abgeführt. Da bei der Pflegeversicherung in absehbarer Zeit Änderungen zu erwarten sind, wird im Rahmen dieses Buches die Pflegeversicherung nicht gesondert berücksichtigt. Die an die Berufsgenossenschaft zu zahlenden Beträge zur gesetzlichen Unfallversicherung trägt allein der Arbeitgeber

Paul Piste. Sie werden auf dem Aufwandskonto „Beiträge zur Berufsgenossenschaft" gebucht, im Rahmen dieses Buches aus didaktischen Gründen aber vernachlässigt.

Der beim Arbeitgeber entstehende Personalaufwand setzt sich folglich aus folgenden Komponenten zusammen:

	Bruttoarbeitsentgelt
+	Arbeitgeberanteil an der Sozialversicherung
=	Vertraglicher und gesetzlicher Personalaufwand

Werden darüber hinaus noch freiwillige Sozialleistungen gewährt, so errechnet sich der gesamte Personalaufwand dann wie folgt:

	Vertraglicher und gesetzlicher Personalaufwand
+	Freiwillige Sozialleistungen
=	Gesamter Personalaufwand

In der doppelten Buchführung nimmt das Aufwandskonto „Gehälter" auf der Sollseite die Bruttoarbeitsentgelte auf. Die Gegenbuchung (Nettoarbeitsentgelte) erfolgt, je nach Zahlungsweise, beispielsweise auf dem Kassen- oder Kontokorrentkonto. Die einbehaltenen Abzüge werden im Haben der Konten „Verbindlichkeiten gegenüber Finanzbehörden" und „Verbindlichkeiten gegenüber Sozialversicherungsträgern" gebucht:

Gehälter	an	Kontokorrentkonto
	an	Verb. gegenüber Finanzbehörden
	an	Verb. gegenüber Sozialversicherungsträgern

Die vom Arbeitgeber über die Bruttoarbeitsentgelte hinaus zu tragenden gesetzlichen Sozialleistungen werden als zusätzlicher Aufwand im Soll des Kontos „Arbeitgeberanteil zur Sozialversicherung" gebucht. Die Gegenbuchung erfolgt auf dem Konto „Verbindlichkeiten gegenüber Sozialversicherungsträgern".

Arbeitgeberanteil zur Sozialversicherung	an	Verbindlichkeiten gegenüber Sozialversicherungsträgern

Die Überweisung der Abzüge an die Finanzbehörden und Sozialversicherungsträger wird wie folgt gebucht:

Verbindlichkeiten gegenüber Finanzbehörden	an	Kontokorrentkonto
und		
Verbindlichkeiten gegenüber Sozialversicherungsträgern	an	Kontokorrentkonto

Wurden die einbehaltenen Abzüge zum Bilanzstichtag noch nicht abgeführt, sondern erst am 10. Tag des Folgemonats (beziehungsweise am 15. Tag des Folgemonats), so müssen die Verbindlichkeiten wie üblich über das Schlußbilanzkonto abgeschlossen und in der Schlußbilanz passiviert werden:

Verbindlichkeiten gegenüber Finanzbehörden	an	Schlußbilanzkonto
und		
Verbindlichkeiten gegenüber Sozialversicherungsträgern	an	Schlußbilanzkonto

In der Schlußbilanz erscheinen diese Verbindlichkeiten unter der Position „sonstige Verbindlichkeiten, davon aus Steuern, davon im Rahmen der sozialen Sicherheiten"; § 266 Abs. 3 HGB.

Sondervergütungen wie beispielsweise Urlaubsgelder, Weihnachtsgelder, Prämien oder Überstundenvergütungen stellen für den Arbeitgeber zusätzliche Personalaufwendungen dar. Sie erhöhen die Bruttogehälter, unterliegen der Besteuerung und werden direkt auf den bereits angesprochenen Konten gebucht.

Anhand der erstellten Gehaltsliste wird Paul Piste zum 26.6.01 folgende Buchungssätze formulieren:

Gehälter	5.500,00	an	Sparkasse	3.698,00
		an	Verb. geg. Finanzbehörden	702,00
		an	Verb. geg. Sozialversicherungsträgern	1.100,00
AG-Anteil zur Sozialvers.		an	Verb. geg. Sozialversicherungsträgern	1.100,00

Die Abschlußbuchungen zum 30.6.01 lauten dann:

GuV	an	Gehälter	5.500,00
GuV	an	AG-Anteil zur Sozialvers.	1.100,00
Eigenkapital	an	GuV	6.600,00
SBK	an	Unbebaute Grundstücke	100.000,00
SBK	an	Bebaute Grundstücke	250.000,00
SBK	an	TA und Maschinen	44.000,00
SBK	an	Fuhrpark	30.000,00
SBK	an	BGA	17.855,00
SBK	an	Gel. Anzahlungen auf Sachanlagen	15.000,00
SBK	an	Warengruppe Ski	98.000,00
SBK	an	Warengruppe Tennis	11.400,00
SBK	an	Warengruppe Golf	37.000,00
SBK	an	Warengruppe sonst.	4.560,00
SBK	an	Forderungen aus L.u.L.	46.900,00
SBK	an	Postbank	4.988,00

SBK	an	Sparkasse	29.998,73
SBK	an	Kasse	4.902,00
Eigenkapital	an	SBK	371.632,80
Hypothek Bayer.Hypobank	an	SBK	70.000,00
Darlehn Dresdner Bank	an	SBK	185.000,00
Verbindl. aus L.u.L.	an	SBK	63.600,00
Umsatzsteuer	an	SBK	1.468,93
Verb. geg. Finanzbehörden	an	SBK	702,00
Verb. geg. SV-trägern	an	SBK	2.200,00

Ausgehend von der Schlußbilanz zum 31.5.01 (siehe Aufgaben 35 und 36) sieht das Bild der für Juni 01 benötigten Bestands- und Erfolgskonten dann wie folgt aus:

S — Sparkasse — H

S		H	
EBK	**33.696,73**	Gehälter	3.698,00
		SBK	**29.998,73**
	33.696,73		33.696,73

S — Gehälter — H

S		H	
Sparkasse, Verbindlichk.	5.500,00	**GuV**	**5.500,00**
	5.500,00		5.500,00

S — Verbindlichk. gegenüber Finanzbehörden — H

S		H	
SBK	**702,00**	Gehälter	702,00
	702,00		702,00

S — Verbindl. gegenüber Sozialversicherungsträgern — H

S		H	
SBK	**2.200,00**	Gehälter	1.100,00
		AG-Anteil	1.100,00
	2.200,00		2.200,00

S — Eigenkapital — H

S		H	
GuV	**6.600,00**	**EBK**	**378.232,80**
SBK	**371.632,80**		
	378.232,80		378.232,80

S — AG-Anteil zur Sozialversicherung — H

S		H	
Verb. SV-träger	1.100,00	**GuV**	**1.100,00**
	1.100,00		1.100,00

S	Gewinn- und Verlustkonto		H
Gehälter	5.500,00	**Eigenkapital**	**6.600,00**
AG-Anteil	1.100,00		
	6.600,00		6.600,00

S	Schlußbilanzkonto		H
Unbebaute Grundstücke	100.000,00	Eigenkapital	371.632,80
Bebaute Grundstücke	250.000,00	Hypothek	70.000,00
TA und Maschinen	44.000,00	Darlehn	185,000,00
Fuhrpark	30.000,00	Verbindlichkeiten	63.600,00
BGA	17.855,00	Umsatzsteuer	1.468,93
Gel. Anz. auf Sachanlagen	15.000,00	Verbindl. Finanzbehörden	702,00
Warengruppe Ski	98.000,00	Verbindl. SV-träger	2.200,00
Warengruppe Tennis	11.400,00		
Warengruppe Golf	37.000,00		
Warengruppe sonst.	4.560,00		
Forderungen	46.900,00		
Postbank	4.988,00		
Sparkasse	29.998,73		
Kasse	4.902,00		
	694.603,73		694.603,73

Die aus dem Schlußbilanzkonto abgeleitete Schlußbilanz des Sporteinzelhandels „Fit & Fun“ zum 30.6.01 sieht nunmehr wie folgt aus:

Schlußbilanz des Sporteinzelhandels „Fit & Fun“, Berlin zum 30.6.01

Aktivseite		Passivseite	
A. Anlagevermögen		**A. Eigenkapital**	371.632,80
I. Sachanlagen		**B. Verbindlichkeiten**	
1. Grundstücke, grundstücksgleiche Rechte und Bauten	350.000,00	1. Verbindlichkeiten gegenüber Kreditinstituten	255.000,00
2. Technische Anlagen und Maschinen	44.000,00	2. Verbindlichkeiten aus Lieferungen und Leistungen	63.600,00
3. Andere Anlagen, Betriebs- und Geschäftsausstattung	47.855,00	3. Sonstige Verbindlichkeiten, – davon aus Steuern	2.170,93
4. Gel. Anzahlungen auf Sachanlagen	15.000,00	– davon im Rahmen der sozialen Sicherheiten	2.200,00
B. Umlaufvermögen			
I. Vorräte			
1. Fertige Erzeugnisse und Waren	150.960,00		
II. Forderungen und sonstige Vermögensgegenstände			
1. Forderungen aus Lieferungen und Leistungen	46.900,00		
III. Flüssige Mittel			
1. Kassenbestand	4.902,00		
2. Guthaben bei Kreditinstituten	34.986,73		
	694.603,73		694.603,73

Berlin, 30.6.01

Paul Piske

Aufgabe 38: Buchung von Vorschüssen

Im Laufe des Monats Juli 01 ereignen sich im Sporteinzelhandel „Fit & Fun“ folgende Geschäftsvorfälle, die Paul Piste in chronologischer Reihenfolge buchen möchte:

1. Am 10.7.01 überweist Paul Piste die im Monat Juni 0l einbehaltenen Abzüge (Lohnsteuer, Kirchensteuer, Arbeitnehmeranteil zur Sozialversicherung) sowie den Arbeitgeberanteil zur Sozialversicherung vom Konto 654321-900 bei der Sparkasse (insgesamt 2.902,00 DM).
2. Am 12.7.01 erhält Tiger Greenfee einen Gehaltsvorschuß in bar in Höhe von 300 DM. Dieser soll zum 31.7.01 mit der Nettozahlung verrechnet werden.
3. Am 27.7.01 werden vom Konto 654321-900 bei der Sparkasse die Nettoarbeitsentgelte an Tiger Greenfee und Ernie Pitch überwiesen (3.398,00 DM).

Zum 31.7.01 möchte Paul Piste eine Schlußbilanz erstellen.

Lösung

In der Praxis des Sporteinzelhandels „Fit & Fun“ dürfte es nicht selten vorkommen, daß sogenannte Vorschüsse (hier Gehaltsvorschuß) an Mitarbeiter im laufenden Monat aus ganz verschiedenen Gründen ausgezahlt werden. Unter einem Vorschuß ist ein dem Mitarbeiter auf freiwilliger Basis zinslos eingeräumter Kurzkredit zu verstehen, der in der Regel mit der nächsten Gehaltszahlung verrechnet wird. Derartige Gehaltsvorschüsse müssen erfolgsneutral gebucht werden. Da sie keinen Aufwand darstellen, werden Vorschüsse bei Auszahlung auf dem aktiven Bestandskonto „Forderungen an Mitarbeiter“ gebucht:

Forderungen an Mitarbeiter	an	Kontokorrentkonto
		oder
	an	Kasse

Wird der Vorschuß bei der nächsten Gehaltszahlung verrechnet, das heißt von der Nettoauszahlung an den Mitarbeiter abgezogen, so lauten die entsprechenden Buchungssätze:

Gehälter	an	Kontokorrentkonto
	an	Forderungen an Mitarbeiter
	an	Verb. gegenüber Finanzbehörden
	an	Verb. gegenüber Sozialversicherungsträgern
Arbeitgeberanteil zur Sozialversicherung	an	Verbindlichkeiten gegenüber Sozialversicherungsträgern

Im Monat Juli 0l bildet Paul Piste dann die folgenden Buchungssätze:

1. Verb. geg. Finanzbehörden	702,00			
Verb. geg. SV-trägern	2.200,00	an	Sparkasse	2.902,00
2. Forderungen an Mitarbeiter		an	Kasse	300,00
3. Gehälter	5.500,00	an	Sparkasse	3.398,00
		an	Forderungen an Mitarbeiter	300,00
		an	Verb. geg. Finanzbehörden	702,00
		an	Verb. geg. SV-trägern	1.100,00
AG-Anteil zur SV		an	Verb. geg. SV-trägern	1.100,00

Die Abschlußbuchungen zum 31.7.01 lauten dann:

GuV	an	Gehälter	5.500,00
GuV	an	AG-Anteil zur Sozialvers.	1.100,00
Eigenkapital	an	GuV	6.600,00
SBK	an	Unbebaute Grundstücke	100.000,00
SBK	an	Bebaute Grundstücke	250.000,00
SBK	an	TA und Maschinen	44.000,00
SBK	an	Fuhrpark	30.000,00
SBK	an	BGA	17.855,00
SBK	an	Gel.Anzahlungen auf Sachanlagen	15.000,00
SBK	an	Warengruppe Ski	98.000,00
SBK	an	Warengruppe Tennis	11.400,00
SBK	an	Warengruppe Golf	37.000,00
SBK	an	Warengruppe sonst.	4.560,00
SBK	an	Forderungen aus L.u.L.	46.900,00
SBK	an	Postbank	4.988,00
SBK	an	Sparkasse	23.698,73
SBK	an	Kasse	4.602,00
Eigenkapital	an	SBK	365.032,80
Hypothek Bayer. Hypobank	an	SBK	70.000,00
Darlehn Dresdner Bank	an	SBK	185.000,00
Verbindl. aus L.u.L.	an	SBK	63.600,00
Umsatzsteuer	an	SBK	1.468,93
Verb. geg. Finanzbehörden	an	SBK	702,00
Verb. geg. SV-trägern	an	SBK	2.200,00

Ausgehend von der Schlußbilanz zum 30.6.01 (siehe Aufgabe 37) sieht das Bild der für Juli 01 benötigten Bestands- und Erfolgskonten dann wie folgt aus:

S	Sparkasse		H
EBK	**29.998,73**	1) Verbindl.	2.902,00
		3) Gehälter	3.398,00
		SBK	**23.698,73**
	29.998,73		29.998,73

S	Kasse		H
EBK	**4.902,00**	2) Ford. Mitarbeiter	300,00
		SBK	**4.602,00**
	4.902,00		4.902,00

S	Forderungen an Mitarbeiter		H
2) Kasse	300,00	3) Gehälter	300,00
	300,00		300,00

S	Gehälter		H
Sparkasse, Ford. Mitarbeiter, Verbindlichk.	5.500,00	**GuV**	**5.500,00**
	5.500,00		5.500,00

S	Verbindl. gegenüber Finanzbehörden		H
1) Sparkasse	702,00	**EBK**	**702,00**
SBK	**702,00**	3) Gehälter	702,00
	1.404,00		1.404,00

S	Verbindl. gegenüber Sozialversicherungsträgern		H
1) Sparkasse	2.200,00	**EBK**	**2.200,00**
SBK	**2.200,00**	3) Gehälter	1.100,00
		AG-Anteil	1.100,00
	4.400,00		4.400,00

S	Eigenkapital		H
GuV	**6.600,00**	**EBK**	**371.632,80**
SBK	**365.032,80**		
	371.632,80		371.632,80

S	AG-Anteil zur Sozialversicherung		H
Verb.SV	1.100,00	**GuV**	**1.100,00**
	1.100,00		1.100,00

S	Gewinn- und Verlustkonto		H
Gehälter	5.500,00	**Eigenkapital**	**6.600,00**
AG-Anteil	1.100,00		
	6.600,00		6.600,00

S	Schlußbilanzkonto		H
Unbebaute Grundstücke	100.000,00	Eigenkapital	365.032,80
Bebaute Grundstücke	250.000,00	Hypothek	70.000,00
TA und Maschinen	44.000,00	Darlehn	185,000,00
Fuhrpark	30.000,00	Verbindlichkeiten	63.600,00
BGA	17.855,00	Umsatzsteuer	1.468,93
Gel. Anz. auf Sachanlagen	15.000,00	Verbindl. Finanzbehörden	702,00
Warengruppe Ski	98.000,00	Verbindl. SV-träger	2.200,00
Warengruppe Tennis	11.400,00		
Warengruppe Golf	37.000,00		
Warengruppe sonst.	4.560,00		
Forderungen	46.900,00		
Postbank	4.988,00		
Sparkasse	23.698,73		
Kasse	4.602,00		
	688.003,73		688.003,73

Die aus dem Schlußbilanzkonto abgeleitete Schlußbilanz des Sportcinzelhandels „Fit & Fun“ zum 31.7.01 sieht nunmehr wie folgt aus:

Schlußbilanz des Sporteinzelhandels „Fit & Fun“, Berlin zum 31.7.01

Aktivseite		Passivseite	
A. Anlagevermögen		**A. Eigenkapital**	365.032,80
I. Sachanlagen		**B. Verbindlichkeiten**	
1. Grundstücke, grundstücksgleiche Rechte und Bauten	350.000,00	1. Verbindlichkeiten gegenüber Kreditinstituten	255.000,00
2. Technische Anlagen und Maschinen	44.000,00	2. Verbindlichkeiten aus Lieferungen und Leistungen	63.600,00
3. Andere Anlagen, Betriebs- und Geschäftsausstattung	47.855,00	3. Sonstige Verbindlichkeiten, – davon aus Steuern	2.170,93
4. Gel. Anzahlungen auf Sachanlagen	15.000,00	– davon im Rahmen der sozialen Sicherheiten	2.200,00
B. Umlaufvermögen			
I. Vorräte			
1. Fertige Erzeugnisse und Waren	150.960,00		
II. Forderungen und sonstige Vermögensgegenstände			
1. Forderungen aus Lieferungen und Leistungen	46.900,00		
III. Flüssige Mittel			
1. Kassenbestand	4.602,00		
2. Guthaben bei Kreditinstituten	28.686,73		
	688.003,73		688.003,73

Berlin, 31.7.01

Paul Piske

Aufgabe 39: Buchung von vermögenswirksamen Leistungen

Im Monat August 01 ereignen sich im Sporteinzelhandel „Fit & Fun" folgende Geschäftsvorfälle, die Paul Piste nunmehr buchen möchte:

1. Am 10.8.01 überweist Paul Piste die im Monat Juli 01 einbehaltenen Abzüge (Lohnsteuer, Kirchensteuer, Arbeitnehmeranteil zur Sozialversicherung) sowie den Arbeitgeberanteil zur Sozialversicherung vom Konto 654321-900 bei der Sparkasse (insgesamt 2.902,00 DM).

2. Zwischen Paul Piste und seinen Mitarbeitern Tiger Greenfee und Ernie Pitch wird folgende Vereinbarung bezüglich der vermögenswirksamen Leistungen getroffen:

   - Tiger Greenfee werden monatlich 78,00 DM als vermögenswirksame Leistung gewährt;
   - Ernie Pitch werden monatlich 39,00 DM als vermögenswirksame Leistung gewährt.

   Es wird weiterhin vereinbart, daß Paul Piste für seine beiden Mitarbeiter jeweils 78,00 DM pro Monat an noch bekanntzugebende Konten einer Bausparkasse überweist. In diesem Zusammenhang erstellt Paul Piste zum Ende des Monats August 01 folgende Gehaltsliste:

Name	Steuerklasse	Kinderfreibeträge	Bruttogehalt	VWL	Abzüge				Auszahlung = Nettogehalt
					Lohnsteuer	Kirchensteuer	Sozialversich.	sonst.	
Greenfee	I	0,0	3.000	78	515	41,00	615	78	1.829,00
Pitch	III	1,0	2.500	39	155	12,50	510	78	1.783,50
Summe			**5.500**	**117**	**670**	**53,50**	**1.125**	**156**	**3.612.50**

   3.612,50 überweist Paul Piste am 27.8.01 vom Konto 654321-900 bei der Sparkasse an seine beiden Mitarbeiter.

3. Am 31.8.01 überweist Paul Piste die im Monat August 01 einbehaltenen Abzüge einschließlich der vermögenswirksamen Leistungen sowie des Arbeitgeberanteils zur Sozialversicherung vom Konto 654321-900 bei der Sparkasse (insgesamt 3.129,50 DM).

Zum 31.8.01 möchte Paul Piste eine Schlußbilanz erstellen.

Lösung

Zur Förderung der Vermögensbildung können Arbeitnehmer von ihrem Einkommen bis zu 936,00 DM im Jahr staatlich begünstigt sparen, sofern die Sparbeträge auf eine bestimmte Zeit (Sperrfrist: 7 Jahre) vermögenswirksam angelegt werden. *Vermögenswirksame Leistungen* sind Geldleistungen, die der Arbeitnehmer nach dem Gesetz zur Förderung der Vermögensbildung der Arbeitnehmer (kurz: Vermögensbildungsgesetz) in Sparverträgen oder in Unternehmensbeteiligungen anlegt.

Vermögenswirksame Leistungen können ganz vom Arbeitgeber, ganz vom Arbeitnehmer oder von beiden Seiten aufgebracht werden. Vermögenswirksame Leistungen, die der Arbeitgeber trägt, stellen für diesen einen zusätzlichen Personalaufwand dar. Diese vermögenswirksamen Leistungen erhöhen das *Bruttoarbeitsentgelt* des Arbeitnehmers und sind somit steuer- und sozialversicherungspflichtig. Der Betrag, den der Arbeitnehmer selbst als vermögenswirksame Sparleistung erbringt, hat keine Auswirkungen auf Steuern und Sozialversicherung.

In der doppelten Buchführung wird bei der monatlichen Gehaltsabrechnung der gesamte Betrag der vermögenswirksamen Leistungen vom Arbeitgeber einbehalten und sodann an das vom Arbeitnehmer benannte Sparkonto überwiesen. Eine Gehaltsabrechnung (Beispiel Tiger Greenfee) sieht dann wie folgt aus:

	Bruttogehalt	3.000,00 DM
+	Vermögenswirksame Leistung des Arbeitgebers	78,00 DM
=	Steuerpflichtiges Entgelt	3.078,00 DM
./.	Lohnsteuer	515,00 DM
./.	Kirchensteuer (Annahme: 8%; gerundet)	41,00 DM
./.	Arbeitnehmeranteil zur Sozialversicherung	615,00 DM
		1.907,00 DM
./.	Vermögenswirksame Leistung	78,00 DM
=	Nettogehalt (= Auszahlung)	1.829,00 DM
	Arbeitgeberanteil zur Sozialversicherung	615,00 DM

Die vermögenswirksamen Leistungen, die der Arbeitgeber trägt, werden auf dem Konto „Sonstige Gehaltsaufwendungen" gebucht. Das vereinbarte Bruttoarbeitsentgelt und die Abzüge werden wie bisher gebucht (siehe Aufgaben 37 und 38). Der Gesamtbetrag der vermögenswirksamen Leistungen (Arbeitgeberanteil und/oder Arbeitnehmeranteil) wird bis zur Überweisung auf dem Konto „Verbindlichkeiten aus vermögenswirksamen Leistungen" gegengebucht. Eine Gehaltsbuchung sieht dann wie folgt aus:

Gehälter		
Sonst. Gehaltsaufwendungen	an	Kontokorrentkonto
		Verb. aus vermögenswirks. Leistungen
		Verb. gegenüber Finanzbehörden
		Verb. geg. Sozialversicherungsträgern
AG-Anteil zur Sozialversicherung	an	Verb. geg. Sozialversicherungsträgern

Die Überweisung der einbehaltenen Beträge wird wie folgt gebucht:

Verb. aus vermögenswirks. Leistungen		
Verb. gegenüber Finanzbehörden		
Verb. geg. Sozialversicherungsträgern	an	Kontokorrentkonto

Anhand der erstellten Gehaltsliste wird Paul Piste im Monat August 01 folgende Buchungssätze bilden:

1. Verb. geg. Finanzbehörden	702,00			
Verb. geg. SV-trägern	2.200,00	an	Sparkasse	2.902,00
2. Gehälter	5.500,00			
Sonst. Gehaltsaufw.	117,00	an	Sparkasse	3.612,50
		an	Verb. aus vermögensw. Leist.	156,00
		an	Verb. geg. Finanzbehörden	723,50
		an	Verb. geg. SV-trägern	1.125,00
AG-Anteil zur SV		an	Verb. geg. SV-trägern	1.125,00
3. Verb. aus vermög. Leist.	156,00			
Verb. geg. Finanzbehörden	723,50			
Verb. geg. SV-trägern	2.250,00	an	Sparkasse	3.129,50

Die Abschlußbuchungen zum 31.8.01 lauten dann:

GuV	an	Gehälter	5.500,00
GuV	an	Sonst.Gehaltsaufw.	117,00
GuV	an	AG-Anteil zur Sozialvers.	1.125,00
Eigenkapital	an	GuV	6.742,00
SBK	an	Unbebaute Grundstücke	100.000,00
SBK	an	Bebaute Grundstücke	250.000,00
SBK	an	TA und Maschinen	44.000,00
SBK	an	Fuhrpark	30.000,00
SBK	an	BGA	17.855,00
SBK	an	Gel.Anzahl.auf Sachanlagen	15.000,00
SBK	an	Warengruppe Ski	98.000,00
SBK	an	Warengruppe Tennis	11.400,00
SBK	an	Warengruppe Golf	37.000,00
SBK	an	Warengruppe sonst.	4.560,00
SBK	an	Forderungen aus L.u.L.	46.900,00
SBK	an	Postbank	4.988,00
SBK	an	Sparkasse	14.054,73
SBK	an	Kasse	4.602,00
Eigenkapital	an	SBK	358.290,80
Hypothek Bayer.Hypobank	an	SBK	70.000,00
Darlehn Dresdner Bank	an	SBK	185.000,00
Verbindl. aus L.u.L.	an	SBK	63.600,00
Umsatzsteuer	an	SBK	1.468,93

Ausgehend von der Schlußbilanz zum 31.7.01 (siehe Aufgabe 38) sieht das Bild der für August 01 benötigten Bestands- und Erfolgskonten dann wie folgt aus:

S	Sparkasse		H
EBK	**23.698,73**	1) Verbindl.	2.902,00
		2) Gehälter	3.612,50
		3) Verbindl.	3.129,50
		SBK	**14.054,73**
	23.698,73		23.698,73

S	Verb. aus vermögenswirksamen Leistungen		H
3) Sparkasse	156,00	2) Gehälter	156,00
	156,00		156,00

S	Gehälter		H
2) Sparkasse, Verbindl.	5.500,00	**GuV**	**5.500,00**
	5.500,00		5.500,00

S	Sonstige Gehaltsaufwendungen		H
2) Verbindl.	117,00	**GuV**	**117,00**
	117,00		117,00

S	Verb. gegenüber Finanzbehörden		H
1) Sparkasse	702,00	**EBK**	**702,00**
3) Sparkasse	723,50	2) Gehälter	723,50
	1.425,50		1.425,50

S	Verb. gegenüber Sozialversicherungsträgern		H
1) Sparkasse	2.200,00	**EBK**	**2.200,00**
3) Sparkasse	2.250,00	2) Gehälter	1.125,00
		AG-Anteil	1.125,00
	4.450,00		4.450,00

S	Eigenkapital		H
GuV	**6.742,00**	**EBK**	**365.032,80**
SBK	**358.290,80**		
	365.032,80		365.032,80

S	AG-Anteil zur Sozialversicherung		H
2) Verb. geg. SV	1.125,00	**GuV**	**1.125,00**
	1.125,00		1.125,00

S	Gewinn- und Verlustkonto		H
Gehälter	5.500,00	**Eigenkapital**	**6.742,00**
Sonst. Gehaltsaufw.	117,00		
AG-Anteil	1.125,00		
	6.742,00		6.742,00

S	Schlußbilanzkonto		H
Unbebaute Grundstücke	100.000,00	Eigenkapital	358.290,80
Bebaute Grundstücke	250.000,00	Hypothek	70.000,00
TA und Maschinen	44.000,00	Darlehn	185.000,00
Fuhrpark	30.000,00	Verbindlichkeiten	63.600,00
BGA	17.855,00	Umsatzsteuer	1.468,93
Gel. Anz. auf Sachanlagen	15.000,00		
Warengruppe Ski	98.000,00		
Warengruppe Tennis	11.400,00		
Warengruppe Golf	37.000,00		
Warengruppe sonst.	4.560,00		
Forderungen	46.900,00		
Postbank	4.988,00		
Sparkasse	14.054,73		
Kasse	4.602,00		
	678.359,73		678.359,73

Die aus dem Schlußbilanzkonto abgeleitete Schlußbilanz des Sporteinzelhandels „Fit & Fun" zum 31.8.01 hat nunmehr das folgende Aussehen:

Schlußbilanz des Sporteinzelhandels „Fit & Fun“, Berlin zum 31.8.01

Aktivseite		Passivseite	
A. Anlagevermögen		**A. Eigenkapital**	358.290,80
I. Sachanlagen		**B. Verbindlichkeiten**	
1. Grundstücke, grundstücksgleiche Rechte und Bauten	350.000,00	1. Verbindlichkeiten gegenüber Kreditinstituten	255.000,00
2. Technische Anlagen und Maschinen	44.000,00	2. Verbindlichkeiten aus Lieferungen und Leistungen	63.600,00
3. Andere Anlagen, Betriebs- und Geschäftsausstattung	47.855,00	3. Sonstige Verbindlichkeiten, – davon aus Steuern	1.468,93
4. Gel. Anzahlungen auf Sachanlagen	15.000,00		
B. Umlaufvermögen			
I. Vorräte			
1. Fertige Erzeugnisse und Waren	150.960,00		
II. Forderungen und sonstige Vermögensgegenstände			
1. Forderungen aus Lieferungen und Leistungen	46.900,00		
III. Flüssige Mittel			
1. Kassenbestand	4.602,00		
2. Guthaben bei Kreditinstituten	19.042,73		
	678.359,73		678.359,73

Berlin, 31.8.01

Paul Piske

IX. Buchungen im Investitionsbereich (Abschreibungen, insbesondere Absetzungen für Abnutzung)

Aufgabe 40: Anschaffung von beweglichem Sachanlagevermögen

Am 15.1.01 hatte Paul Piste als Ersatz für den verkauften Lkw VW-Kasten einen neuen Lkw Mercedes gekauft und vom Konto 123456-100 bei der Postbank eine Anzahlung in Höhe von 15.000 DM geleistet (siehe Aufgabe 11, Geschäftsvorfall Nr. 15). Diesen Lkw Mercedes holt Paul Piste nunmehr am 3.9.01 vom Mercedes-Händler ab. Die Rechnung des Mercedes-Händlers sieht wie folgt aus:

	Sonderpreis	68.000 DM
+	Überführungskosten	1.500 DM
+	Zulassungskosten	500 DM
=	Kaufpreis netto	70.000 DM
+	16% Umsatzsteuer	11.200 DM
=	Kaufpreis brutto	81.200 DM
./.	Anzahlung vom 15.1.01	15.000 DM
=	Restzahlung	66.200 DM

Paul Piste überlegt nun, wie dieser Geschäftsvorfall in der doppelten Buchführung zu buchen ist und was mit Abschreibungen, insbesondere mit den Absetzungen für Abnutzung eigentlich erreicht werden soll.

Lösung

Grundlage für die Bewertung der Vermögensgegenstände (= Wirtschaftsgüter) des Anlagevermögens in der Bilanz sind die Anschaffungs- oder Herstellungskosten. Anschaffungskosten sind der Wertmaßstab für alle Vermögensgegenstände des Anlagevermögens, die entgeltlich von außerhalb der Unternehmung bezogen werden: „Anschaffungskosten sind die Aufwendungen, die geleistet werden, um einen Vermögensgegenstand zu erwerben und ihn in einen betriebsbereiten Zustand zu versetzen, soweit sie dem Vermögensgegenstand einzeln zugeordnet werden können"; § 255 Abs. 1 Satz 1 HGB.

Gemäß § 255 Abs. 1 Sätze 1 bis 3 HGB setzen sich die Anschaffungskosten wie folgt zusammen:

	Anschaffungspreis
+	Anschaffungsnebenkosten, sofern einzeln zurechenbar
+	nachträgliche Anschaffungskosten
./.	Anschaffungspreisminderungen
=	Anschaffungskosten

Anschaffungskosten setzen demnach einen Erwerbsvorgang voraus. Alles, was der Erwerber an Einzelkosten aufwendet, gehört zu den Anschaffungskosten. Der *Anschaffungspreis* umfaßt dabei alle Aufwendungen, die zum Erwerb des Vermögensgegenstandes erforderlich sind. Zu aktivierende und wie der eigentliche Kaufpreis zu buchenende *Anschaffungsnebenkosten,* sofern es sich um Einzelkosten handelt, sind beispielsweise bei Grundstücken die Grunderwerbsteuer, Säumniszuschläge, Notariats- und Grundbuchgebühren oder Vermittlungs- und Maklergebühren, bei anderen beweglichen Vermögensgegenständen des Sachanlagevermögens beispielsweise Verpackungs-, Transport-, Überführungs-, Ablade- und Transportversicherungskosten oder Aufstellungs-, Montage- und Fundamentierungskosten. Die wesentlichsten Anschaffungspreisminderungen (= beim Kauf erhaltene Zahlungsabzüge) stellen die bereits beim Warenverkehr erörterten Rabatte, Boni und Skonti dar. Nachträgliche Aufwendungen sind nur dann als nachträgliche Anschaffungskosten eines Vermögensgegenstandes zu buchen, wenn sie unmittelbare Folgekosten des Erwerbsvorganges sind und zu einer Erhöhung des Wertes des Vermögensgegenstandes führen.

Anschaffungskosten beinhalten nur die jeweiligen *Nettobeträge*: Die nach § 15 Abs. 1 UStG abziehbare Vorsteuer gehört nicht zu den Anschaffungskosten; § 9b Abs. 1 Satz 1 EStG. Damit ist zugleich gesagt, daß die Vorsteuer, die nach § 15 Abs. 2 und 3 UStG vom *Vorsteuerabzug* ausgeschlossen ist, zu den Anschaffungskosten gehört.

Geldbeschaffungskosten (= Finanzierungskosten), insbesondere Fremdkapitalzinsen, Spesen, Damnum, die im Zusammenhang mit der Finanzierung einer Anschaffung aufgewendet werden, gehören ebenfalls nicht zu den Anschaffungskosten. Sie sind Anschaffungskosten des Kredits.

Vermögensgegenstände des beweglichen Sachanlagevermögens werden nun in der Regel über mehrere Wirtschaftsjahre (= Perioden) hinweg genutzt. Im Zeitpunkt ihrer Anschaffung entsteht für den erwerbenden Betrieb normalerweise kein Aufwand. So stellt die Anschaffung eines Lastkraftwagens nichts anderes als einen erfolgsneutralen Vorgang dar (Aktivtausch bei Eigenfinanzierung oder Bilanzverlängerung bei Fremdfinanzierung). Mit Hilfe folgender Buchung werden die Nettoanschaffungskosten aktiviert:

Aktives Bestandskonto		
Vorsteuer	an	Kontokorrentkonto
		oder
	an	Verbindlichkeiten aus L.u.L.

Alle von der Unternehmung nicht erworbenen, sondern ganz oder teilweise selbst hergestellten Vermögensgegenstände (= Wirtschaftsgüter) des Anlage- und Umlaufvermögens sind mit den *Herstellungskosten* zu bewerten: „Herstellungskosten sind die Aufwendungen, die durch den Verbrauch von Gütern und die Inanspruchnahme von Diensten für die Herstellung eines Vermögensgegenstands, seine Erweiterung oder für eine über seinen ursprünglichen Zustand hinausgehende wesentliche Verbesserung entstehen"; § 255 Abs. 2 Satz 1 HGB. Da in diesem Buch keine Produktionsprozesse betrachtet werden, soll aus didaktischen Gründen auf die Darstellung der schwierigen Materie der Herstellungskosten gänzlich verzichtet werden.

Vermögensgegenstände des beweglichen Sachanlagevermögens, deren Nutzungsdauer mehr als ein Jahr beträgt, sind planmäßig über die Nutzungsdauer abzuschreiben: „Bei Vermögensgegenständen des Anlagevermögens, deren Nutzung zeitlich begrenzt ist, sind die Anschaffungs- oder Herstellungskosten um planmäßige Abschreibungen zu vermindern"; § 253 Abs. 2 Satz 1 HGB. Auch steuerrechtlich sind in derartigen Fällen die Anschaffungs- oder Herstellungskosten auf die betriebsgewöhnliche Nutzungsdauer zu verteilen, so daß sich als Aufwand jeweils nur die anteiligen Abschreibungsbeträge in der doppelten Buchführung und damit auch in der Bilanz auswirken können; § 7 EStG.

Vermögensgegenstände des beweglichen Sachanlagevermögens, deren Nutzung zeitlich begrenzt ist, verlieren im Regelfall ständig an Wert. Der Erfassung dieses Werteverzehrs dienen die Abschreibungen (= handelsrechtlicher Begriff). Das Steuerrecht bezeichnet diese Form der Abschreibung sehr zutreffend als „Absetzung für Abnutzung" (kurz: AfA).

Abschreibungen können in zwei Gruppen eingeteilt werden:

- planmäßige Abschreibungen
- außerplanmäßige Abschreibungen

Die planmäßigen Abschreibungen können nach mehreren Methoden berechnet werden. Man unterscheidet in diesem Zusammenhang:

- Lineare Abschreibung
- Degressive Abschreibung
  - Geometrisch-degressive Abschreibung
  - Arithmetisch-degressive Abschreibung
- Progressive Abschreibung
- Leistungsabschreibung.

Da steuerrechtlich gemäß § 7 Abs. 1 und 2 EStG nur drei Methoden beim beweglichen Sachanlagevermögen zulässig sind, erfolgt in diesem Buch eine Beschränkung auf folgende Methoden:

- Lineare Absetzung für Abnutzung
  (= Absetzung für Abnutzung in gleichen Jahresbeträgen)
- Geometrisch-degressive Absetzung für Abnutzung
  (= Absetzung für Abnutzung in fallenden Jahresbeträgen; Buchwertabsetzung)
- Absetzung für Abnutzung nach Maßgabe der Leistung

Die Begriffe „Abschreibung" und „Absetzung für Abnutzung" werden nunmehr synonym verwendet. Abschreibungen wird Paul Piste im Rahmen der vorbereitenden Jahresabschlußbuchungen vornehmen. Der nach einer bestimmten Methode errechnete Abschreibungsbetrag stellt Aufwand dar. Er wird daher auf dem Aufwandskonto „Abschreibungen auf Sachanlagen" gebucht. Die Gegenbuchung erfolgt direkt auf dem angesprochenen Anlagekonto (= direkte Buchungsmethode):

Abschreibungen auf Sachanlagen	an	aktives Bestandskonto (Anlagekonto)

Durch diese Buchung wird der Bestand des angesprochenen Anlagekontos gemindert. Das Konto „Abschreibungen auf Sachanlagen" wird wie alle anderen Aufwandskonten über das Gewinn- und Verlustkonto abgeschlossen und schmälert den Periodengewinn.

Am 3.9.01 wird Paul Piste nunmehr folgenden Buchungssatz bilden:

1. Fuhrpark	70.000			
Vorsteuer	11.200	an	Gel. Anzahlungen auf Sachanlagen	15.000
			Verbindlichkeiten aus L.u.L.	66.200

Das Bild der benötigten Bestandskonten sieht dann wie folgt aus:

S — Fuhrpark — H

S		H	
EBK	**30.000**		
1) Gel. Anz. auf Sachanlagen, Verbindlichk.	70.000		

S — Geleistete Anzahlungen auf Sachanlagen — H

S		H	
EBK	**15.000**	1) Fuhrpark	15.000

S — Vorsteuer — H

S		H	
1) Verbindlichk.	11.200		

S — Verbindlichkeiten aus L.u.L. — H

S		H	
		EBK	**63.600**
		1) Fuhrpark	66.200

Aufgabe 41: Lineare Absetzung für Abnutzung

Paul Piste möchte für den am 3.9.01 abgeholten Mercedes-Lkw einen Abschreibungsplan unter Anwendung der Methode der linearen Absetzung für Abnutzung erstellen. Paul Piste geht von einer betriebsgewöhnlichen Nutzungsdauer des Lastkraftwagens von 7 Jahren aus. Nach Rücksprache mit seinem zuständigen Betriebsstättenfinanzamt erfährt Paul Piste, daß diese Nutzungsdauer auch der amtlichen AfA-Tabelle entspricht.

Lösung

Das Wesen der Methode der linearen Absetzung für Abnutzung besteht darin, daß die Anschaffungs- oder Herstellungskosten des jeweiligen Wirtschaftsgutes durch die Zahl der voraussichtlichen Nutzungsjahre dividiert werden. Der sich auf diese Weise ergebende Betrag entspricht dem jährlichen gleichbleibenden Absetzungsbetrag (= Abschreibungsbetrag oder AfA-Betrag), der als *Aufwand* nach den üblichen Regeln gebucht wird. Die Schwierigkeit der Methode der linearen Absetzung für Abnutzung besteht in der Festlegung der betriebsgewöhnlichen Nutzungsdauer des jeweiligen Wirtschaftsgutes. Unter der betriebsgewöhnlichen Nutzungsdauer ist der Zeitraum zu verstehen, in dem eine normale technische und wirtschaftliche Nutzung möglich ist, wobei von den betriebsgewöhnlichen Umständen auszugehen ist. Hier helfen auch die *amtlichen AfA-Tabellen.*

Der jährliche Absetzungsbetrag kann durch Division oder mit Hilfe eines Prozentsatzes errechnet werden:

$$\text{AfA-Betrag} = \frac{\text{Anschaffungs- oder Herstellungskosten}}{\text{Nutzungsdauer}}$$

oder

$$\text{AfA-Satz} = \frac{100\ \%}{\text{Nutzungsdauer}}$$

$$\text{AfA-Betrag} = \text{Anschaffungs- oder Herstellungskosten} \times \text{AfA-Satz}$$

Verbleibt das jeweilige Wirtschaftsgut nach der betriebsgewöhnlichen Nutzungsdauer noch im Betrieb zur Weiternutzung, so wird es in der doppelten Buchführung mit einem Erinnerungswert von 1 DM fortgeführt. Der Absetzungsbetrag des letzten offiziellen Wirtschaftsjahres wird folglich um 1 DM vermindert.

Für den am 3.9.01 abgeholten Mercedes-Lkw errechnet Paul Piste unter Anwendung der Methode der linearen Absetzung für Abnutzung folgenden jährlichen Absetzungsbetrag:

$$\text{AfA-Betrag} = \frac{70.000}{7\ \text{Jahre}} = \underline{\underline{10.000\ \text{DM}}}$$

oder

$$\text{AfA-Satz} = \frac{100\%}{7\ \text{Jahre}} = \underline{\underline{14{,}285714\%}}$$

$$\text{AfA-Betrag} = 70.000\ \text{DM} \times 14{,}285714\ \% = \underline{\underline{10.000\ \text{DM}}}$$

Bei der vorliegenden Aufgabenstellung ergibt sich noch die Besonderheit, daß der Mercedes-Lkw in der zweiten Jahreshälfte (September) angeschafft wurde. Für derartige Sachverhalte sehen die *Einkommensteuer-Richtlinien* (kurz R) folgende *Vereinfachungsregelung* vor: „Bei beweglichen Wirtschaftsgütern des Anlagevermögens ist es jedoch aus Vereinfachungsgründen nicht zu beanstanden, wenn für die in der ersten Hälfte eines Wirtschaftsjahrs angeschafften oder hergestellten Wirtschaftsgüter der für das gesamte Wirtschaftsjahr in Betracht kommende AfA-Betrag und für die in der zweiten Hälfte des Wirtschaftsjahrs angeschafften oder hergestellten Wirtschaftsgüter die Hälfte des für das gesamte Wirtschaftsjahr in Betracht kommenden AfA-Betrags abgesetzt wird"; R 44 Abs. 2 Satz 3. Hieraus ergibt sich für den im September des Jahres 01 angeschafften Mercedes-Lkw für das Jahr der Anschaffung folgender Absetzungsbetrag:

$$\text{AfA-Betrag für 01} = \frac{10.000 \text{ DM}}{2} = 5.000 \text{ DM}$$

Der Abschreibungsplan sieht dann wie folgt aus:

Periode	Anfangsbestand	AfA-Betrag (AfA-Satz)	Restbuchwert
1	70.000 DM	5.000 DM (7,142857%)	65.000 DM
2	65.000 DM	10.000 DM (14,285714%)	55.000 DM
3	55.000 DM	10.000 DM (14,285714%)	45.000 DM
4	45.000 DM	10.000 DM (14,285714%)	35.000 DM
5	35.000 DM	10.000 DM (14,285714%)	25.000 DM
6	25.000 DM	10.000 DM (14,285714%)	15.000 DM
7	15.000 DM	10.000 DM (14,285714%)	5.000 DM
8	5.000 DM	4.999 DM (7,142857%)	1 DM

Aufgabe 42: Geometrisch-degressive Absetzung für Abnutzung (= Buchwertabsetzung)

Paul Piste möchte nunmehr für den am 3.9.01 abgeholten (= angeschafften) Mercedes-Lkw einen Abschreibungsplan unter Anwendung der Methode der geometrisch-degressiven Absetzung für Abnutzung erstellen. Paul Piste geht weiterhin von einer betriebsgewöhnlichen Nutzungsdauer des Lastkraftwagens von 7 Jahren aus.

Lösung

Das Wesen der Methode der *geometrisch-degressiven* Absetzung für Abnutzung besteht darin, daß der jährliche Absetzungsbetrag (= Abschreibungsbetrag oder AfA-Betrag) im ersten Jahr der Nutzung als fester Prozentsatz von den Anschaffungskosten oder Herstellungskosten und in den Folgejahren der Nutzung mit eben diesem festen Prozentsatz von den jeweiligen Restbuchwerten berechnet wird. Sie wird deshalb auch als Buchwertabsetzung (= Buchwertabschreibung) bezeichnet.

Bei beweglichen abnutzbaren Wirtschaftsgütern des Anlagevermögens ist die geometrisch-degressive Absetzung für Abnutzung gemäß § 7 Abs. 2 Satz 1 EStG allgemein zulässig: „Die Absetzung für Abnutzung in fallenden Jahresbeträgen kann nach einem unveränderlichen Hundertsatz vom jeweiligen Buchwert (Restwert) vorgenommen werden; der dabei anzuwendende Hundertsatz darf höchstens das Dreifache des bei der Absetzung für Abnutzung in gleichen Jahresbeträgen in Betracht kommenden Hundertsatzes betragen und 30 vom Hundert nicht übersteigen"; § 7 Abs. 2 Satz 2 EStG. Die Begrenzung des Absetzungsprozentsatzes auf höchstens 30% greift dann, wenn die betriebsgewöhnliche Nutzungsdauer des jeweiligen Wirtschaftsgutes weniger als 10 Jahre beträgt. Bei einer betriebsgewöhnlichen Nutzungsdauer von mehr als 10 Jahren greift die Beschränkung auf das Dreifache der linearen Absetzung für Abnutzung.

Durch die Beschränkung der geometrisch-degressiven Absetzung für Abnutzung auf einen Höchst-Prozentsatz von 30% verbleibt nach Ablauf der betriebsgewöhnlichen Nutzungsdauer stets noch ein Restwert. Dieser Restwert wird im letzten Jahr der voraussichtlichen Nutzung, abzüglich 1 DM Erinnerungswert, in voller Höhe abgesetzt. Eine andere Variante ist der Übergang zur *linearen* Absetzung für Abnutzung: „Der Übergang von der Absetzung für Abnutzung in fallenden Jahresbeträgen zur Absetzung für Abnutzung in gleichen Jahresbeträgen ist zulässig. In diesem Fall bemißt sich die Absetzung für Abnutzung vom Zeitpunkt des Übergangs an nach dem dann noch vorhandenen Restwert und der Restnutzungsdauer des einzelnen Wirtschaftsguts"; § 7 Abs. 3 Sätze 1 und 2 EStG.

Die geometrisch-degressive Absetzung für Abnutzung geht im Unterschied zur linearen Absetzung für Abnutzung von fallenden Absetzungsbeträgen aus, weil angenommen wird, daß in den späteren Jahren der Nutzung steigende Reparatur- und Instandhaltungsaufwendungen bei einem abnutzbaren Wirtschaftsgut des Anlagevermögens erforderlich werden. Die höhere Absetzung in den ersten Jahren der Nutzung soll somit der Ausgleich für die in diesen Jahren fehlenden Reparatur- und Instandhaltungsaufwendungen sein. Betriebswirtschaftlich wird durch diese Vorgehensweise eine in etwa gleichmäßige Verteilung der gesamten Aufwendungen des Anlagegutes auf die Nutzungszeit erreicht.

Wie bereits in der Aufgabe 41 aufgezeigt, beträgt bei dem vorliegenden Sachverhalt der lineare AfA-Satz 14,285714 % (100 % : 7 Jahre); das Dreifache ergäbe somit einen AfA-Satz von 42, 857142%. Hier greift die Begrenzung des Absetzungsprozentsatzes auf höchstens 30 %.

Wie bereits in der Aufgabe 41 dargelegt, wurde der Mercedes-Lkw in der zweiten Jahreshälfte (September) angeschafft. Dies bedeutet, daß Paul Piste bei der Erstellung des Abschreibungsplanes unter Anwendung der Methode der geometrisch-degressiven Absetzung für Abnutzung auch in diesem Fall die Vereinfachungsregel (= R 44 Abs. 2 Satz 3) beachten muß:

$$\text{AfA-Betrag für 01} = \frac{21.000 \text{ DM}}{2} = \underline{\underline{10.500 \text{ DM}}}$$

Der Abschreibungsplan sieht dann wie folgt aus:

Periode	Anfangsbestand	AfA-Betrag (AfA-Satz)	Restbuchwert
1	70.000 DM	10.500 DM (15%)	59.500 DM
2	59.500 DM	17.850 DM (30%)	41.650 DM
3	41.650 DM	12.495 DM (30%)	29.155 DM
4	29.155 DM	8.747 DM (30%)	20.408 DM
5	20.408 DM	6.122 DM (30%)	14.286 DM
6	14.286 DM	4.286 DM (30%)	10.000 DM
7	10.000 DM	3.000 DM (30%)	7.000 DM
8	7.000 DM	6.999 DM	1 DM

Aufgabe 43: Absetzung für Abnutzung nach Maßgabe der Leistung

Paul Piste möchte nunmehr wissen, wie hoch der AfA-Betrag im Geschäfsjahr 01 wäre, wenn er den am 3.9.01 angeschafften Mercedes-Lkw unter Anwendung der Methode der Absetzung für Abnutzung nach Maßgabe der Leistung abschreiben würde. Er stellt zunächst fest, daß nach Angaben des Herstellers die voraussichtlich mögliche Gesamtleistung dieses Lkw-Typs 200.000 km beträgt. Laut Tachometer hat der Mercedes-Lkw im ersten Jahr der Nutzung 12.000 km zurückgelegt.

Lösung

„Bei beweglichen Wirtschaftsgütern des Anlagevermögens, bei denen es wirtschaftlich begründet ist, die Absetzung für Abnutzung nach Maßgabe der Leistung des Wirtschaftsguts vorzunehmen, kann der Steuerpflichtige dieses Verfahren statt der Absetzung für Abnutzung in gleichen Jahresbeträgen anwenden, wenn er den auf das einzelne Jahr entfallenden Umfang der Leistung nachweist“; § 7 Abs. 1 Satz 4 EStG. Bei dieser Methode werden dann nicht gleiche Jahresbeträge, sondern pro Leistungseinheit (hier km) gleiche Beträge in der doppelten Buchführung verrechnet.

Die Absetzung für Abnutzung nach Maßgabe der Leistung, auch kurz nur *Leistungsabschreibung* genannt, findet ihre betriebswirtschaftliche Begründung in dem in der Höhe schwankenden Werteverzehr durch unterschiedliche Grade der Nutzung der Wirtschaftsgüter in den einzelnen Wirtschaftsjahren. Schwankt in unserem Beispiel die Inanspruchnahme des Mercedes-Lkw von Jahr zu Jahr erheblich, weist somit der Verschleiß des Mercedes-Lkw von Jahr zu Jahr erhebliche Unterschiede auf, so ist die Anwendung dieser AfA-Methode betriebswirtschaftlich sinnvoll.

Die Errechnung des *jährlichen AfA-Betrages* vollzieht sich nunmehr in zwei Arbeitsschritten. Zunächst wird der Absetzungsbetrag je Leistungseinheit dadurch ermittelt, indem die Anschaffungs- oder Herstellungskosten des entsprechenden Wirtschaftsgutes durch den voraussichtlichen Gesamtleistungsumfang dividiert werden. In einem zweiten Arbeitsschritt wird dann die in einem Wirtschaftsjahr tatsächlich erbrachte Jahresleistung (hier km) mit diesem Absetzungsbetrag multipliziert.

Bei der Absetzung für Abnutzung nach Maßgabe der Leistung tritt somit an die Stelle der betriebsgewöhnlichen Nutzungsdauer die betriebsgewöhnliche Gesamtleistung. Natürlich werden an diese Schätzung des zu erwartenden Gesamtleistungsumfanges seitens der Finanzbehörden strenge Anforderungen gestellt. Gleiches gilt für den Nachweis der tatsächlich erbrachten Jahresleistung. Bei unserem Mercedes-Lkw wird Paul Piste den Nachweis der erbrachten Jahresleistung mit Hilfe des Kilometerzählers leicht führen können.

Die voraussichtliche Gesamtleistung des Mercedes-Lkw beträgt nach Angaben des Herstellers 200.000 km. Die Jahresleistung betrug laut Kilometerzähler im ersten Jahr der Nutzung, hier aus didaktischen Gründen September 01 (Monat = Jahr) 12.000 km. Somit könnten im ersten Jahr der Nutzung abgeschrieben werden:

$$\text{Absetzungsbetrag je km} = \frac{70.000 \text{ DM}}{200.000 \text{ km}} = \underline{\underline{0,35 \text{ DM/km}}}$$

$$\text{AfA-Betrag für 01} = 12.000 \text{ km} \times 0,35 \text{ DM/km} = \underline{\underline{4.200 \text{ DM}}}$$

Dieses kleine Beispiel verdeutlicht, daß bei der Absetzung für Abnutzung nach Maßgabe der Leistung keine Beschränkung in der Höhe der Abschreibung besteht. Wäre Paul Piste mit dem Mercedes-Lkw im Jahr der Anschaffung 200.000 km gefahren und hätte den entsprechenden Nachweis mit Hilfe des Kilometerzählers erbracht, so könnte er 70.000 DM (= 100 % der Anschaffungskosten) abschreiben:

$$\text{AfA-Betrag für 01} = 200.000 \text{ km} \times 0,35 \text{ DM/km} = \underline{\underline{70.000 \text{ DM}}}$$

Aufgabe 44: Absetzung für außergewöhnliche Abnutzung beim beweglichen Sachanlagevermögen

Am 29.9.01 wird der neue Mercedes-Lkw infolge eines Verkehrsunfalls leicht beschädigt. Laut Sachverständigengutachten tritt hierdurch eine außergewöhnliche Wertminderung in Höhe von 6.500 DM ein. Schon Anfang September 01 hatte sich Paul Piste entschieden, den Mercedes-Lkw unter Anwendung der Methode der linearen Absetzung für Abnutzung abzuschreiben. Paul Piste überlegt nun, wie dieser nicht vorhersehbare Geschäftsvorfall in der doppelten Buchführung zu behandeln ist.

Lösung

Neben den planmäßigen Absetzungen für Abnutzung können unter bestimmten Umständen auch *außerplanmäßige Absetzungen für Abnutzung* beim beweglichen Sachanlagevermögen zulässig sein. Laut Sachverhalt hatte sich Paul Piste bereits Anfang September 01 für die Anwendung der Methode der linearen Absetzung für Abnutzung entschieden.

Treten nun plötzlich und unerwartet außergewöhnliche *Wertminderungen* beim beweglichen Sachanlagevermögen ein, beispielsweise ausgelöst durch Feuer, Sturm, Blitzeinschlag, Hochwasser, Hagelschlag oder Unfall, so sind Absetzungen für außergewöhnliche technische oder wirtschaftliche Abnutzung zulässig (§ 7 Abs. 1 Satz 5 EStG).

Dagegen sind bei Wirtschaftsgütern, bei denen die Absetzung für Abnutzung in fallenden Jahresbeträgen bemessen wird, Absetzungen für außergewöhnliche technische oder wirtschaftliche Abnutzung ausdrücklich unzulässig (§ 7 Abs. 2 Satz 4 EStG). Um sie dennoch vornehmen zu können, müßte der Steuerpflichtige zuvor zur linearen Absetzung für Abnutzung übergehen.

Buchungstechnisch sind die außerplanmäßigen Absetzungen für Abnutzung genauso zu behandeln wie die planmäßigen Absetzungen für Abnutzung. Sie werden im Soll des Aufwandskontos „Außerplanmäßige Abschreibungen auf Sachanlagen" gebucht. Die Gegenbuchung erfolgt direkt im Haben des angesprochenen Anlagekontos. Zu beachten ist weiterhin, daß zunächst die planmäßige Absetzung für Abnutzung und erst dann, beim Vorliegen bestimmter Voraussetzungen, die außerplanmäßige Absetzung für Abnutzung gebucht wird. Wird in der doppelten Buchführung eine außerplanmäßige Absetzung für Abnutzung gebucht, so muß der *Abschreibungsplan* für die verbleibende Restnutzungsdauer des Anlagegutes neu berechnet und erstellt werden.

Folgende Buchungen wird Paul Piste somit zum 30.9.01 vornehmen:

2. Abschreibungen auf Sachanlagen	5.000	an	Fuhrpark	5.000
3. Außerplanmäßige Abschreibungen auf Sachanlagen	6.500	an	Fuhrpark	6.500

Der neue Abschreibungsplan sieht dann wie folgt aus:

Periode	Anfangsbestand	AfA-Betrag	Außerplanmäßige AfA	Restbuchwert
1	70.000 DM	5.000 DM	6.500 DM	58.500 DM
2	58.500 DM	9.000 DM		49.500 DM
3	49.500 DM	9.000 DM		40.500 DM
4	40.500 DM	9.000 DM		31.500 DM
5	31.500 DM	9.000 DM		22.500 DM
6	22.500 DM	9.000 DM		13.500 DM
7	13.500 DM	9.000 DM		4.500 DM
8	4.500 DM	4.499 DM		1 DM
Nebenrechnung: 58.500 DM : 6,5 Jahre = 9.000 DM				

Das Bild der benötigten Bestands- und Erfolgskonten sieht dann wie folgt aus:

S	Fuhrpark		H
EBK	**30.000**	2) Abschreibungen	5.000
1) Gel.Anz. auf Sachanlagen, Verbindlichk.	70.000	3) Außerplanmäßige Abschreibungen	6.500

S	Abschreibungen auf Sachanlagen	H
2) Fuhrpark	5.000	

S	Außerplanmäßige Abschreibungen auf Sachanlagen	H
3) Fuhrpark	6.500	

Aufgabe 45: Sofortabschreibung kurzlebiger Wirtschaftsgüter

Am 26. September 01 erhält Paul Piste von 30 Berliner Tennis-Clubs den großen Auftrag, für alle Clubmannschaften, von Bambini bis Senioren, die Griffe der Tennisschläger für die kommende Hallen-Saison zu ersetzen. Um diesen Großauftrag ausführen zu können, erwirbt Paul Piste am 27. September 01 eine neue Tennisschläger-Griffersatzmaschine für 3.480 DM brutto einschließlich 16 % Umsatzsteuer. Noch am 27. September wird diese Maschine geliefert und von Paul Piste auch sofort bar bezahlt. Infolge der hohen Beanspruchung errechnet Paul Piste für diese Tennisschläger-Griffersatzmaschine eine Nutzungsdauer von nur 8 Monaten. Paul Piste überlegt nun, wie dieser Geschäftsvorfall in der doppelten Buchführung und in der Bilanz zum Ende des Geschäftsjahres, hier aus didaktischen Gründen zum Ende des Monats September 01, zu behandeln ist.

Lösung

Anschaffungskosten beziehungsweise Herstellungkosten von abnutzbaren beweglichen Wirtschaftsgütern des Sachanlagevermögens sind Betriebsausgaben, sofern die Anschaffung oder Herstellung betrieblich veranlaßt ist. Wie bereits mit den Aufgaben 40 bis 43 dargelegt, sind diese Kosten aber nicht sofort in voller Höhe als Betriebsausgaben abzugsfähig, falls die Nutzungsdauer der angeschafften oder hergestellten Wirtschaftsgüter mehr als ein Jahr beträgt (siehe § 7 Abs.1 Satz 1 EStG). Hieraus läßt sich der Umkehrschluß herleiten, daß Anschaffungskosten beziehungsweise Herstellungskosten von abnutzbaren beweglichen Wirtschaftsgütern, deren Nutzungsdauer höchstens ein Jahr beträgt, im Jahr der Anschaffung oder Herstellung in voller Höhe abgesetzt werden dürfen. Dies gilt auch, wenn derartige Wirtschaftsgüter erst in der zweiten Jahreshälfte (hier September 01) angeschafft oder hergestellt werden. Man bezeichnet diese Wirtschaftsgüter als sogenannte *kurzlebige Wirtschaftsgüter*.

Dies bedeutet, daß die kompletten Anschaffungskosten der Tennisschläger-Griffersatzmaschine am Ende des Geschäftsjahres, hier aus didaktischen Gründen schon am Ende des Monats September 01, nach den üblichen Regeln als Aufwand auf dem Konto „Abschreibungen auf Sachanlagen" abgesetzt werden. Die Gegenbuchung erfolgt auf dem Konto „Technische Anlagen und Maschinen". Folgende Buchungen wird Paul Piste somit zum 27.9.01 und 30.9.01 vornehmen:

Buchung der Anschaffung am 27.9.01:

4. TA und Maschinen	3.000			
Vorsteuer	480	an	Kasse	3.480

Buchung der Sofortabschreibung am 30.9.01:

5. Abschreibungen auf Sachanlagen	3.000	an	TA und Masch.	3.000

Das Bild der benötigten Bestands- und Erfolgskonten sieht dann wie folgt aus:

S — TA und Maschinen — H

S		H	
EBK	**44.000**	5) Abschreibungen	3.000
4) Kasse	3.000		

S — Kasse — H

S		H	
EBK	**4.602**	4) TA und Masch., Vorsteuer	3.480

S — Abschreibungen auf Sachanlagen — H

S		H	
2) Fuhrpark	5.000		
5) TA und Masch.	3.000		

S — Vorsteuer — H

S		H	
1) Verbindlichk.	11.200		
4) Kasse	480		

Aufgabe 46: Abschreibung geringwertiger Wirtschaftsgüter

Am 28. September 01 kauft Paul Piste bei einem Elektronik-Großhändler ein Fernsehgerät mit integriertem Videorecorder für betriebliche Demonstrationszwecke und nimmt diese Geräteeinheit auch gleich mit. Die betriebsgewöhnliche Nutzungsdauer derartiger Geräte beträgt 5 Jahre. Der Rechnungsbetrag lautet über 870,00 DM einschließlich 16 % Umsatzsteuer. Bei Sofortzahlung räumt der Lieferant 2 % Skonto auf dieses Auslaufmodell ein. Noch am 28. September 01 überweist Paul Piste vom Konto 654321-900 bei der Sparkasse 852,60 DM. Paul Piste überlegt nun, wie dieser Geschäftsvorfall in der doppelten Buchführung und in der Bilanz zum Ende des Geschäftsjahres, hier aus chronologischen Gründen bereits zum Ende des Monats September 01, zu behandeln ist.

Lösung

Gemäß § 6 Abs. 2 EStG können die Anschaffungs- oder Herstellungskosten von abnutzbaren beweglichen Wirtschaftsgütern des Anlagevermögens, die einer selbständigen Nutzung fähig sind, im Jahr der Anschaffung oder Herstellung in voller Höhe als Betriebsausgaben (gemeint ist Aufwand) abgesetzt werden, wenn die Anschaffungs- oder Herstellungskosten, vermindert um einen darin enthaltenen Vorsteuerbetrag (§ 9b Abs. 1 EStG), für das einzelne Wirtschaftsgut 800 DM nicht übersteigen. Man spricht in diesem Zusammenhang von der Abschreibung sogenannter *geringwertiger Wirtschaftsgüter (kurz: GWG)*.

Folgende *Voraussetzungen* müssen für die Anwendbarkeit des § 6 Abs. 2 EStG erfüllt sein:

- Es muß sich um ein abnutzbares, bewegliches Wirtschaftsgut des Anlagevermögens handeln;
- Das Wirtschaftsgut muß selbständig bewertbar und nutzbar sein. „Ein Wirtschaftsgut ist einer selbständigen Nutzung nicht fähig, wenn es nach seiner betrieblichen Zweckbestimmung nur zusammen mit anderen Wirtschaftsgütern des Anlagevermögens genutzt werden kann und die in den Nutzungszusammenhang eingefügten Wirtschaftsgüter technisch aufeinander abgestimmt sind"; § 6 Abs. 2 Satz 2 EStG;
- Die Anschaffungs- oder Herstellungskosten des einzelnen Wirtschaftsgutes, vermindert um einen darin enthaltenen Vorsteuerbetrag, dürfen 800,00 DM nicht übersteigen. Dies bedeutet, daß bei der Prüfung der 800,00 DM-Grenze die Nettopreise unter Beachtung eventuell gewährter Rabatte, Skonti oder Boni ausschlaggebend sind;
- Für geringwertige Wirtschaftsgüter muß ein besonderes Verzeichnis geführt werden; § 6 Abs. 2 Satz 4 EStG. „Das Verzeichnis braucht nicht geführt zu werden, wenn diese Angaben aus der Buchführung ersichtlich sind"; § 6 Abs. 2 Satz 5 EStG.

Sind alle Voraussetzungen erfüllt, so können die Anschaffungs- oder Herstellungskosten geringwertiger Wirtschaftsgüter im Jahr der Anschaffung oder Herstellung in voller Höhe als Betriebsausgaben abgesetzt werden. Nicht zulässig ist, im Jahr der Anschaffung oder Herstellung nur einen Teil der Anschaffungs-oder Herstellungskosten abzusetzen und den Restbetrag auf die betriebsgewöhnliche Nutzungsdauer zu verteilen. Ebenso nicht zulässig ist eine Nachholung der Vollabschreibung in einem späteren Geschäftsjahr, wenn der Steuerpflichtige von der Bewertungsfreiheit im Jahr der Anschaffung oder Herstellung keinen Gebrauch gemacht hat.

Um den Gewinn des Jahres 01 noch ein wenig zu schmälern, beabsichtigt Paul Piste nunmehr, von der Bewertungsfreiheit des § 6 Abs. 2 EStG Gebrauch zu machen. Die endgültigen Anschaffungskosten des Fernsehgerätes mit integriertem Videorecorder betragen nach Abzug von 2% Skonto 735,00 DM; die in Rechnung gestellte Umsatzsteuer ist für die Prüfung der 800,00 DM-Grenze nach § 6 Abs. 2 Satz 1 EStG außer Betracht zu lassen. Die Anschaffungskosten können damit in voller Höhe als Aufwand gebucht werden.

Buchungstechnisch geschieht dies in zwei Schritten. Zunächst muß Paul Piste zum 28. September 01 das erworbene Wirtschaftsgut auf einem besonderen Anlage-Konto „Geringwertige Wirtschaftsgüter" buchen. Im Rahmen der vorbereitenden Abschlußbuchungen zum Ende des Geschäftsjahres, hier aus chronologischen Gründen bereits zum 30. September 01, ist dann die Vollabschreibung zu buchen:

Geringwertige Wirtschaftsgüter		
Vorsteuer	an	Verbindlichkeiten aus L.u.L.
		oder
	an	Kontokorrentkonto
Abschreibungen auf Geringwertige Wirtschaftsgüter	an	Geringwertige Wirtschaftsgüter

Das Aufwandskonto „Abschreibungen auf Geringwertige Wirtschaftsgüter" wird nach den üblichen Regeln über das Gewinn- und Verlustkonto abgeschlossen. Folgende Buchungen wird Paul Piste somit im Zusammenhang mit der Anschaffung des Fernsehgerätes mit integriertem Videorecorder vornehmen:

6. GWG	750,00			
Vorsteuer	120,00	an	Verbindlichk. aus L.u.L.	870,00
7. Verbindlichk. aus L.u.L.	870,00	an	Sparkasse	852,60
		an	GWG	15,00
		an	Vorsteuer	2,40

Zur Vorbereitung des Monatsabschlusses September 01 bucht Paul Piste dann die Vollabschreibung des geringwertigen Wirtschaftsgutes wie folgt:

8. Abschreibungen auf Geringwertige Wirtschaftsgüter	735,00	an	Geringwertige Wirtschaftsgüter	735,00

Das Bild der benötigten Bestands- und Erfolgskonten sieht nunmehr wie folgt aus:

S	Geringwertige Wirtschaftsgüter		H
6) Verbindlichk.	750,00	7) Verbindlichk.	15,00
		8) Abschreibungen	735,00

S	Sparkasse		H
EBK	**14.054,73**	7) Verbindlichk.	852,60

S	Vorsteuer		H
1) Verbindlichk.	11.200,00	7) Verbindlichk.	2,40
4) Kasse	480,00		
6) Verbindlichk.	120,00		

S	Verbindlichkeiten aus L.u.L.		H
7) Sparkasse, GWG, Vorsteuer	870,00	**EBK**	**63.600,00**
		1) Fuhrpark	66.200,00
		6) GWG, Vorsteuer	870,00

S	Abschreibungen auf GWG		H
8) GWG	735,00		

Das Bild aller in den Aufgaben 40 bis 46 verwendeten Bestands- und Erfolgskonten hat dann das folgende Aussehen:

S	TA und Maschinen		H
EBK	**44.000,00**	5) Abschreibungen	3.000,00
4) Kasse	3.000,00	**SBK**	**44.000,00**
	47.000,00		47.000,00

S	Fuhrpark		H
EBK	**30.000,00**	2) Abschreibungen	5.000,00
1) Gel. Anzahlungen auf Sachanlagen, Verbindlichk.	70.000,00	3) Außerplanmäßige Abschreibungen	6.500,00
		SBK	**88.500,00**
	100.000,00		100.000,00

S	Gel. Anzahlungen auf Sachanlagen		H
EBK	**15.000,00**	1) Fuhrpark	15.000,00
	15.000,00		15.000,00

S	Geringwertige Wirtschaftsgüter		H
6) Verbindlichk.	750,00	7) Verbindlichk.	15,00
		8) Abschreibungen	735,00
	750,00		750,00

S	Kasse		H
EBK	**4.602,00**	4) TA und Maschinen, Vorsteuer	3.480,00
		SBK	**1.122,00**
	4.602,00		4.602,00

S	Sparkasse		H
EBK	**14.054,73**	7) Verbindlichk.	852,60
		SBK	**13.202,13**
	14.054,73		14.054,73

S	Vorsteuer		H
1) Verbindlichk.	11.200,00	7) Verbindlichk.	2,40
4) Kasse	480,00	**USt**	**1.468,93**
6) Verbindlichk.	120,00	**SBK**	**10.328,67**
	11.800,00		11.800,00

S	Verbindlichkeiten aus L.u.L.		H
7) Sparkasse,		**EBK**	**63.600,00**
GWG,		1) Fuhrpark	66.200,00
Vorsteuer	870,00	6) GWG,	
SBK	**129.800,00**	Vorsteuer	870,00
	130.670,00		130.670,00

S	Eigenkapital		H
GuV	**15.235,00**	**EBK**	**358.290,80**
SBK	**343.055,80**		
	358.290,80		358.290,80

S	Abschreibungen auf Sachanlagen		H
2) Fuhrpark	5.000,00	**GuV**	**8.000,00**
5) TA und Maschinen	3.000,00		
	8.000,00		8.000,00

S	Außerplanmäßige Abschreibungen auf Sachanlagen		H
3) Fuhrpark	6.500,00	**GuV**	**6.500,00**
	6.500,00		6.500,00

S	Abschreibungen auf GWG		H
8) GWG	735,00	**GuV**	**735,00**
	735,00		735,00

S	Gewinn- und Verlustkonto		H
Abschreibungen auf Sachanlagen	8.000,00	**Eigenkapital**	**15.235,00**
Außerplanmäßige Abschreibungen	6.500,00		
Abschreibungen auf GWG	735,00		
	15.235,00		15.235,00

S	Schlußbilanzkonto		H
Unbebaute Grundstücke	100.000,00	Eigenkapital	343.055,80
Bebaute Grundstücke	250.000,00	Hypothek	70.000,00
TA und Maschinen	44.000,00	Darlehn	185.000,00
Fuhrpark	88.500,00	Verbindlichkeiten	129.800,00
BGA	17.855,00		
Warengruppe Ski	98.000,00		
Warengruppe Tennis	11.400,00		
Warengruppe Golf	37.000,00		
Warengruppe sonst.	4.560,00		
Forderungen	46.900,00		
Postbank	4.988,00		
Sparkasse	13.202,13		
Kasse	1.122,00		
Vorsteuer	10.328,67		
	727.855,80		727.855,80

Dem nunmehr vorliegenden Kontenbild aller in den Aufgaben 40 bis 46 verwendeten Bestands- und Erfolgskonten liegen noch folgende von Paul Piste bereits formulierte Abschlußbuchungen zugrunde:

GuV	an	Abschreibungen auf Sachanlagen	8.000,00
GuV	an	Außerplanmäßige Abschreibungen	6.500,00
GuV	an	Abschreibungen auf GWG	735,00
Eigenkapital	an	GuV	15.235,00
SBK	an	Unbebaute Grundstücke	100.000,00
SBK	an	Bebaute Grundstücke	250.000,00
SBK	an	TA und Maschinen	44.000,00
SBK	an	Fuhrpark	88.500,00
SBK	an	BGA	17.855,00
SBK	an	Warengruppe Ski	98.000,00
SBK	an	Warengruppe Tennis	11.400,00
SBK	an	Warengruppe Golf	37.000,00
SBK	an	Warengruppe sonst.	4.560,00
SBK	an	Forderungen aus L.u.L.	46.900,00
SBK	an	Postbank	4.988,00
SBK	an	Sparkasse	13.202,13
SBK	an	Kasse	1.122,00
SBK	an	Vorsteuer	10.328,67
Eigenkapital	an	SBK	343.055,80
Hypothek Bayer.Hypobank	an	SBK	70.000,00
Darlehn Dresdner Bank	an	SBK	185.000,00
Verbindlichk. aus L.u.L.	an	SBK	129.800,00

Die aus dem Schlußbilanzkonto abgeleitete Schlußbilanz des Sporteinzelhandels „Fit & Fun" zum 30.9.01 hat nunmehr das folgende Aussehen:

Schlußbilanz des Sporteinzelhandels „Fit & Fun", Berlin zum 30.9.01

Aktivseite		Passivseite	
A. Anlagevermögen		**A. Eigenkapital**	343.055,80
I. Sachanlagen		**B. Verbindlichkeiten**	
1. Grundstücke, grundstücksgleiche Rechte und Bauten	350.000,00	1. Verbindlichkeiten gegenüber Kreditinstituten	255.000,00
2. Technische Anlagen und Maschinen	44.000,00	2. Verbindlichkeiten aus Lieferungen und Leistungen	129.800,00
3. Andere Anlagen, Betriebs- und Geschäftsausstattung	106.355,00		
B. Umlaufvermögen			
I. Vorräte			
1. Fertige Erzeugnisse und Waren	150.960,00		
II. Forderungen und sonstige Vermögensgegenstände			
1. Forderungen aus Lieferungen und Leistungen	46.900,00		
2. Sonst. Vermögensgegenstände	10.328,67		
III. Flüssige Mittel			
1. Kassenbestand	1.122,00		
2. Guthaben bei Kreditinstituten	18.190,13		
	727.855,80		727.855,80

Berlin, 30.9.01

Paul Piske

X. Buchungen im Zusammenhang mit uneinbringlichen und zweifelhaften Kundenforderungen

Aufgabe 47: Abschreibungen auf Kundenforderungen

Im Oktober 01 ereignen sich im Sporteinzelhandel „Fit & Fun" folgende Geschäftsvorfälle, die Paul Piste nunmehr buchen möchte:

1. Am 3.10.01 erhält Paul Piste die Nachricht, daß das Konkursverfahren des Schuldners „Top Fit" (siehe Aufgabe 26, Geschäftsvorfälle Nr. 18 und 20) mangels Masse eingestellt worden ist. Die noch offene Forderung aus Lieferungen und Leistungen beträgt 650,00 DM (800,00 DM ./. Rücksendung in Höhe von 150,00 DM).
2. Am 14.10.01 erfährt Paul Piste, daß über das Vermögen der Skischule Max Berg am 10.10.01 ein Konkursverfahren eröffnet worden ist. Die im April gelieferten Handelswaren im Gesamtwert von 21.750,00 DM (siehe Aufgabe 22, Geschäftsvorfall Nr. 1) wurden bisher noch nicht bezahlt. Zum Zeitpunkt der Bilanzerstellung, hier aus chronologischen Gründen bereits zum Ende des Monats Oktober 01, schätzt Paul Piste den Forderungsverlust auf 60%.
3. Bezüglich der restlichen Forderungen aus Lieferungen und Leistungen in Höhe von insgesamt 24.500,00 DM schätzt Paul Piste das Ausfallrisiko auf 5%.

Paul Piste geht nunmehr von der Annahme aus, daß es sich bei den oben genannten Beträgen um Bruttobeträge, das heißt um Beträge einschließlich 16% Umsatzsteuer handelt.

Lösung

Forderungen aus Lieferungen und Leistungen sind Bestandteil des Umlaufvermögens des Sporteinzelhandels „Fit & Fun". Sie sind mit den Anschaffungskosten, das heißt mit ihrem *Nennwert* in der Bilanz anzusetzen. Würde ein Erwerber eines ganzen Betriebes im Rahmen des Gesamtkaufpreises für den Betrieb weniger als den Nennwert für eine Forderung bezahlen, beispielsweise weil diese Forderung risikobehaftet ist, so ist sie in der Bilanz mit dem hierbei zu erzielenden niedrigeren Wert (= *Teilwert*) anzusetzen.

Nach § 253 Abs. 3 Satz 2 HGB sind Forderungen aus Lieferungen und Leistungen auf den am Bilanzstichtag beizulegenden Wert abzuschreiben, sofern dieser niedriger als die Anschaffungskosten (= Nennwert) ist. Bei der Bewertung der Forderungen aus Lieferungen und Leistungen ist somit die Zahlungsfähigkeit der Schuldner zu berücksichtigen. Man unterscheidet in diesem Zusammenhang:

- uneinbringliche Forderungen
- zweifelhafte Forderungen
- vollwertige Forderungen

Als *uneinbringlich* werden die Forderungen aus Lieferungen und Leistungen bezeichnet, bei denen am Bilanzstichtag feststeht, daß deren Bezahlung keinesfalls erreicht werden kann und sie in voller Höhe ausfallen werden. Forderungen aus Lieferungen und Leistungen sind beispielsweise dann als uneinbringlich zu bewerten, wenn der Konkurs des Schuldners mangels Masse eingestellt wurde, der Schuldner eine eidesstattliche Versicherung geleistet hat und mit der Verbesserung seiner wirtschaftlichen Lage in absehbarer Zeit nicht mehr gerechnet werden kann oder eine Zwangsvollstreckung fruchtlos verlaufen ist. In diesen Fällen muß die Forderung abgeschrieben (Umgangssprache: ausgebucht) werden. Da der Forderungsbetrag auch Umsatzsteuer beinhaltet, lautet der entsprechende Buchungssatz dann:

Abschreibungen auf Forderungen
Umsatzsteuer an Forderungen aus L.u.L.

Als zweifelhaft werden die Forderungen aus Lieferungen und Leistungen bezeichnet, bei denen am Bilanzstichtag nur noch ein teilweiser Zahlungseingang erwartet wird. Zweifelhafte Forderungen werden auch als Dubiose bezeichnet. Forderungen aus Lieferungen und Leistungen sind beispielsweise dann als zweifelhaft einzustufen, wenn Schuldner auf Mahnungen nicht reagieren, Schecks oder Wechsel nicht eingelöst werden oder bereits ein Vergleichsverfahren eingeleitet worden ist. Aus Gründen der *Bilanzklarheit* sind sodann die zweifelhaften Forderungen von den übrigen Forderungen zu trennen. Dies geschieht mit Hilfe des aktiven Bestandskontos „Zweifelhafte Forderungen" und folgender Buchung unter Ansetzung ihres wahrscheinlichen Wertes:

Zweifelhafte Forderungen an Forderungen aus L.u.L.

Diese Buchung bewirkt lediglich eine buch- und bilanzmäßige Trennung des Forderungsbestandes. Der Periodenerfolg wird durch diese Buchung nicht berührt. Erst wenn ein Teil dieser zweifelhaften Forderungen abgeschrieben wird, erscheint der voraussichtliche Forderungsausfall als Aufwand. Hierbei ist allerdings zu beachten, daß lediglich der Nettobetrag der voraussichtlich ausfallenden Forderung der Abschreibung unterliegt. Die Umsatzsteuer wird gemäß § 17 UStG erst bei einem tatsächlichen Ausfall der Forderung berichtigt. Der entsprechende Buchungssatz lautet dann:

Abschreibungen auf Forderungen an Zweifelhafte Forderungen

Die Möglichkeit der Einzelbewertung jeder Forderung aus Lieferungen und Leistungen dürfte in der betrieblichen Praxis mit großen Schwierigkeiten verbunden sein, da dem Unternehmer die finanzielle und wirtschaftliche Lage all seiner Kunden nicht bekannt ist. Mit einer gewissen Wahrscheinlichkeit ist aber mit Forderungsausfällen zu rechnen. In diesen Fällen kommt die Pauschalbewertung von Forderungen aus Lieferungen und Leistungen zur Anwendung (§ 242 Abs. 1 Satz 1 HGB und § 252 Abs. 2 HGB).

Bei der *Pauschalbewertung* von Forderungen aus Lieferungen und Leistungen wird der Forderungsbestand, der nach Abtrennung der uneinbringlichen und zweifelhaften Kundenforderungen verbleibt, mit einem bestimmten Ausfall-Prozentsatz multipliziert und sodann dieser Betrag als Aufwand (= Abschreibungen) gebucht. Auch in diesem Fall ist zu beachten, daß bei der Schätzung des voraussichtlichen Ausfallbetrages, Abschreibungen nur hinsichtlich der Nettoforderungsbeträge zulässig sind. Die Umsatzsteuer wird gemäß § 17 UStG erst bei einem tatsächlichen Ausfall der Forderung berichtigt.

Die Höhe des Ausfall-Prozentsatzes basiert auf den in der Vergangenheit im Zusammenhang mit derartigen Kundenforderungen gewonnenen Erfahrungen des Unternehmers. Soweit noch keine Erfahrungen aus der Vergangenheit vorliegen, beispielsweise bei einer Neueröffnung einer Unternehmung, ist das nach objektiver Einschätzung zu erwartende Ausfallrisiko zu schätzen. Mangels anderer Anhaltspunkte könnten dabei auch die Erfahrungen der gesamten Branche hilfreich sein. Die sogenannte Nichtbeanstandungsgrenze der Finanzbehörden für Pauschalbewertungen von Forderungen aus Lieferungen und Leistungen beträgt 1% des Kundenforderungsbestandes (ohne Umsatzsteuer). Bis zu dieser Höhe werden Pauschalbewertungen von Kundenforderungen ohne nähere Nachprüfung anerkannt. Bei entsprechender Darlegung sind aber auch höhere Ausfall-Prozentsätze möglich. Der entsprechende Buchungssatz lautet dann:

Abschreibungen auf Forderungen an Forderungen aus L.u.L.

Im Monat Oktober 01 bildet Paul Piste dann die folgenden Buchungssätze:

1. Abschreibungen auf

Forderungen	560,34			
Umsatzsteuer	89,66	an	Forderungen aus L.u.L.	650,00

2. Umbuchung der Kundenforderung auf zweifelhafte Forderung:

Zweifelhafte Forderungen	21.750,00	an	Forderungen aus L.u.L.	21.750,00

Berechnung des voraussichtlichen Ausfalls:

	Bruttoforderung	21.750,00 DM
./.	Umsatzsteuer	3.000,00 DM
=	Nettoforderung	18.750,00 DM
	davon 60 %	**11.250,00 DM**

Buchung des voraussichtlichen Ausfalls:

Abschreibungen auf Ford.	11.250,00	an	Zweifelhafte Ford.	11.250,00

3. Berechnung des voraussichtlichen Ausfalls:

	Restforderungsbestand	24.500,00 DM
./.	Umsatzsteuer	3.379,31 DM
=	Nettoforderungsbestand	21.120,69 DM
	davon 5 %	**1.056,03 DM**

Buchung der Pauschalbewertung:

Abschreibungen auf Ford. 1.056,03 an Forderungen aus L.u.L. 1.056,03

Das Bild der benötigten Bestands- und Erfolgskonten sieht dann wie folgt aus:

S — Forderungen aus L.u.L. — H

S			H
EBK	**46.900,00**	1) Abschreibungen, Umsatzsteuer	650,00
		2) Zweifelhafte Forderungen	21.750,00
		3) Abschreibungen	1.056,03
		SBK	**23.443,97**
	46.900,00		46.900,00

S — Zweifelhafte Forderungen — H

S			H
2) Forderungen	21.750,00	2) Abschreibungen	11.250,00
		SBK	**10.500,00**
	21.750,00		21.750,00

S — Vorsteuer — H

S			H
EBK	**10.328,67**	**SBK**	**10.418,33**
USt	89,66		
	10.418,33		10.418,33

S — Eigenkapital — H

S			H
GuV	**12.866,37**	**EBK**	**343.055,80**
SBK	**330.189,43**		
	343.055,80		343.055,80

S — Umsatzsteuer — H

S			H
1) Forderungen	89,66	Vorsteuer	89,66
	89,66		89,66

S — Abschreibungen auf Forderungen — H

S			H
1) Forderungen	560,34	**GuV**	**12.866,37**
2) Zweifelhafte Forderungen	11.250,00		
3) Forderungen	1.056,03		
	12.866,37		12.866,37

S — Gewinn- und Verlustkonto — H

S			H
Abschreibungen	12.866,37	**Eigenkapital**	**12.866,37**
	12.866,37		12.866,37

S	Schlußbilanzkonto		H
Unbebaute Grundstücke	100.000,00	Eigenkapital	330.189,43
Bebaute Grundstücke	250.000,00	Hypothek	70.000,00
TA und Maschinen	44.000,00	Darlehn	185.000,00
Fuhrpark	88.500,00	Verbindlichkeiten	129.800,00
BGA	17.855,00		
Warengruppe Ski	98.000,00		
Warengruppe Tennis	11.400,00		
Warengruppe Golf	37.000,00		
Warengruppe sonst.	4.560,00		
Forderungen	23.443,97		
Zweifelhafte Forderungen	10.500,00		
Postbank	4.988,00		
Sparkasse	13.202,13		
Kasse	1.122,00		
Vorsteuer	10.418,33		
	714.989,43		714.989,43

Diesem Kontenbild liegen bereits folgende von Paul Piste formulierte Abschlußbuchungen zugrunde:

GuV	an	Abschreibungen auf Forderungen	12.866,37
Vorsteuer	an	Umsatzsteuer	89,66
Eigenkapital	an	GuV	12.866,37
SBK	an	Unbebaute Grundstücke	100.000,00
SBK	an	Bebaute Grundstücke	250.000,00
SBK	an	TA und Maschinen	44.000,00
SBK	an	Fuhrpark	88.500,00
SBK	an	BGA	17.855,00
SBK	an	Warengruppe Ski	98.000,00
SBK	an	Warengruppe Tennis	11.400,00
SBK	an	Warengruppe Golf	37.000,00
SBK	an	Warengruppe sonst.	4.560,00
SBK	an	Forderungen aus L.u.L.	23.443,97
SBK	an	Zweifelhafte Forderungen	10.500,00
SBK	an	Postbank	4.988,00
SBK	an	Sparkasse	13.202,13
SBK	an	Kasse	1.122,00
SBK	an	Vorsteuer	10.418,33
Eigenkapital	an	SBK	330.189,43
Hypothek Bayer.Hypobank	an	SBK	70.000,00
Darlehn Dresdner Bank	an	SBK	185.000,00
Verbindl.aus L.u.L.	an	SBK	129.800,00

Die aus dem Schlußbilanzkonto abgeleitete Schlußbilanz des Sporteinzelhandels „Fit & Fun“ zum 31.10.01 hat nunmehr das folgende Aussehen:

Schlußbilanz des Sporteinzelhandels „Fit & Fun“, Berlin zum 31.10.01

Aktivseite		Passivseite	
A. Anlagevermögen		**A. Eigenkapital**	330.189,43
I. Sachanlagen		**B. Verbindlichkeiten**	
1. Grundstücke, grundstücksgleiche Rechte und Bauten	350.000,00	1. Verbindlichkeiten gegenüber Kreditinstituten	255.000,00
2. Technische Anlagen und Maschinen	44.000,00	2. Verbindlichkeiten aus Lieferungen und Leistungen	129.800,00
3. Andere Anlagen, Betriebs- und Geschäftsausstattung	106.355,00		
B. Umlaufvermögen			
I. Vorräte			
1. Fertige Erzeugnisse und Waren	150.960,00		
II. Forderungen und sonstige Vermögensgegenstände			
1. Forderungen aus Lieferungen und Leistungen	33.943,97		
2. Sonst. Vermögensgegenstände	10.418,33		
III. Flüssige Mittel			
1. Kassenbestand	1.122,00		
2. Guthaben bei Kreditinstituten	18.190,13		
	714.989,43		714.989,43

Berlin, 31.10.01

Paul Piske

In der Schlußbilanz werden zweifelhafte Forderungen unter der Position „Forderungen aus Lieferungen und Leistungen“ ausgewiesen (23.443,97 DM + 10.500,00 DM = 33.943,97 DM)

Gehen später Zahlungen im Zusammenhang mit zuvor als zweifelhaft eingestuften Forderungen ein, so muß die Umsatzsteuer gemäß § 17 UStG berichtigt werden. Hierbei sind drei Buchungssituationen denkbar:

1. Der endgültige Forderungsverlust entspricht genau dem zuvor geschätzten Wert. Dann wird wie folgt gebucht:

   Kontokorrentkonto
   Umsatzsteuer an Zweifelhafte Forderungen

2. Der endgültige Forderungsverlust übersteigt den zuvor geschätzten Wert. Die Abschreibungen waren also zu niedrig angesetzt. Dann wird wie folgt gebucht:

   Kontokorrentkonto
   Umsatzsteuer
   Betrieblich außerordentlicher Aufwand an Zweifelhafte Forderungen

3. Der endgültige Forderungsverlust ist niedriger als der zuvor geschätzte Wert. Die Abschreibungen waren also zu hoch angesetzt. Dann wird wie folgt gebucht:

   Kontokorrentkonto
   Umsatzsteuer an Zweifelhafte Forderungen
   an Betrieblich außerordentlicher Ertrag

Die Umsatzsteuerminderung ist somit stets anhand des effektiven Ausfallbetrages zu berechnen (Achtung: Punktrechnung vor Strichrechnung!!):

$$\frac{\text{Ursprünglicher Betrag der Kundenforderung} \;./.\; \text{Tatsächlicher Zahlungseingang}}{1 + 0{,}16} \times 0{,}16$$

XI. Vorbereitende Jahresabschlußbuchungen

Aufgabe 48: Transitorisch aktive und passive Rechnungsabgrenzungsposten

Im November 01 ereignen sich im Sporteinzelhandel „Fit & Fun“ folgende Geschäftsvorfälle, die Paul Piste nunmehr buchen möchte:

1. Am 1.11.01 überwies Paul Piste 2.100,00 DM Zinsen für den Zeitraum vom 1.11.01 bis 30.4.02 an die Bayerische Hypothekenbank AG vom Konto 654321-900 bei der Sparkasse.

2. Am 1.11.01 vermietete Paul Piste das unbebaute Grundstück Sonnenweg 13 an das Gartencenter „Rudi Rafinesse“ für 5 Jahre. Als monatliche Miete wurden 1.450,00 DM einschließlich 16% Umsatzsteuer vereinbart. Bereits am 4.11.01 erfolgte auf dem Konto 654321-900 bei der Sparkasse eine Mietgutschrift in Höhe von 4.350,00 DM für den Zeitraum vom 1.11.01 bis zum 31.1.02.

3. Die Kraftfahrzeug-Steuer für das Kalenderjahr 02 in Höhe von 300,00 DM wurde bereits am 20.11.01 vom Konto 654321-900 bei der Sparkasse abgebucht.

Da sich die vorliegenden drei Geschäftsvorfälle nicht nur auf das laufende Kalenderjahr 01 beziehen, überlegt Paul Piste nunmehr, welche Buchungen zum 30.11.01 vorzunehmen sind, um den Periodenerfolg des Kalenderjahres 01 auch richtig bestimmen zu können.

Lösung

Eine der wichtigsten Aufgaben der doppelten Buchführung ist die *Ermittlung des Periodenerfolges*, also des in einem fest umrissenen Zeitabschnitts von der Unternehmung erwirtschafteten Gewinns oder Verlusts (siehe Aufgabe 1). Dies bedeutet, daß am Ende dieses fest umrissenen Zeitabschnitts, hier am Ende des Kalenderjahres 01, alle Aufwands- und Ertragskonten daraufhin überprüft werden müssen, ob die gebuchten Beträge dem abgelaufenen Kalenderjahr wirtschaftlich zuzurechnen sind. Enthalten die Aufwands- und Ertragskonten Beträge, die einem anderen (= späteren) Kalenderjahr zuzurechnen sind, müssen diese Beträge abgegrenzt werden. Dies geschieht mit Hilfe der *transitorischen Rechnungsabgrenzungsposten.*

Transitorische Rechnungsabgrenzungsposten sind an das Vorliegen von vier Voraussetzungen geknüpft:

1. Vorleistungen des einen Vertragspartners aus einem gegenseitigen Vertrag für eine zeitraumbezogene Gegenleistung des anderen Vertragspartners (Anwendungsbeispiele: Miete, Pacht, Versicherungsbeiträge, Gebühren, Löhne, Gehälter, Sozialleistungen, Zinsen oder Steuern);

2. Auszahlung oder Einzahlung vor dem Bilanzstichtag;

3. Erfolgswirksamkeit, das heißt Aufwand oder Ertrag nach dem Bilanzstichtag;

4. Auszahlung oder Einzahlung muß Aufwand oder Ertrag für eine bestimmte Zeit nach dem Bilanzstichtag darstellen. Eine „bestimmte Zeit" liegt nur dann vor, wenn die Zeit, der die abzugrenzenden Auszahlungen oder Einzahlungen zuzurechnen sind, festliegt (Beispiele: viertel- oder halbjährliche Miet-, Pacht- oder Versicherungszahlungen).

Man unterscheidet aktive und passive transitorische Rechnungsabgrenzungsposten. Transitorisch aktive Rechnungsabgrenzungsposten werden gebildet für Auszahlungen vor dem Bilanzstichtag, die Aufwand für eine bestimmte Zeit nach dem Bilanzstichtag darstellen. Der entsprechende Buchungssatz lautet dann:

Aktive Rechnungsabgrenzung an Aufwandskonto

Transitorisch passive Rechnungabgrenzungsposten werden gebildet für Einzahlungen vor dem Bilanzstichtag, die Ertrag für eine bestimmte Zeit nach dem Bilanzstichtag darstellen. Der entsprechende Buchungssatz lautet dann:

Ertragskonto an Passive Rechnungsabgrenzung

Transitorische Rechnungsabgrenzungposten bewirken somit, daß die im voraus verausgabten oder vereinnahmten Beträge erst in die Erfolgsrechnung des Folgejahres eingehen (lateinisch: transire – hinübergehen). Die Umsatzsteuer ist grundsätzlich erfolgsneutral und scheidet deshalb für eine Rechnungsabgrenzung aus.

Transitorische Rechnungsabgrenzungsposten werden mit dem Ziel gebildet, Aufwendungen und Erträge in das Jahr ihrer wirtschaftlichen Zugehörigkeit zu übertragen. Dies bedeutet, daß zum Jahresende gebuchte Rechnungsabgrenzungsposten im folgenden Jahr wieder aufgelöst werden müssen. Dies geschieht mit Hilfe folgender Buchungssätze:

Aufwandskonto	an	Aktive Rechnungsabgrenzung
		und
Passive Rechnungsabgrenzung	an	Ertragskonto

Im Monat November 01 bildet Paul Piste zunächst die folgenden Buchungssätze:

1. Zinsaufwendungen		an	Sparkasse	2.100
2. Sparkasse	4.350	an	Mieterträge	3.750
		an	Umsatzsteuer	600
3. Kfz-Steuern (Aufwand)		an	Sparkasse	300

Im Rahmen der *vorbereitenden Jahresabschlußbuchungen*, hier aus chronologischen Gründen bereits schon zum 30.11.01, bildet Paul Piste sodann die folgenden Buchungssätze:

1a.	Aktive Rechnungsabgrenzung	an	Zinsaufwendungen	1.400
2a.	Mieterträge	an	Passive Rechnungsabgrenzung	1.250
3a.	Aktive Rechnungsabgrenzung	an	Kfz-Steuern (Aufwand)	300

Das Bild der benötigten Bestands- und Erfolgskonten sieht dann wie folgt aus:

S		Sparkasse			H
	EBK	**13.202,13**	1)	Zinsaufwand	2.100,00
2)	Mieterträge, Umsatzsteuer	4.350,00	3)	Kfz-Steuern	300,00

S		Aktive Rechnungsabgrenzung			H
1a)	Zinsaufwand	1.400,00			
3a)	Kfz-Steuern	300,00			

S		Zinsaufwendungen			H
1)	Sparkasse	2.100,00	1a)	Aktive Rechnungs-abgrenzung	1.400,00

S		Kfz-Steuern (Aufwand)			H
3)	Sparkasse	300,00	3a)	Aktive Rechnungs-abgrenzung	300,00

S		Umsatzsteuer			H
			2)	Sparkasse	600,00

S		Passive Rechnungsabgrenzung			H
			2a)	Mieterträge	1.250,00

S		Mieterträge			H
2a)	Passive Rechnungs-abgrenzung	1.250,00	2)	Sparkasse	3.750,00

Aufgabe 49: Antizipative Rechnungsabgrenzungsposten (Sonstige Forderungen und Sonstige Verbindlichkeiten)

Zum Ende des Monats November 01 stellt Paul Piste fest, daß folgende zwei Zahlungsvorgänge noch nicht erfolgt sind:

4. Für den am 3.9.01 angeschafften Lkw Mercedes hatte Paul Piste noch im September 01 eine Versicherung abgeschlossen. Gemäß der mündlichen Auskunft der Versicherungs-Agentur wäre für das vierte Quartal 01 ein Versicherungsbeitrag in Höhe von 800,00 DM zu entrichten. Die Versicherungs-Agentur teilt Paul Piste noch im November 01 mit, daß der Versicherungsvertrag sowie die Beitragsrechnung infolge größerer Datenverarbeitungsprobleme erst im Januar 02 verschickt werden.
5. Zum 1.11.01 hatte Paul Piste mit dem Tennis-Club „Blau Weiss" einen Beratervertrag über Sport-Sponsoring abgeschlossen. Als monatliche Vergütung wurden 1.160,00 DM einschließlich 16% Umsatzsteuer vereinbart. Zum 30.11.01 war die Vergütung für den Monat November noch nicht gezahlt worden.

Paul Piste überlegt nunmehr, ob diese beiden Geschäftsvorfälle, obwohl noch keine Zahlungen erfolgt sind, in der doppelten Buchführung erfaßt werden müssen. Er geht bei seinen Überlegungen davon aus, daß auch bis zum Bilanzstichtag (= 31.12.01) keine Zahlungen erfolgt sein werden.

Lösung

Das gemeinsame Merkmal der beiden vorliegenden Geschäftsvorfälle ist, daß es sich um Aufwendungen beziehungsweise Erträge handelt, deren wirtschaftliche Ursachen in dem abzuschließenden Kalenderjahr 01 liegen, die aber erst in dem folgenden Kalenderjahr 02 zu Auszahlungen beziehungsweise Einzahlungen führen werden. Man spricht in diesem Zusammenhang von *antizipativen Rechnungsabgrenzungsposten*, da in ihrem Ansatz die späteren Zahlungsvorgänge vorweggenommen werden (lateinisch: antecapere = vorausnehmen).

Antizipative Rechnungsabgrenzungsposten stellen somit Auszahlungen oder Einzahlungen nach dem Bilanzstichtag dar, die bereits Aufwand oder Ertrag für einen Zeitraum vor diesem Bilanzstichtag sind. Gemäß § 250 Abs. 1 Satz 1 HGB und § 250 Abs. 2 HGB dürfen nun aber für derartige antizipative Posten in der Bilanz keine Rechnungsabgrenzungsposten gebildet werden. Soweit sich aus den ihnen zugrundeliegenden Geschäftsvorfällen bereits Forderungen oder Verbindlichkeiten ergeben haben, sind sie allerdings als solche zu bilanzieren.

Wird somit im Zusammenhang mit einem Ertrag des alten Kalenderjahres erst mit dem Zahlungseingang im neuen Kalenderjahr gerechnet, so entsteht zum Bilanzstichtag eine Forderung, die auf dem Konto „Sonstige Forderungen" gebucht wird:

Sonstige Forderungen an Ertragskonto

Wird ein im alten Kalenderjahr noch zu bezahlender Geschäftsvorfall (Miete, Pacht, Versicherungsbeiträge, Provisionen, Gehälter, Löhne, Sozialleistungen etc.) erst im neuen Kalenderjahr beglichen, so entsteht zum Bilanzstichtag eine Verbindlichkeit, die auf dem Konto „Sonstige Verbindlichkeiten" gebucht wird:

Aufwandskonto	an	Sonstige Verbindlichkeiten

Da die Buchung der „Sonstigen Forderungen" und „Sonstigen Verbindlichkeiten" im alten Kalenderjahr, also bereits vor ihrer Vereinnahmung oder Verausgabung, erfolgswirksam ist, werden die Einzahlungen beziehungsweise Auszahlungen im Folgejahr dann erfolgsneutral gebucht. Hierbei werden die „Sonstigen Forderungen" und „Sonstigen Verbindlichkeiten" wie folgt aufgelöst:

Kontokorrentkonto	an	Sonstige Forderungen
		und
Sonstige Verbindlichkeiten	an	Kontokorrentkonto

Die Behandlung der Umsatzsteuer richtet sich nach den §§ 13 und 15 UStG. Erhält Paul Piste bis zum Bilanzstichtag sein Honorar in Höhe von 1.000,00 DM zuzüglich 16% Umsatzsteuer (= 160,00 DM) nicht, so sind als „Sonstige Forderungen" 1.160,00 DM auszuweisen; 1.000,00 DM stellen Beratungsertrag, 160,00 DM entstandene Umsatzsteuer-Schuld dar.

Im Rahmen der vorbereitenden Jahresabschlußbuchungen, hier wie bereits dargelegt schon zum 30.11.01, bildet Paul Piste dann die folgenden Buchungssätze:

4. Versicherungsbeiträge (Aufwand)		an	Sonstige Verbindlichkeiten	800,00
5. Sonstige Forderungen	1.160,00	an	Beratungserträge	1.000,00
		an	Umsatzsteuer	160,00

Das Bild der benötigten Bestands- und Erfolgskonten sieht dann wie folgt aus:

S	Sonstige Forderungen		H
5) Beratungserträge, Umsatzsteuer	1.160,00		

S	Versicherungsbeiträge (Aufwand)		H
4) Sonstige Verbindlichkeiten	800,00		

S	Umsatzsteuer		H
		2) Sparkasse	600,00
		5) Sonstige Ford.	160,00

S	Sonstige Verbindlichkeiten		H
		4) Versicherungsbeiträge	800,00

S	Beratungserträge		H
		5) Sonstige Ford.	1.000,00

Ausgehend von der Schlußbilanz zum 31.10.01 (siehe Aufgabe 47) sowie der Geschäftsvorfälle der Aufgabe 48 ergeben sich nunmehr zum 30.11.01 folgende Abschlußbuchungen:

GuV	an	Zinsaufwendungen	700,00
GuV	an	Versicherungsbeiträge	800,00
Mieterträge	an	GuV	2.500,00
Beratungserträge	an	GuV	1.000,00
Umsatzsteuer	an	Vorsteuer	760,00
GuV	an	Eigenkapital	2.000,00
SBK	an	Unbebaute Grundstücke	100.000,00
SBK	an	Bebaute Grundstücke	250.000,00
SBK	an	TA und Maschinen	44.000,00
SBK	an	Fuhrpark	88.500,00
SBK	an	BGA	17.855,00
SBK	an	Warengruppe Ski	98.000,00
SBK	an	Warengruppe Tennis	11.400,00
SBK	an	Warengruppe Golf	37.000,00
SBK	an	Warengruppe sonst.	4.560,00
SBK	an	Forderungen aus L.u.L.	23.443,97
SBK	an	Zweifelhafte Forderungen	10.500,00
SBK	an	Sonstige Forderungen	1.160,00
SBK	an	Postbank	4.988,00
SBK	an	Sparkasse	15.152,13
SBK	an	Kasse	1.122,00
SBK	an	Vorsteuer	9.658,33
SBK	an	Aktive Rechnungsabgrenzung	1.700,00
Eigenkapital	an	SBK	332.189,43
Hypothek Bayer.Hypobank	an	SBK	70.000,00
Darlehn Dresdner Bank	an	SBK	185.000,00
Verbindlichkeiten aus L.u.L.	an	SBK	129.800,00
Sonstige Verbindlichkeiten	an	SBK	800,00
Passive Rechnungsabgrenzung	an	SBK	1.250,00

Das Bild aller benötigten Bestands- und Erfolgskonten sieht nunmehr wie folgt aus:

S	Sparkasse		H
EBK	**13.202,13**	1) Zinsaufwand	2.100,00
2) Mieterträge, Umsatzsteuer	4.350,00	3) Kfz-Steuer	300,00
		SBK	**15.152,13**
	17.552,13		17.552,13

S	Aktive Rechnungsabgrenzung				H
1a)	Zinsaufwand	1.400,00		**SBK**	**1.700,00**
3a)	Kfz-Steuern	300,00			
		1.700,00			1.700,00

S	Vorsteuer				H
	EBK	**10.418,33**		USt	760,00
				SBK	**9.658,33**
		10.418,33			10.418,33

S	Sonstige Forderungen				H
5)	Beratungserträge, Umsatzsteuer	1.160,00		**SBK**	**1.160,00**
		1.160,00			1.160,00

S	Zinsaufwendungen				H
1)	Sparkasse	2.100,00	1a)	Aktive Rechnungsabgrenzung	1.400,00
				GuV	**700,00**
		2.100,00			2.100,00

S	Kfz-Steuern (Aufwand)				H
3)	Sparkasse	300,00	3a)	Aktive Rechnungsabgrenzung	300,00
		300,00			300,00

S	Versicherungsbeiträge				H
4)	Sonstige Verbindl.	800,00		**GuV**	**800,00**
		800,00			800,00

S	Umsatzsteuer				H
	VSt	**760,00**	2)	Sparkasse	600,00
			5)	Sonstige Ford.	160,00
		760,00			760,00

S	Passive Rechnungsabgrenzung				H
	SBK	**1.250,00**	2a)	Mieterträge	1.250,00
		1.250,00			1.250,00

S	Sonstige Verbindlichkeiten		H
SBK	**800,00**	4) Versicherungsbeiträge	800,00
	800,00		800,00

S	Eigenkapital		H
SBK	**332.189,43**	**EBK**	**330.189,43**
		GuV	**2.000,00**
	332.189,43		332.189,43

S	Mieterträge		H
2a) Passive Rechnungsabgrenzung	1.250,00	2) Sparkasse	3.750,00
GuV	**2.500,00**		
	3.750,00		3.750,00

S	Beratungserträge		H
GuV	**1.000,00**	5) Sonstige Ford.	1.000,00
	1.000,00		1.000,00

S	Gewinn- und Verlustkonto		H
Zinsaufwendungen	700,00	Mieterträge	2.500,00
Versicherungsbeiträge	800,00	Beratungserträge	1.000,00
Eigenkapital	**2.000,00**		
	3.500,00		3.500,00

S	Schlußbilanzkonto		H
Unbebaute Grundstücke	100.000,00	Eigenkapital	332.189,43
Bebaute Grundstücke	250.000,00	Hypothek	70.000,00
TA und Maschinen	44.000,00	Darlehn	185.000,00
Fuhrpark	88.500,00	Verbindlichkeiten	129.800,00
BGA	17.855,00	Sonstige Verbindlichkeiten	800,00
Warengruppe Ski	98.000,00	Passive Rechnungsabgrenzung	1.250,00
Warengruppe Tennis	11.400,00		
Warengruppe Golf	37.000,00		
Warengruppe sonst.	4.560,00		
Forderungen	23.443,97		
Zweifelhafte Forderungen	10.500,00		
Sonstige Forderungen	1.160,00		
Postbank	4.988,00		
Sparkasse	15.152,13		
Kasse	1.122,00		
Vorsteuer	9.658,33		
Aktive Rechnungsabgrenzung	1.700,00		
	719.039,43		719.039,43

Die aus dem Schlußbilanzkonto abgeleitete Schlußbilanz des Sporteinzelhandels „Fit & Fun“ zum 30.11.01 hat nunmehr das folgende Aussehen:

Schlußbilanz des Sporteinzelhandels
„Fit & Fun“, Berlin zum 30.11.01

Aktivseite		Passivseite	
A. Anlagevermögen		**A. Eigenkapital**	332.189,43
I. Sachanlagen		**B. Verbindlichkeiten**	
1. Grundstücke, grundstücksgleiche Rechte und Bauten	350.000,00	1. Verbindlichkeiten gegenüber Kreditinstituten	255.000,00
2. Technische Anlagen und Maschinen	44.000,00	2. Verbindlichkeiten aus Lieferungen und Leistungen	129.800,00
3. Andere Anlagen, Betriebs- und Geschäftsausstattung	106.355,00	3. Sonstige Verbindlichkeiten	800,00
B. Umlaufvermögen		**C. Rechnungsabgrenzungsposten**	1.250,00
I. Vorräte			
1. Fertige Erzeugnisse und Waren	150.960,00		
II. Forderungen und sonstige Vermögensgegenstände			
1. Forderungen aus Lieferungen und Leistungen	33.943,97		
2. Sonst. Vermögensgegenstände	10.818,33		
III. Flüssige Mittel			
1. Kassenbestand	1.122,00		
2. Guthaben bei Kreditinstituten	20.140,13		
C. Rechnungsabgrenzungsposten	1.700,00		
	719.039,43		719.039,43

Berlin, 30.11.01

Paul Piste

In der Schlußbilanz werden „Sonstige Forderungen“ unter der Position „Sonstige Vermögensgegenstände“ ausgewiesen (Sonstige Forderungen 1.160,00 DM + Vorsteuer 9.658,33 DM = 10.818,33 DM)

Aufgabe 50: Rückstellungen

Zum 31.12.01 stellt Paul Piste fest, daß folgende Aufwendungen des Kalenderjahres 01 noch nicht zu Auszahlungen geführt haben:

1. Im Zusammenhang mit dem am 10.10.01 eröffneten Konkursverfahren über das Vermögen der Skischule Max Berg (siehe Aufgabe 47, Geschäftsvorfall Nr. 2) hatte Paul Piste im November 01 die Rechtsanwältin Ilsedore Scharfblick mit der Geltendmachung aller Ansprüche beauftragt. Zum 31.12.01 rechnet Paul Piste nunmehr mit Anwaltskosten in Höhe von 500,00 DM (netto).
2. Im Zusammenhang mit der Erstellung des Jahresabschlusses für das Kalenderjahr 01 durch die Steuerberaterin Ludmilla Saldo rechnet Paul Piste mit Steuerberatungskosten in Höhe von 1.000,00 DM (netto).

Paul Piste überlegt nunmehr, welche Buchungen zum 31.12.01 noch vorzunehmen sind, um den Periodenerfolg des Kalenderjahres 01 auch wirklich richtig bestimmen zu können.

Lösung

Rückstellungen dienen wie die zuvor gebuchten Rechnungsabgrenzungsposten der periodengerechten Erfolgsabgrenzung. Sie werden für ungewisse Verbindlichkeiten gebildet, das heißt für Aufwendungen, deren wirtschaftliche Ursachen zwar in dem laufenden Kalenderjahr liegen, die also dem Grunde nach feststehen, bei denen aber noch nicht die genaue Höhe (= Betrag) und der Fälligkeitstermin bekannt sind. Der Grund ist somit bekannt, die Höhe und die zeitliche Inanspruchnahme sind noch nicht bekannt.

Rückstellungen behandeln demnach Aufwendungen, die im betrachteten Kalenderjahr noch nicht zu Auszahlungen geführt haben. Sie ähneln insoweit den antizipativen passiven Rechnungsabgrenzungsposten (= Sonstigen Verbindlichkeiten). Der Unterschied besteht jedoch darin, daß bei den „Sonstigen Verbindlichkeiten" stets Grund, Betrag und Fälligkeitstermin der späteren Auszahlung genau bekannt sind (Beispiele: Miet-, Pacht- oder Versicherungszahlungen).

Rückstellungen können somit im Sporteinzelhandel „Fit & Fun" erforderlich werden, wenn Verbindlichkeiten gegenüber Geschäftspartnern vorliegen, die am Bilanzstichtag entweder

- in ihrer Höhe und/oder
- in ihrem Fälligkeitstermin

unbestimmt sind. Es ist der Zweck der Rückstellungen, gerade auch solche Verbindlichkeiten noch im alten Kalenderjahr zu berücksichtigen, die rechtlich erst in der Zukunft entstehen, wirtschaftlich aber in einem abgelaufenen (= alten) Kalenderjahr verursacht worden sind (Beispiele: Rückstellungen für Preisnachlässe, Rückstellungen für schwebende Prozesse, wenn die Streitsache rechtshängig geworden ist, Pensionsrückstellungen, Garantierückstellungen wegen Gewährleistungsverpflichtungen, Gewerbesteuerrückstellungen, Rückstellungen für Jahresabschluß- und Prüfungskosten, Rückstellungen für Urlaubsansprüche und Weihnachtsgratifikationen, Rückstellungen für die zukünftige Beseitigung der vom Mieter errichteten Anlagen, Rückstellungen wegen Verletzung fremder Patent-, Urheber- oder ähnlicher Schutzrechte oder Rückstellungen für im Geschäftsjahr unterlassene Aufwendungen für Instandhaltung, die im folgenden Geschäftsjahr innerhalb von drei Monaten nachgeholt werden). Durch die Rückstellung werden die später zu leistenden Auszahlungen durch Bildung eines entsprechenden Passivpostens dem abgelaufenen Kalenderjahr zugerechnet. Dies geschieht mit Hilfe folgender Buchung:

Aufwandskonto	an	Rückstellungen

Bei den umsatzsteuerpflichtigen Aufwendungen werden nur die Nettobeträge in eine Rückstellung eingestellt. Die Buchung der Vorsteuer erfolgt erst bei der Auflösung der entsprechenden Rückstellung.

Rückstellungen werden im Normalfall durch Zahlungen aufgelöst. Hierbei sind drei Fälle zu unterscheiden:

1. Der Aufwand war in der Vergangenheit genau richtig eingeschätzt worden. Die Höhe der Rückstellung entspricht somit der tatsächlichen Auszahlung (= Inanspruchnahme). Dann wird wie folgt die Rückstellung aufgelöst:

Rückstellungen		
(Vorsteuer)	an	Kontokorrentkonto

2. Die zukünftige Auszahlung ist größer als die gebildete Rückstellung. In diesen Fällen wird der „Mehrbetrag" auf dem Konto „Periodenfremde Aufwendungen" oder „Andere sonstige betriebliche Aufwendungen" gebucht:

Rückstellungen		
Periodenfremde Aufwendungen		
(Vorsteuer)	an	Kontokorrentkonto

3. Die ursprünglich gebuchte Rückstellung war zu hoch angesetzt. Die zukünftige Auszahlung fällt geringer aus als ursprünglich erwartet. In diesen Fällen wird die Differenz zwischen der geringeren Auszahlung und dem Rückstellungsbetrag auf dem Konto „Periodenfremder Ertrag" oder „Andere sonstige betriebliche Erträge" oder „Erträge aus der Herabsetzung von Rückstellungen" gewinnerhöhend aufgelöst:

Rückstellungen		
(Vorsteuer)	an	Kontokorrentkonto
	an	Periodenfremde Erträge

Zum 31.12.01 wird Paul Piste somit folgende Buchungssätze (= Rückstellungen) bilden:

1. Rechts- und Beratungsaufwendungen	an	Sonstige Rückstellungen	500,00
2. Rechts- und Beratungsaufwendungen	an	Sonstige Rückstellungen	1.000,00

Die Abschlußbuchungen zum 31.12.01 sehen dann wie folgt aus:

GuV	an	Rechts- und Beratungsaufwendungen	1. 500,00
Eigenkapital	an	GuV	1.500,00
SBK	an	Unbebaute Grundstücke	100.000,00
SBK	an	Bebaute Grundstücke	250.000,00
SBK	an	TA und Maschinen	44.000,00
SBK	an	Fuhrpark	88.500,00
SBK	an	BGA	17.855,00
SBK	an	Warengruppe Ski	98.000,00
SBK	an	Warengruppe Tennis	11.400,00
SBK	an	Warengruppe Golf	37.000,00
SBK	an	Warengruppe sonst.	4.560,00
SBK	an	Forderungen aus L.u.L.	23.443,97
SBK	an	Zweifelhafte Forderungen	10.500,00
SBK	an	Sonstige Forderungen	1.160,00
SBK	an	Postbank	4.988,00
SBK	an	Sparkasse	15.152,13
SBK	an	Kasse	1.122,00
SBK	an	Vorsteuer	9.658,33
SBK	an	Aktive Rechnungsabgrenzung	1.700,00
Eigenkapital	an	SBK	330.689,43
Hypothek Bayer.Hypobank	an	SBK	70.000,00
Darlehn Dresdner Bank	an	SBK	185.000,00
Sonstige Rückstellungen	an	SBK	1.500,00
Verbindlichkeiten aus L.u.L.	an	SBK	129.800,00
Sonstige Verbindlichkeiten	an	SBK	800,00
Passive Rechnungabgrenzung	an	SBK	1.250,00

Das Bild der benötigten Bestands- und Erfolgskonten sieht dann wie folgt aus:

S	Sonstige Rückstellungen		H
SBK	**1.500,00**	1) Rechts- und Beratungsaufw.	500,00
		2) Rechts- und Beratungsaufw.	1.000,00
	1.500,00		1.500,00

S	Rechts- und Beratungsaufwendungen		H
1) Sonstige Rückstellungen	500,00	**GuV**	**1.500,00**
2) Sonstige Rückstellungen	1.000,00		
	1.500,00		1.500,00

S	Eigenkapital		H
GuV	**1.500,00**	**EBK**	**332.189,43**
SBK	**330.689,43**		
	332.189,43		332.189,43

S	Gewinn- und Verlustkonto		H
Rechts- und Beratungsaufw.	1.500,00	**Eigenkapital**	**1.500,00**
	1.500,00		1.500,00

S	Schlußbilanzkonto		H
Unbebaute Grundstücke	100.000,00	Eigenkapital	330.689,43
Bebaute Grundstücke	250.000,00	Hypothek	70.000,00
TA und Maschinen	44.000,00	Darlehn	185.000,00
Fuhrpark	88.500,00	Sonst. Rückstellungen	1.500,00
BGA	17.855,00	Verbindlichkeiten	129.800,00
Warengruppe Ski	98.000,00	Sonstige Verbindlichkeiten	800,00
Warengruppe Tennis	11.400,00	Passive Rechnungsabgrenzung	1.250,00
Warengruppe Golf	37.000,00		
Warengruppe sonst.	4.560,00		
Forderungen	23.443,97		
Zweifelhafte Forderungen	10.500,00		
Sonstige Forderungen	1.160,00		
Postbank	4.988,00		
Sparkasse	15.152,13		
Kasse	1.122,00		
Vorsteuer	9.658,33		
Aktive Rechnungsabgrenzung	1.700,00		
	719.039,43		719.039,43

Die aus dem Schlußbilanzkonto abgeleitete letzte Schlußbilanz des Sporteinzelhandels „Fit & Fun“ zum 31.12.01 hat dann das folgende Aussehen:

Schlußbilanz des Sporteinzelhandels „Fit & Fun“, Berlin zum 31.12.01

Aktivseite		Passivseite	
A. Anlagevermögen		**A. Eigenkapital**	330.689,43
I. Sachanlagen		**B. Rückstellungen**	
1. Grundstücke, grundstücksgleiche Rechte und Bauten	350.000,00	1. Sonstige Rückstellungen	1.500,00
2. Technische Anlagen und Maschinen	44.000,00	**C. Verbindlichkeiten**	
3. Andere Anlagen, Betriebs- und Geschäftsausstattung	106.355,00	1. Verbindlichkeiten gegenüber Kreditinstituten	255.000,00
		2. Verbindlichkeiten aus Lieferungen und Leistungen	129.800,00
B. Umlaufvermögen		3. Sonstige Verbindlichkeiten	800,00
I. Vorräte		**D. Rechnungsabgrenzungsposten**	1.250,00
1. Fertige Erzeugnisse und Waren	150.960,00		
II. Forderungen und sonstige Vermögensgegenstände			
1. Forderungen aus Lieferungen und Leistungen	33.943,97		
2. Sonst. Vermögensgegenstände	10.818,33		
III. Flüssige Mittel			
1. Kassenbestand	1.122,00		
2. Guthaben bei Kreditinstituten	20.140,13		
C. Rechnungsabgrenzungsposten	1.700,00		
	719.039,43		719.039,43

Berlin, 31.12.01

Paul Piske

Anhang:

Sieben Regeln der doppelten Buchführung

Regel 1:

Bei **allen aktiven Bestandskonten** stehen

im Soll : **Anfangsbestand** und **Zugänge**
im Haben : **Abgänge** und **Endbestand.**

Regel 2:

Bei **allen passiven Bestandskonten** stehen

im Haben : **Anfangsbestand** und **Zugänge**
im Soll : **Abgänge** und **Endbestand.**

Regel 3:

Es heißt immer:

Soll an Haben

Jeder Geschäftsvorfall wird also doppelt gebucht:

zuerst im Soll - dann im Haben.

Regel 4:

Aufwendungen werden stets im Soll gebucht!

Regel 5:

Erträge werden stets im Haben gebucht!

Regel 6:

Alle Aufwandskonten werden wie folgt abgeschlossen:

GuV-Konto an alle Aufwandskonten.

Für **alle Ertragskonten** gilt dann:

Alle Ertragskonten an GuV-Konto.

Regel 7:

Der **Abschluß** des GuV-Kontos **bei Gewinn** lautet:

GuV-Konto an Eigenkapital.

Der **Abschluß** des GuV-Kontos **bei Verlust** lautet:

Eigenkapital an GuV-Konto.

Kontenrahmen für den Einzelhandel

- gekürzte Fassung -

Kontenklasse 0	Kontenklasse 1	Kontenklasse 2	Kontenklasse 3	Kontenklasse 4
AKTIVSEITE			**PASSIVSEITE**	
Anlagevermögen		**Umlaufvermögen**		
0 Immaterielle Vermögensgegenstände und Sachanlagen	**1 Finanzanlagen**	**2 Umlaufvermögen und aktive Rechnungsabgrenzung**	**3 Eigenkapital und Rückstellungen**	**4 Verbindlichkeiten und passive Rechnungsabgrenzung**
00 Frei **01 Frei** **02 Konzessionen, gewerbliche Schutzrechte und Lizenzen** 020 Konzessionen, gewerbliche Schutzrechte und Lizenzen **03 Frei** **04 Frei** **05 Grundstücke und Bauten** 050 Unbebaute Grundstücke 051 Bebaute Grundstücke 053 Betriebsgebäude 054 Verwaltungsgebäude 055 Andere Bauten 056 Grundstückseinrichtungen 057 Gebäudeeinrichtungen 059 Wohngebäude **06 Frei** **07 Frei** **08 Andere Anlagen, Betriebs- und Geschäftsaustattungen** 081 Ladenausstattung 082 Kassensysteme 083 Lagerausstattung 084 Fuhrpark 086 Büromaschinen, Organisationsmittel und Kommunikationsanlagen 087 Büromöbel 089 Geringwertige Wirtschaftsgüter **09 Frei**	**10 Frei** **11 Frei** **12 Frei** **13 Beteiligungen** 130 Beteiligungen **14 Frei** **15 Wertpapiere des Anlagevermögens** 150 Wertpapiere des Anlagevermögens **16 Sonstige Finanzanlagen** 160 Ausleihungen **17 Frei** **18 Frei** **19 Frei**	**20 Waren (Bestände)** 200 Waren (Gruppe 1) 201 Waren (Gruppe 2) **21 Betriebsstoffe (Bestände)** 210 Betriebsstoffe **22 Sonstiges Material (Bestände)** 220 Verpackungsmaterial 221 Leergut **23 Geleistete Anzahlungen auf Vorräte** 230 Geleistete Anzahlungen auf Vorräte **24 Forderungen aus Lieferungen und Leistungen** 240 Forderungen aus Lieferungen und Leistungen 245 Besitzwechsel **25 Frei** **26 Sonstige Vermögensgegenstände** 260 Vorsteuer 263 Sonstige Forderungen an Finanzbehörden 265 Forderungen an Mitarbeiter 269 Uebrige sonstige Forderungen **27 Wertpapiere des Umlaufvermögens** 270 Wertpapiere des Umlaufvermögens **28 Flüssige Mittel** 280 Kreditinstitute (Bank) 285 Postbank 286 Schecks 288 Kasse 289 Nebenkassen **29 Aktive Rechnungsabgrenzung** 290 Aktive Rechnungsabgrenzung	**30 Eigenkapital** *Bei Einzelkaufleuten :* 300 Eigenkapital 3001 Privatkonto *Bei Personengesellschaften :* 300 Kapital Gesellschafter A 3001 Privatkonto A 301 Kapital Gesellschafter B 3011 Privatkonto B 307 Kommanditkapital Gesellschafter C 308 Kommanditkapital Gesellschafter D *Bei Kapitalgesellschaften :* 300 Gezeichnetes Kapital (Grundkapital/Stammkapital) **31 Kapitalrücklage** 310 Kapitalrücklage **32 Gewinnrücklagen** 321 Gesetzliche Rücklagen 324 Andere Gewinnrücklagen **33 Ergebnisverwendung** 331 Gewinn-/Verlustvortrag (aus dem Vorjahr) **34 Jahresüberschuß/Jahresfehlbetrag** 340 Jahresüberschuß/Jahresfehlbetrag (des laufenden Geschäftsjahres) **35 Frei** **36 Frei** **37 Rückstellungen** 370 Rückstellungen **38 Frei** **39 Frei**	**40 Frei** **41 Anleihen** 410 Anleihen **42 Verbindlichkeiten gegenüber Kreditinstituten** 420 Kurzfristige Bankverbindlichkeiten 425 Langfristige Bankverbindlichkeiten **43 Erhaltene Anzahlungen auf Bestellungen** 430 Erhaltene Anzahlungen auf Bestellungen **44 Verbindlichkeiten aus Lieferungen und Leistungen** 440 Verbindlichkeiten aus Lieferungen und Leistungen **45 Wechselverbindlichkeiten** 450 Schuldwechsel **46 Frei** **47 Frei** **48 Sonstige Verbindlichkeiten** 480 Umsatzsteuer 483 Sonstige Verbindlichkeiten gegenüber Finanzbehörden 484 Verbindlichkeiten gegenüber Sozialversicherungsträgern 485 Verbindlichkeiten gegenüber Mitarbeitern 486 Verbindlichkeiten aus vermögenswirksamen Leistungen 489 Uebrige sonstige Verbindlichkeiten **49 Passive Rechnungsabgrenzung** 490 Passive Rechnungsabgrenzung

Kontenrahmen für den Einzelhandel

- gekürzte Fassung -

Kontenklasse 5 – ERTRÄGE

5 Erträge

- **50 Umsatzerlöse**
  - 500 Umsatzerlöse für Waren (Gruppe 1)
    - 5001 Erlösberichtigungen
  - 501 Umsatzerlöse für Waren (Gruppe 2)
    - 5011 Erlösberichtigungen
- **51 Sonstige Umsatzerlöse**
  - 510 Sonstige Umsatzerlöse (aus Dienstleistungen)
    - 5101 Erlösberichtigungen
- **52 Frei**
- **53 Frei**
- **54 Sonstige betriebliche Erträge**
  - 540 Nebenerlös aus Vermietung und Verpachtung
  - 541 Sonstige Erlöse
  - 542 Eigenverbrauch
  - 543 Andere sonstige betriebliche Erträge
  - 548 Erträge aus der Herabsetzung von Rückstellungen
- **55 Erträge aus Beteiligungen**
  - 550 Erträge aus Beteiligungen
- **56 Erträge aus Wertpapieren**
  - 560 Erträge aus Wertpapieren
- **57 Sonstige Zinsen und ähnliche Erträge**
  - 571 Zinserträge
  - 573 Diskonterträge
- **58 Außerordentliche Erträge**
  - 580 Außerordentliche Erträge
- **59 Frei**

Kontenklasse 6 – AUFWENDUNGEN

6 Betriebliche Aufwendungen

- **60 Aufwendungen für Waren**
  - 600 Aufwendungen für Waren (Gruppe 1)
    - 6001 Bezugskosten
    - 6002 Nachlässe
  - 601 Aufwendungen für Waren (Gruppe 2)
    - 6011 Bezugskosten
    - 6012 Nachlässe
- **61 Aufwendungen für Material und für bezogene Leistungen**
  - 610 Aufwendungen für Material
    - 6100 Aufwendungen für Betriebsstoffe
    - 6101 Aufwendungen für Verpackungsmaterial
    - 6102 Aufwendungen für Leergut
    - 6103 Aufwendungen für Energie
    - 6104 Aufwendungen für Reparaturmaterial
    - 6105 Aufwendungen für Reinigungsmaterial
    - 6106 Aufwendungen für sonstiges Material
  - 611 Aufwendungen für bezogene Leistungen
    - 6110 Frachten und Fremdlager
    - 6111 Vertriebsprovisionen
    - 6112 Fremdinstandhaltung
    - 6113 Abfallentsorgung
    - 6114 Reinigung
- **62 Löhne**
  - 620 Löhne für geleistete Arbeit
  - 621 Sonstige Lohnaufwendungen
- **63 Gehälter**
  - 630 Gehälter
  - 631 Sonstige Gehaltsaufwendungen
- **64 Soziale Abgaben und Aufwendungen für Altersversorgung und für Unterstützung**
  - 640 Arbeitgeberanteil z. Sozialversicherung
  - 642 Beiträge zur Berufsgenossenschaft
- **65 Abschreibungen**
  - 652 Abschreibungen auf Sachanlagen
  - 654 Abschreibungen auf geringwertige Wirtschaftsgüter
- **66 Sonstige Personalaufwendungen**
  - 660 Sonstige Personalaufwendungen
- **67 Aufwendungen für die Inanspruchnahme von Rechten und Diensten**
  - 670 Mieten, Pachten
  - 671 Leasing
  - 673 Gebühren
  - 675 Aufwendungen des Geldverkehrs
  - 677 Rechts- und Beratungsaufwendungen
- **68 Aufwendungen für Kommunikation (Dokumentation,Information,Reisen, Werbung)**
  - 680 Büromaterial
  - 681 Zeitungen, Fachliteratur
  - 682 Postgebühren
  - 685 Reisekosten
  - 686 Bewirtung und Präsentation
  - 687 Werbung, Dekoration
  - 688 Spenden
- **69 Aufwendungen für Beiträge und Wertkorrekturen**
  - 690 Versicherungsbeiträge
  - 692 Beiträge zu Wirtschaftsverbänden und Berufsvertretungen
  - 693 Andere sonstige betriebliche Aufwendungen
  - 694 Verluste aus Schadensfällen
  - 695 Abschreibungen auf Forderungen

Kontenklasse 7

7 Weitere Aufwendungen

- **70 Betriebliche Steuern**
  - 702 Grundsteuer
  - 703 Kraftfahrzeugsteuer
  - 709 Sonstige betriebliche Steuern
- **71 Frei**
- **72 Frei**
- **73 Frei**
- **74 Abschreibungen auf Finanzanlagen und auf Wertpapiere des Umlaufvermögens**
  - 742 Abschreibungen auf Wertpapiere des Umlaufvermögens
- **75 Zinsen und ähnliche Aufwendungen**
  - 751 Zinsaufwendungen
  - 753 Diskontaufwendungen
- **76 Außerordentliche Aufwendungen**
  - 760 Außerordentliche Aufwendungen
- **77 Steuern vom Einkommen und Ertrag**
  - 770 Gewerbeertragsteuer
  - 771 Körperschaftsteuer
  - 772 Kapitalertragsteuer
- **78 Frei**
- **79 Frei**

Kontenklasse 8 – ERGEBNISRECHNUNG

8 Ergebnisrechnung

- **80 Eröffnung/Abschluß**
  - 800 Eröffnungsbilanzkonto
  - 801 Schlußbilanzkonto
  - 802 Gewinn- und Verlustrechnung

Kontenklasse 9 – KOSTEN- UND LEISTUNGSRECHNUNG

9 Kosten- und Leistungsrechnung

T-Konten-Blatt

S H

S H

S H

S H

S H

S H

S H

S H

S H

S H

Literaturhinweise

Altmann, H.: Buchführung – 99 praktische Fälle, Steuer-Seminar, 4. Aufl., Achim 1994

Arens, R., Straube, W., Trappe, H.-J.: Buchführung im Einzelhandel, 12. Auflage, Darmstadt 1995

Arens, R., Straube, W., Trappe, H.-J.: Kaufmännische Buchführung 1. Teil, 122. Auflage, Darmstadt 1996

Arens, R., Straube, W., Trappe, H.-J.: Kaufmännische Buchführung 2. Teil, 100. Auflage, Darmstadt 1994

Balzer, K.: Finanzbuchhaltung, Wiesbaden 1995

Bechtel, W.: Moderne Finanzbuchführung, 5. Auflage, München/Wien 1998

Bellinger, B.: Geschichte der Betriebswirtschaftslehre, Stuttgart 1967

Bieg, H.: Buchführung und Bilanz, 2. Auflage, Freiburg/Hamburg 1993

Blödtner, W., Bilke, K., Weiss, M.: Lehrbuch Buchführung und Bilanzsteuerrecht, 4. Auflage, Herne/Berlin 1997

Bornhofen, M., Busch, E.: Buchführung 1, 9. Auflage, Wiesbaden 1997

Bornhofen, M., Busch, E.: Buchführung 2, 8. Auflage, Wiesbaden 1997

Buchner, R.: Buchführung und Jahresabschluß, 4. Auflage, München 1993

Burkhardt, F., Kostede, W., Schumacher, B.: Buchführung – DATEV-Kontenrahmen SKR 03 und SKR 04, 2. Auflage, Ludwigshafen (Rhein) 1996

Bussiek, J.: Buchführung – Technik und Praxis, Wiesbaden 1991

Bussiek, J., Ehrmann, H.: Buchführung, 5. Auflage, Ludwigshafen (Rhein) 1995

Döring, U., Buchholz, R.: Buchhaltung und Jahresabschluß, 5. Auflage, Hamburg 1995

Endriss, W. (Hrsg): Bilanzbuchhalter-Handbuch, Herne/Berlin 1997

Engelhardt, W., Raffée, H., Wischermann, B.: Grundzüge der doppelten Buchhaltung, 3. Auflage, Wiesbaden 1996

Falterbaum, H., Beckmann, H., Bolk, W.: Buchführung und Bilanz, 17. Auflage, Achim 1998

Flasse, G., Gräve, G., Hanschmann, R., Heßhaus, W.: Buchhaltung 1 – System der doppelten Buchhaltung, unveränderter Nachdruck, Wiesbaden 1984

Flasse, G., Gräve, G., Hanschmann, R., Heßhaus, W.: Buchhaltung 2 – Organisation und besondere Buchungsfälle, Wiesbaden 1981

Florentz, X.: Buchhaltung: Betriebliches Rechnungswesen, 4. Auflage, Freiburg i. Br. 1996

Frey, F., Freiburg, H.: Handwerkliches Rechnungswesen: Buchführung und Bilanz, 8. Auflage, Ludwigshafen (Rhein) 1993

Gabele, E., Mayer, H.: Buchführung, 6. Auflage, München/Wien 1996

Goldstein, E.: Schnelleinstieg in die DATEV-Buchführung, Freiburg i. Br./Berlin/München 1997

Grimm-Curtius, H., Duscherer, M.: Finanzbuchhaltung nach dem GKR und IKR, 6. Auflage, München/Wien 1994

Hahn, W., Lenz, H., Tunnissen, W., Hahn, H.: Einführung in die kaufmännische Buchführung und Bilanz, 57. Auflage, Bad Homburg vor der Höhe 1986

Hahn, H., Werner, C.: Buchführung und Kostenrechnung der Industriebetriebe IKR, 8. Auflage, Bad Homburg vor der Höhe 1990

Hahn, H., Wilkens, K.: Buchhaltung und Bilanz – Teil A: Grundlagen der Buchhaltung, 5. Auflage, München/Wien 1997

Hanschmann, R., Mus, G.: Buchführung: Grundlagen – Aufgaben – Lösungen, Wiesbaden 1992

Harbich, A.: Grundriß des Steuerrechts Band 5 – Buchführung, 8. Auflage, Achim bei Bremen 1993

Heinold, M.: Buchführung in Fallbeispielen, 6. Auflage, Stuttgart 1996

Herrling, E., Mathes, C.: Der Buchführungs-Ratgeber, 3. Auflage, München 1997

Holland, H., Reimers, J.: Buchführung, 4. Auflage, Bad Homburg vor der Höhe/Berlin/Zürich 1975

Hornig, H.: Skriptum Buchhaltung, 2. Auflage, München 1986

Kühnberger, M.: Buchhaltung – Von der Buchführung zum Jahresabschluß, München/Wien 1993

Langenbeck, J.: Buchführungspraxis in Fällen und Lösungen, Herne/Berlin 1996

Langenbeck, J., Wolf, J.: Buchführung und Jahresabschluß, Herne/Berlin 1991

Leffson, U.: Die Grundsätze ordnungsmäßiger Buchführung, 7. Auflage, Düsseldorf 1987

Löschke, N., Sikorski, R.: Buchführung und Bilanzierung, München 1990

Pacioli, L.: Abhandlung über die Buchhaltung 1494, Herausgegeben von Rudolf Seÿffert, 2. unveränderter Nachdruck der Ausgabe 1933, Stuttgart 1997

Rudolph, S., Wein, E.: Das DATEV-Buchführungssystem, 5. Auflage, Köln 1994

Ruhnke, K.: Konzernbuchführung, Düsseldorf 1995

Rutschmann, R., Rutschmann, W.: Kontierung nach den DATEV-Kontenrahmen SKR 01, SKR 02, SKR 03, SKR 04, 8. Auflage, Ludwigshafen (Rhein) 1995

Schmidt, H.: Buchführungstraining – Soll und Haben sicher im Griff, 5. Auflage, Freiburg i. Br. 1998

Schmolke, S., Deitermann, M.: Industrielles Rechnungswesen GKR, 21. Auflage, Darmstadt 1997

Schmolke, S., Deitermann, M.: Industrielles Rechnungswesen IKR, 26. Auflage, Darmstadt 1998

Schumacher, B.: Grundwissen Buchführung, 2. Auflage, München 1995

Schröter, H.-H., Moll, H.: Finanzbuchführung für alle Branchen, 4. Auflage, Rinteln 1997

Sikorski, R.: Bilanzbuchhalter Band 1 – Buchführung, 4. Auflage, München 1997

Tanski, J. S.: Buchführung, München 1991

Waltermann, A.: Grundkurs zur Großhandelsbuchführung – Ein handlungsorientierter Ansatz, 10. Auflage, Rinteln 1997

Waltermann, A.: Aufbaukurs zur Großhandelsbuchführung, 8. Auflage, Rinteln 1996

Weber, M.: Kaufmännische Buchführung von A-Z, 3. Auflage, Planegg/München 1996

Wöhe, G., Kußmaul, H.: Grundzüge der Buchführung und Bilanztechnik, 2. Auflage, München 1996

Zdrowomyslaw, N.: Buchführung und Jahresabschluß – Einführung in die Finanzbuchführung und Jahresabschlußerstellung, 2. Auflage, München/Wien 1997

Zimmermann, H.-P.: Buchhaltung – Ein Kinderspiel, Landsberg a. L. 1998

Stichwortverzeichnis